年報 日本現代史 第 20 号 2015

戦後システムの転形

編集委員
赤澤史朗 粟屋憲太郎 豊下楢彦 森武麿 吉田裕
明田川融 安達宏昭 高岡裕之 沼尻晃伸

現代史料出版

特集にあたって

出口雄一（占領・戦後史研究会代表）

本誌は、一九九五年の創刊号では「戦後五〇年の史的検証」を、二〇〇五年の第一〇号では「「帝国」と植民地――「大日本帝国」崩壊六〇年」を特集し、一九四五年を起算点として、一〇年ごとに「戦後」の検証を行ってきた。これらの特集を踏まえて、第二〇号となる本号では、「戦後システムの転形」を特集テーマとして掲げることとした。これは、現在筆者が代表を務めている占領・戦後史研究会が、本誌編集委員会からの打診を受け、二〇一四年度の年間共通テーマとして、研究会の運営委員の間で検討を行い、決定したものである。

二〇〇八年に刊行された本誌第第一三号は、「戦後レジームからの脱却」が唱えられていた当時のアクチュアルな問題意識を踏まえながら、一九五〇年代を「戦後体制」の形成過程と捉え、「戦後体制の形成――一九五〇年代の歴史像再考」を特集している（このアクチュアリティは、同特集から七年を経た二〇一五年には一層強まっている）。この特集を前提としながら、本号の特集では、さまざまな領域において複合的かつ重層的に形成されたものとして「戦後」を把握するために、「戦後システム」という概念を用いた（雨宮昭一『戦後の越え方――歴史・地域・政治・思考』日本経済評論社、二〇一三年）。ただし、本特集は「体制」と「システム」の概念上の差異を厳密に定義すること自体を目的とするものではなく――この作業が別途必要となることは承知しているが――、また、「体制」概念を退けようとするものでもないことは、特集論文においてこれらの概念が混在していることからも諒解されるであろう。

一方で、「転形」という表現は、七〇年を経た「戦後」の動態的な把握にあたって、その方法論について自覚的であるべきであるという意図を反映したものである。上記の「戦後レジームからの脱却」はその極端な表れであるが、一九九〇年代以降、「戦後」の「揺らぎ」あるいは「終焉」の認識が広まっていることは、おそらく共通了解となりつつある。比喩的に表現すれば、我々が現在身をおいている「戦後」の「第二楽章」において、その価値の自明性を必ずしも前提としない形で叙述を行うためには（植村秀樹『「戦後」と安保の六十年』日本経済評論社、二〇一三年）、七〇年間における「戦後」の「転形」のあり方をどのように描出するかという、歴史叙述の方法への優れて自覚的な――メタレベルの――態度が求められることになる。このような自覚に基づくことで、一義的な解を性急に求めようとするのではなく、対話可能性に開かれた「戦後」についての叙述が可能になるものと思われる（福永文夫・河野康子編『戦後とは何か――政治学と歴史学の対話　上・下』丸善出版、二〇一四年）。

このような問題意識の下で編まれた本号の特集は、合計六本の論文から構成される。冒頭において言及したように、これらはいずれも、二〇一四年度の占領・戦後史研究会の年間共通テーマに基づき、同研究会の年末シンポジウム、及び、これに先立って行われた準備研究会・プレシンポジウムにおける報告を元にしている。その分析対象を「日本」の「戦後」に必ずしも限定していないのは、上述のような問題意識に即して、「戦後システムの転形」を考える上で有効と思われる視座と方法論を、可能な限り広く担保しようとしたことの帰結である。

米山忠寛「戦時体制再考――戦後システムの前史として――」は、「戦時体制」についての既往の研究動向を整理し、「戦後システム」の始期の「境界の揺らぎの可能性」を取り扱うものである。先行研究が「戦時体制」を「戦前」もしくは「戦後」に従属させて理解してきたことの帰結として、「戦時」それ自体についての評価基準が求められてこなかったという問題意識に基づき、「戦時期の内部の構造体系や秩序」について、その内部で基準を創出する必要があること、さらに、戦時における変化について、その後の「平時」への復帰を視野に入れたものとそうでないものとを意識的に区分すべきことなどについての同論文の指摘は、現代史研究を行う上での方法論的な自覚に関する、本特集全体において意識されている前提とも繋がっている。

出口雄一「「戦後法学」の形成――一九五〇年代の社会状況との関係から――」は、法律学という「学知」が「戦後システム」において果たした役割について検討しようとするものである。法と法学の現代史的観点からの分析はまだ緒についたばかりの段階であるが、同論文の分析の鍵となっている「戦後法学」が、一九五〇年代から六〇年代にかけて形成された、民主主義・法社会学・マルクス主義をその内容とする論争的な概念であることは、「戦後システム」全体における法と法学の位置づけについて検討するためには、「戦後法学」の側の価値に即した戦後の「語り」だけでは不十分であり、「戦後法学」が批判の対象としてきた「法解釈学」の側の営為についての歴史的な把握が必要であることを示唆している。

源川真希「都市・自治体政治における「戦後体制」とその変容――都市再開発の政治史的研究・序説――」は、「開発政治の展開とその転換」としての「戦後体制」の変容に対して、一九六〇年代後半から七〇年代における都市政策をめぐる言説空間を読み解くことで接近を試みるものである。同論文では、保守政治の課題として中央の地方開発構想と連動しながら提起される都市再開発構想と、革新自治体において提起される都市再開発構想が、福祉への比重や民間資本の参入という点で距離をとりながらも、「公共性」の観点で交錯を見せていたこと、また、革新自治体が崩壊した後に訪れるポスト「戦後体制」において、開発主義が克服され「小さな政府」への志向が強まることの「原動力」が、この時期の都市政策に埋め込まれていたことなど、興味深い論点が多く含まれている。

植村秀樹「沖縄の米軍基地問題と「吉田ドクトリン」論」は、昨年の沖縄知事選挙の結果を「戦後七〇年を迎えようとする戦後日本のひとつの到達点」を示したものと捉える、アクチュアルな分析である。基地問題の構造だけでなく、その「認識と議論の構造」についても迫ろうとする同論文は、安保体制によって構造化された基地問題の解決のためには、「告発調」ではない正確かつ冷静な分析が必要であることを的確に指摘する。その上で、戦後外交の「通説的地位」を占める「吉田ドクトリン」論が、「成功物語」としての戦後外交を正当化する役割を果たす一方、基地問題を後景化して沖縄を「客体」としてしか捉えない「構造」を含んでいることについては、鋭く重い批判が加えられている。

宮城大蔵「戦後七〇年の日本とアジア」は、戦後日本とアジアの関係についての見取り図を、五つの時期区分を提示することで、包括的かつ通時的に描こうとするものである。戦後前半期の「混乱と停滞のアジア」から戦後後半期の「世界の成長センターとしてのアジア」への移行期である、一九六五〜七五年の「転換の一〇年」において、アメリカと歩調を合わせた「開発体制」への参加という形でアジアとの関係を構築した日本は、一方で、サンフランシスコ講和前後における「冷戦の論理」による「寛大な講和」という「ねじれ」に基づく歴史認識問題や、経済援助への積極性と対比されるアジアの民主化への消極性については「積み残し」てきたのではないかという指摘は、現在にも引き継がれる重要な論点である。

中田潤「ドイツ連邦共和国における戦後システムと歴史認識――自由主義コンセンサスとポストフォーディズム――」は、「戦後」のドイツの歩みについて、「協同主義と自由主義のせめぎ合い」に着目して問い直そうとするものである。時代区分を意識して、理論的かつ自覚的な叙述を展開する同論文は、日本とドイツの歴史的文脈の差異――とりわけ、「コンセンサス」を形成する主体と、その前提となる社会状況の差異――の比較をも含めて、七〇年間の「戦後」について検討する上で有益な参照軸を提示する。同論文において描かれる「戦後システム」の意識的な把握と明確な図式化の手法は、方法論のレベルで本特集の特色と強く共振するものである。

これらの論文に加え、本号の「現代史の扉」には、特集に連動するものとして、天川晃氏に「占領史研究とその周辺」を寄稿していただいた。『日本占領文献目録』など、後進の者が研究を進める上で不可欠の「研究インフラ」を構築し、占領・戦後史研究会の前身となる「占領史研究会」の発足メンバーの一人ともなった、文字通りの占領史研究のパイオニアによる極めて貴重な証言である。

最後になったが、お忙しいなか貴重な論稿をお寄せいただいた執筆者の方々に、厚く御礼を申し上げる。併せて、占領・戦後史研究会に全面的に本号の特集企画を委ねてくださった本誌編集委員会にも、会を代表して御礼を申し上げたい。

戦後システムの転形　目次

●

【特集論文】

執筆者紹介（掲載順）

米山忠寛［法政大学大原社会問題研究所兼任研究員、東京大学先端科学技術研究センター客員研究員］
出口雄一［桐蔭横浜大学法学部教授］
源川真希［首都大学東京都市教養学部教授］
植村秀樹［流通経済大学法学部教授］
宮城大蔵［上智大学総合グローバル学部教授］
中田　潤［茨城大学人文学部教授］
天川　晃［横浜国立大学名誉教授］
姜　克實［岡山大学文学部教授］
金子龍司［学習院大学大学院政治学研究科博士後期課程］

Ⅰ　戦時体制再考
――戦後システムの前史として――

米山　忠寛

序

本号のテーマである「戦後システムの転形」の中で、本稿では戦後システムの起点を題材とする。それは戦後と接続する戦時を戦後システムの中でどのように理解するかという問題である。戦後七〇年の節目に際して、改めて戦後体制をメタレベルの視点から考察していく際には、その起点も考察の対象に含め得るだろう。「戦後」という区分は戦前・戦時がなければ意味をなさないものであり、［戦前―戦時―戦後］というセットの中の一部である。そしてまた起点のみが表現され、終点を表現しきれていないこともその特徴である。戦後システム・戦後体制と表現する際にも「戦後」の二字に込められた当初の役割は戦前・戦時からの区分けとしての意味付けである。戦時についての考察なくしては戦後という表現はそもそも成り立たないのである。

戦時との違いを示す必要性がそれだけ強かったということなのだとすれば、戦時の役割の大きさが改めて実感される。それに対して「戦後」という表現それ自体にはほとんど何の実質的意味も含まれてはいない。たとえば「占領期」には実質的な時期区分の意味はあるが、「戦後」には積極的な意味付けは含まれていないのである。にも関らず七〇年間を戦後と一括りにした表現が多用されてきた状況は、それが如何に便利な表現であったのかということを示すものだろう。ただ、今後は「戦後」という枠組みそれ自体の有効性が問われていかざるを得ないのではないか。今回の特集企画もその試みの一つであるが、戦後システムそれ自体の組み替えが検討される事態も今後生じてくるだろう。むしろ戦後体制・戦後システムとこれだけ多用されてきたことの方が、本来は不思議な状況であるのかもしれない。

戦前・戦後という視点からすると、一八六八〜一九三七年と一九四五〜二〇一五年は、丁度同じ長さとなった。明治・大正・昭和戦前を足した長さが戦後と一括りにされていることになる。何故より説得力のある時期区分がこれまで誕生してこなかったのかという問いは検討に値する興味深い問題である。

一方で今日の「戦後」の用いられ方を見ると、実際にはしばしば戦時とは独立して使用されている。戦前・戦時との対比を含意せずとも戦後を検討することが可能になっているのである。七〇年という長い「戦後」は戦後体制の重要性を自明なものとし、戦時と対照させずとも戦後を単体として論じても論理を完結させられるようになっている。そのような戦後を独立させた形で扱い得るようになった変化は、戦後自体の語り方にはさほど変化を生じさせるものではなかったように思われる。メタレベルで観察するならばより重要なことは、戦後の論じられ方の変化に伴って戦時の語られ方にも大きな影響が生じたことであろう。

一　古典的構図への挑戦と課題

一―一　戦時期評価における課題――古典的構図と免罪符

戦後七〇年が経過して戦後が厚みを持ってきたことで、戦後は戦前・戦時との差違を殊更に強調せずとも存立の基盤が揺らぐことはなくなった。むしろ膨張した戦後は、その終わり方を問われ、戦後システム（戦後体制）という枠組みそれ自体の組み替えが求められることになる。それが本号の特集企画が示す問題意識である。戦後という枠組みが問われ直される際には、戦前・戦時・戦後という構図について改めて考察する必要も生じてくるはずである。

ここで検討に際して戦前・戦後の連続論・非連続論といった形での架橋を用いることも一つの方法ではある。ただ、隣接した時代の間に変化した部分・変化していない部分の双方が存在していること自体はむしろ当然のことである。どちらかと言えば戦前・戦後の架橋と対比をいかに行うか、その方式が検討の対象となるものと考えられる。

今日、戦後を語る際には戦前・戦時の否定を前座に据える必要は最早ないだろう。もちろん戦後改革・占領期改革に伴う変化は大きなものであった。改革は日本の軍国主義の温床を潰すことが目的であったのかもしれないが、その温床には軍国主義以外の価値ももちろん含まれていた。ただ、軍部・天皇・ファシズムなどによる支配を想定して国民を被害者とするには、国民が支配を覆せなかったことの説明をする必要があった。支配の強さを強調しなければ抵抗する国民を描けない。「抵抗論」とも言うべきこの古典的な昭和戦前期の語り方は戦前期・戦時期の説明様式の定型となってきた。

人物や集団を語る際には、その人物や集団が如何に戦争に反対したか、抑圧されたか、抵抗を示したのかが重要な描写の要素として重視されてきた。かといってわかりやすい抵抗の事例が常にあるとは限らない。その際にはどれほど戦争に内心では反対していたか、如何に軍部に不満を持っていたか、などの要素で代替されることになる。これまで昭和戦前期研究者はこれらの「免罪符」の発行を求められ、その発行を一つの責務としてきた。終戦工作に関与した、日米親善に積極的であった、敗戦を見通していた、などは抵抗の証拠として扱われ、免罪符で常用される定型句となっている。戦後七〇年が過ぎてもこの構図は今なお強固なものである。

戦争の暗黒の時代の中にも存在していた、評価すべき行動を指摘し、例外事例の存在が認定されることで免罪符が発行されることになるのである。人物や組織の役割を弁護しようとする評伝の著者はそれに満足する。長期間の戦争が行われて最終的に敗戦に至ったのだから、免罪符の種類は多種多様である。国内の経済統制・国民生活の困窮・軍部の横暴、作戦指導批判など、何に対しても不満を持たなかった人物などは存在しない。国民は生活が苦しくなり、官僚は政策の、軍人は作戦行動の中で主張を貫徹できず、天皇・宮中も行動の制約を受けていたのだとすれば、もはや免罪符を発行できない人間の数を数えた方が早い。

結果的にそれらの免罪符の発行が古典的な枠組みの強化・再生産に繋がってきた。定型的な構図以外の部分の分析を試みる研究は多数存在していても、立脚する基礎がなければそのまま旧来の構図に吸収される。新たな視点は例外として扱われ、原則と例外の関係の中で例外事例が積み重ねられていくことになる。

一—二　政党政治研究・革新派論・総力戦論

ただ、古典的な構図に対する問い掛けも発生してきている。隣接する研究としてまず重要なのが、日本政治史研究における政党政治研究の発展である。近代日本政治に対して古典的理解からは基本的に否定的な態度が示され、低い評価しか与えられてこなかった。それに対して、大正デモクラシー研究などから始まる政党政治研究では政党政治の

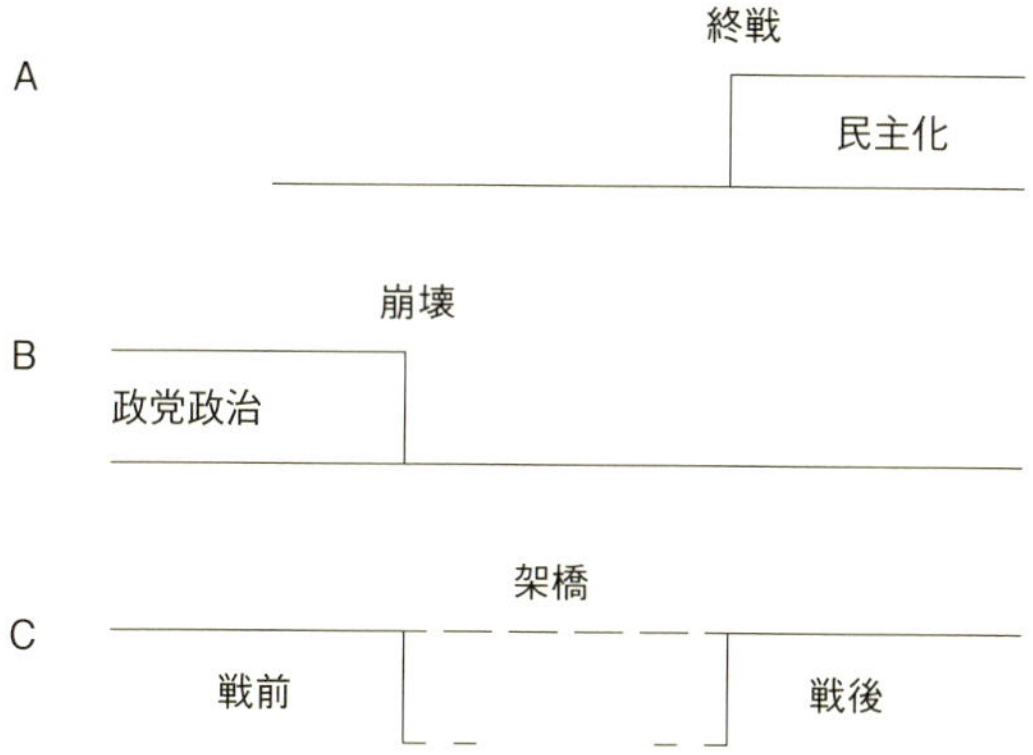

成果と果たした意義を高く評価している。これは昭和戦時期の前の隣接する部分での変化である。

ただ、その外部での変化は直接的に戦時期に対する見方に変化を与えるものではなかった。政党政治研究の進展に比して、その戦時期研究への波及の弱さはむしろ特筆すべきものであった。政党政治研究が顕著な発展を示したにも関わらず、その発展からは「政党政治以後」の状況を理解する際の視点は現在に至るまでほとんど何も示されていない。その要因として考えられるのは「政党政治の崩壊」という概念への依存だろう。つまり政党政治研究では、「崩壊」以後については政党政治の手法では分析できないために研究の対象ではないと考えられがちになるのである。これは政治体制の崩壊を強調する「崩壊論」として、新たな定型化された研究の構図となった。

政党政治研究では政党政治以後の政党政治の分析枠組みをそのまま適用しにくい時期については、崩壊後と見なすことで視野の外に置き、崩壊によって生じた落差が強調される。その落差を埋めるのは難しい。とするとそれよりもむしろ、戦後の政党政治の方が接続が容易な対象と見なされることになる。その結果、戦前・戦後の連続を政党政治の連続であると見なして、戦時を外した連続を説明しようとする構図が発生することになる。そこでは戦時期は本来あるべき政党政治が成り立たなかった「逸脱」の時期であるのだから検討する必要はないと判断されることになる。その結果、戦時期を逸脱の時期と見なして研究の対象から除外する「逸脱論」が発生することになった。

結果的に戦前・戦時・戦後の関係を検討する現在の昭和戦時期の研究の型として、A抵抗論（古典的理解）・B崩壊論・C逸脱論、が研究の定型として成立することになった。このうちA・Bは戦時の前・後との落差を強調する点で事実上の対称関係にある。Aが明るい戦後民主化と暗黒の戦時期の間の断絶を強調するのに対して、Bでは政党政治の崩壊による断絶が強調される。昭和戦時期は前後の時代を断崖絶壁に遮られ、暗黒の時代であることが改めて確認されるのである。Cはその両者を統合し、谷底へは足を踏み入れない。隣接する時期の連続性を考慮せず、戦前・戦後の明るい時代を架橋しようとする試みである。その意味でCはそもそも昭和戦時期について関心を持たない研究態度である。

それに対して定型から外れた形で昭和戦時期の内部の政治状況を把握しようとする研究が発生することになった。革新派論・総力戦論（総力戦体制論）という二つの研究潮流の存在は見逃せない。どちらも刺激的な論点を提示し、論争を巻き起こした。少なくとも単純な［支配—抵抗］の関係に回収されない側面が存在していたことを示した意義は大きい。前者は伊藤隆他、後者は政治史的側面については山之内靖・雨宮昭一他を中心に提起された。両者は研究の発想について共通する部分もあるが相違点もある。

革新派論は当時の先進的な改革志向を持った個人・集団の存在を指摘し、それらを革新志向としてまとめて革新派という「集団」の視点から分析したものである(1)。マルクス主義の影響を受けた知識人・官僚も含めて、近衛新体制や戦時期の改革の中に先進的要素が含まれていたことを指摘した。先進性と先見性を持った知識人が戦争も含めて当時の政策形成に関与していた点をどう評価すべきなのかという問い掛けを発したことになる。

それに対して総力戦論は、政治・経済・文化・社会など、国内の各側面で総力戦を契機として国内で生じた構造変化の存在を指摘した(2)。大規模な戦争が総力戦として戦われたことで戦前から戦後へ不可逆的な大きな変化が発生したことを重視する。中にはそこでの変化は戦後を横断して現代日本のあり方を強く規定しているとする主張も発生した(3)。これは戦時期の変化を「構造」の視点から分析したものである。

［革新派論］＝革新派による変化……［集団］の視点
［総力戦論］＝総力戦に伴う変化……［構造］の視点

革新派論・総力戦論のどちらもが論争を発生させた。革新派論に対してはファシズム論争が発生した。[4] また総力戦論についての論争としては、批判の一例が山之内靖他編『総力戦と現代化』への批評という形で、本号から一七年前の『年報日本現代史』第三号で特集が組まれている。[5] ここで改めてその内容を検討してみると、赤澤史朗と高岡裕之による指摘が興味深い。

まず赤澤史朗は山之内靖の主張を批判して、「ファシズム・反ファシズムの双方の陣営とも戦時動員体制の形成に伴って、動員される労働者向けの社会政策の充実がはかられ、一種の社会改革がおこなわれようとしたが」、反ファシズムのイギリスの場合は戦後の福祉国家に結びついたが、ドイツや日本などのファシズム諸国のものはそうではないとして並列の位置に置くことを否定し、「私的消極的自由が個人の権利に属するものとして少くともタテマエの上で認められている民主主義体制と、それがタテマエの上でハッキリと否定されているファシズム体制とでは大きな違いがあるのではないか」と主張する。[6] また一方で高岡裕之はこれまでの研究をまとめて、総力戦の『近代化』機能についても様々な研究がありつつも、継承発展されず、戦時戦後の連関への関心はありつつもそれらが少数派であったことは否めない事実とされる。[7]

ここでの赤澤と高岡の指摘は興味深いものであり、それは結果的に批判の対象である総力戦論についてよりも、従来の古典的理解の特徴を示すものになっている。つまり高岡が指摘するように（近代化機能やそれ以外も含めて）研究の萌芽は古典的理解の中にも存在していたが、だがそれは研究の全体像の中で位置付けられないままに研究が進んできたということである。またここで赤澤が主張しているように、たとえ同じ政策であっても同じように評価をしてはならず、福祉国家・ファシズム国家といった結論を先に検討しなければならないことになる。だとすれば、研究の全体像が示されてからでなければ個別の研究における指摘には意味がないことになる。注目すべき側面が存在すること自体は発見されていても、それは研究の中での位置付けができないままに、例外事例としての指摘に留まることになる。

支配・抑圧と従属・抵抗として概括される全体像に反した部分は「例外事例」として指摘されるに留まるとすれば研究の萌芽は発展の機会を得られぬままになる。開戦・敗戦という結論には変化はないから、予定された結論に結びつかない事例は本筋から離れた部分として扱われざるを得ない。ただ、それらの多数の「例外事例」が蓄積されていったならば、それは予定された結論に反する結果を示すノイズ（雑音）として捨象することはできなくなる。例外的側面についても体系化される必要が生じてきたということであり、革新派論・総力戦論はその要請に応えたものと言えるだろう。

結果的にそこでは結論を優先させる必要性はさほど意識されなくなっている。昭和戦時期の暗黒性を結論とする制約から研究上の視野が解放されたことになる。革新派論・総力戦論の試みは謂わば昭和戦時期研究におけるルネサンスとしての意義を持ったのである。それは研究の復興へと繋がるはずであった。

一―三　古典的理解へと吸収される懸念

とはいえ、その後の状況は単純に一方向に進んでいるわけではない。革新派論・総力戦論の発想は広まり、研究視角としての意義は承認されてきているにも関わらず、その後の研究は現在に至るまで順調に発展してきたとは言い難い。ある種の堂々巡りに陥った感もある。もちろん既に研究視角としては確立されたのであって既に大きな研究上の意義は有しているのである。ではなぜ現在の状況となっているのだろうか。

研究動向における現在の状況を評している一例として、革新派論に対しては加藤陽子、総力戦論に対しては吉田裕の評がある。

まず革新派論について、加藤陽子は現在の日本近代史研究者にとっての一九二〇年代・三〇年代の論じ方として二つの筋道があるとする。第一は「政党の確立・定着・崩壊に焦点をあてて説明するもの」(調整システム論)であり、第二は「革新派の誕生と成長のプロセスとしてえがくもの」(革新派論)だとする。加藤はこの二つの理論を比較して、理論の有効性の優劣以上に不均衡が発生している状況を指摘している。前者には多くの有能な若い研究者が参入しているが、後者にはそれが明示的に見られないとする。理論的にはどちらも優れているにも関わらず革新派論に参入しにくい一面があることを指摘している。(8) この加藤による研究状況の説明は前述した「崩壊論」が研究の定型として隆盛を誇っている状況を説明したものである。

その上で加藤は「変化」の制度化される部分に着目する必要を説く。これは政治学における政治についての考え方として、政治を多元的な集団による競合の過程として解釈する見解と、競合の中で制度が持つ意味を考察する制度論的見解との対比の中に革新派論を捉えている点で注目される。ともすれば革新派論は集団が右往左往する状況を語るに留まる懸念があり、その点を制度の視角から整える必要を指摘したものである。(9)

次に総力戦論について、吉田裕は近年の日本近現代史研究における国民国家論と並ぶ重要な論点として総力戦体制論を取り上げている。吉田は「この総力戦体制論は(中略)従来のいわば常識的な歴史理解に対して、連続説を対置してみせたところがユニーク」であるとして、「近現代史研究に新たな地平を切り開」いたことを評価する。(10) ただ吉田はその後の総力戦論は退潮傾向にあるとして、伸び悩んでいる側面も指摘している。(11)

「とはいえ、総力戦体制をめぐる議論が退潮に向かいつつあるのも事実だろう。最後にその理由について考えてみたい。一つには、議論の焦点が、連続か断絶かという一点に絞りこまれてしまったことである。」「戦時期を正常な発展の歴史からの異常な逸脱の歴史として捉えるのではなく、戦後史との連関をも意識しながら戦時期を分析することは、ネオ連続説を批判する論者にとっても、今や通常の研究方法になっている」[12]

この加藤・吉田の指摘は革新派論・総力戦論を巡る現在の研究状況の説明として概ね妥当なものと考えられる。この状況はもちろん理論的な欠陥を示すものではなく、むしろ研究の先見性に対応できていない後続の研究者の問題を問うべきなのかもしれないが、とはいえ参入の難しさが現存している側面も否定できない。この点を改めて整理してみたい。

一因としてあるのは、一つにはこの二つの研究潮流（革新派論・総力戦論）も従来の構図の制約から抜け出せていない側面があることである。それらの研究潮流が従来の構図を引き摺っているわけでは必ずしもないが、「変化を生んだ戦時」「戦後への変化の基因となった戦時」という面白さが、逆に「激動の昭和」という従来のイメージに回収されてしまう懸念が生じるのである。つまり、革新派も総力戦体制もファシズム日本の「例外」的部分と位置付けられるようになったとすれば従来の構図に吸収されることになる。それでは元の木阿弥となり、研究史上の意義も損なわれることになる。

この点で、総力戦についての『年報日本現代史』第三号の特集において「総力戦体制という言葉に代表される現代戦を戦うための国家体制は、総動員体制・戦時動員体制とも呼ばれ、あるいは単に戦時体制とも言われる」[13]と、総力戦体制・総動員体制・戦時体制、及び戦時動員・総動員体制などが、言い換え可能な形で用いられているとする赤澤史朗の指摘は示唆的である。もちろんそれぞれについて重なり合う部分は大きい。とはいえ総力戦体制について論じた特集においてさえも、区別が曖昧であるというのは用語の混乱を象徴している。

その結果として、革新派論や総力戦論が示した研究上の意義が、旧来からの総動員と意図的に混淆されることによってその画期性が希薄化されることが懸念される。また実際に希薄化されている側面があることは否めないだろう。改めて確認すると、総動員による人的・物的資源の動員は、総力戦体制や戦時体制の下位概念であり、その一部分でしかない。直接的な人・物への支配関係の強化に着目する場合には意義があるが、その際に注意が必要なのは平時の基準と戦時の基準を混雑させてしまいがちな傾向である。平時と戦時の切り替えに際して、戦時への移行を単純に支配の強化とする判断は、混乱の素となる。

もしこの点の差違に注意が払われないとすれば、革新派の活躍＝親軍的勢力による支配の強化、総力戦体制の形成＝国民を苦しめる総動員の強化、と旧来のイメージへの還元を安易に行うことも可能だろう。そこでは研究潮流の含意は忘却され、ただキーワード（用語）として残るのみである。そうなると古典的枠組みの中に例外事例が新たに一つ二つ加わったに過ぎないことになるだろう。改めて古典的な構図が再生産されることになるのである。とはいえ、この問題が発生する必然性もある。それは先述の研究者の参入の難しさという問題とも関連してくる。

長所は短所と表裏一体である。革新派論・総力戦論のどちらもが時代を超越した視野の広さと射程の長さを持っている。革新派論は大正期の大正デモクラシー・社会主義への志向から戦時改革、そして戦後へと繋がる。また総力戦論は戦時の構造変化が戦後・占領期だけでなく、戦後システム（戦後体制）全体に与えた影響を視野に収めている。だがそれは結果的に良くも悪くも「戦時」それ自体の中に内在的な基準を求めていないとも言える。戦時から前後の時代と繋がりを持つが故に、前後との関連が薄い部分について評価しにくくなり、取り残されることになる。結果的にそれは戦時を戦前もしくは戦後のいずれかに従属させた関係に置くことにもなる。戦時期の中の、戦前から継続していない部分、戦後の起源となっていない部分、については戦時期の中から拾い上げにくくなる。

その結果として、たとえば総力戦論を研究上の発想としては受け入れたとしても、それを具体的に活用する際には困難が生じ、それが参入障壁となる。総力戦を論ずる場合、戦時・戦後を繋げることの意義は大きいが、戦後システムにおける意義を場合によっては一九九〇年代までと長期間の中で対象としなくてはならなくなる。視野は広くなるが広くなりすぎることで対象が絞れなくなる。

結果的に革新派論も総力戦論も戦時期を重要な対象としていながら、その正統性を戦時期の内部に求め切れていない側面が確かにある。それは隣接した時代の連関を強調することによる負の側面とも言える。

そのため、例えば革新派論の場合には短期・長期の視点の中で、誰が革新派なのか、どの集団が革新派なのか、という問題が常に残る。長期的な改革志向を持っていたとしても、個々の問題に対する賛否は異なりうる。改革気運の高まりの際には結集して政治力を示すことはできるが、政策の細部についての総論賛成・各論反対の態度は生じ得る。反既成政党という形での政権批判は成り立ったとしても、政党が下野した後にまで政党批判で勢力を結集させることは至難である。

また時期に応じた状況規定の変化の中では各個人・集団も改革志向（革新性）を変化させる。政党内閣期に戦時改革の準備を強調する論者には革新性はあるが、開戦後に戦時改革を強調することそれ自体には何の革新性もない（この点を整理する視点がこの問題を解く鍵となるだろう。後述）。

同様の問題は総力戦論でも発生し得る。総力戦論は戦争に伴う構造変化を問題とし、とりわけ第一次世界大戦以後の大規模化した戦争の様式が、勝敗に関わらず国内の政治・経済・社会構造の変化の契機となる点が指摘される。それは戦前・戦後の日本社会の大きな変化を評価する際には意義が大きい。一方で注意が必要なのは、そこでの変化は別にすべてが戦争に貢献するために行われたものでもなく、単純に各分野で提起されていた問題点が、戦時における効率化への志向に便乗して促進されたにすぎないことが少なくない(14)。長期的に課題となっていた問題が戦時の限定性の中で促進されたのだとすれば、それは戦時としての変化なのか、平時の問題まで解消されたのか、実際には吟味も必要となる。

一―四　「動的な戦時」と「静的な戦時」

これらを勘案するに、戦時期を扱うには、戦前・戦後と関連付けて描写するだけではなく、戦時期の内部の構造体系や秩序について、改めて戦時期の内部で基準を創出する必要が出てきているように思われる。言い換えるならば現在は戦時期に内在した基準が存在していないのである。もちろん当時の戦争に貢献することを善悪の基準としてすべて承認する必要は必ずしもない。とはいえ、戦時の価値基準の中でも前後の時代と共通する部分は存在しているだろう。最終的な結果から逆算しなければ評価を行えないとする主張を研究者が受け入れなければならない理由は必ずしもない。経済発展や政治参加について最終目標が戦争に繋がるか否かを評価して、免罪符を発行してからでなければ戦時の行動一つ一つを評価できないとする判断は実際に研究上の大きな制約となっている。時として本論と結論で評価基準が全く異なる研究が存在するというのも昭和戦時期研究の奇妙な現状である。

現在の研究で必要とされ、今後の研究が向かうであろう方向は、この「戦時」それ自体の中での評価基準をどのように創出するかという問題である。戦後七〇年が過ぎ、戦時期に対する抽象化・客観化が進み、価値判断の要素が脱色化されていく中では、この問題が当該期の研究の発展における重要課題とならざるをえないだろう。それは戦後システムの境界を崩す可能性も内包している。言い換えるならば、これは革新派論・総力戦論が示した示唆をより普遍性を持った形で一般化する試みとも言える。それが研究の次の段階として必要になってくる。

その際には昭和戦時期の持つ面白さをある意味で封印する作業も必要になってくる。昭和戦時期研究の面白さの重要な一要素は、その変化の大きさである。激動の昭和における混沌（カオス）の状況は、強い魅力を持って研究者・知識人を惹き付けてきた。そこではカオスであること自体が魅力なのである。ただそれは一方で、例えば政党政治研究との接合の円滑さを欠く状況も作り出してきた。一方で政党政治研究の側の問題は、政党を中心とした体制の崩壊以後の状況について、分析の道具をほとんど何も持っていないことである。現在までの政党政治研究の隆盛を考えるならば、崩壊後にも適用可能な理論の創出と視野の拡大への意欲をほとんど見出すことができないことは驚くべきことである。むしろ「異常」で「異質」な戦時期をスキップして、戦後の政党政治との連続を考察する方が容易であり、それが逸脱論の拡大への誘因となる。戦時期を見なかったことにすることで思考停止に陥ると、逸脱論の定型化が促進されることになる。

もちろん政党政治研究との接合が円滑さを欠いている状況についての原因は、一方のみにあるのではなく、双方に問題があるのだろう。とはいえ、その没交渉の状況を分析することが状況の改善には役立つはずである。それは「静的」な制度を志向する政党政治研究と、「動的」な変動状況を扱う研究の違いと言えるかもしれない。革新派論・総力戦論の意義を普遍化・一般化する際にはこの点が問題解決への一助となる。その際には例えば革新派論については、革新派という前衛的な思想性・政治性を持った少数な集団だけでなく、それに続く集団、つまり政治性は持たなくとも変化を起こした集団にも視点を当てなくては広がりを持てなくなる。それは謂わば「動的な戦時」ではない「静的な戦時」への関心とも言える。そこでは「戦時体制」とはそもそも何なのか、という問いを設定する必要も生じてくることになる。

二 「戦時体制」の枠組みを活用する意義

二―一 戦時体制に着目する意義

ここで重要な視点を示している研究として、三谷太一郎の論文「戦時体制と戦後体制」を参照したい[15]。三谷は同論文で、日清戦争・日露戦争・第一次世界大戦が日本の国内政治の中で大きな転機となり、戦前から戦後への変化を導き出したことを指摘している。ここでは殊更に総力戦・総動員といった視角を用いずとも戦時体制だけでも国内の政治構造についての大きな変化の要因となり得ることが示唆されている。同論文では昭和期についての言及は必ずしも多くはないが、総力戦論とも接続し得る側面を有していることは確かだろう。総力戦は戦争の大きな様式の変化ではあったが、それは規模の変化に由来するものでもある。

第一次世界大戦以後の戦争の大規模化に対応するために、国内の総力を投入しなければならないという危機感が日本にも大きな影響を与えたことはもちろんである。ただその一方で、従来からの変化の考察も必要となる。日本では総力戦の想定・導入が長期的な課題として捉えられ、その必要性の如何は政治的対立の争点の一つとなった。だが総力戦への対応や準備を拒絶するという判断を当時の日本国民が想定していたわけではない。それは対応せねばならない変化と認識されていた。とはいえ一方で不要不急の軍備整備・社会改革について反発があるのも、また当然である。総力戦によって理由付けられたとしても、切迫性の乏しい戦争のために平時からの忍耐を強いられることに共感が得られるはずがない。

危機が現実のものとなっていない間は、それは危機感を有する官僚・軍人・学者による机上の想定に留まることになる。その後は国際環境の変化に伴う危機感を如何に受け止めるか、その受け止め方の差違の存在が国内の政治的対立を過熱させていくことになった。

とはいえ注意せねばならないのは、そこでの対立は決して戦時体制の存在への賛否ではなく、旧来の戦時体制からの変化についての賛否であったということである。危機がないのに戦時に備える政策が反発を受けるのは当然であり、また旧来の戦時体制とは異なった大規模な戦争の様式が必要かどうかの判断について賛否が分かれるのもまた当然のことである。総力戦体制・総動員体制などと戦時体制を同一視する判断は、この点の差違の存在を無視するものとなる。それはつまり国内の合意が既に成立していた戦時体制と、時代に応じた新たな戦争の様式への差違を巡って発生していた昭和戦前期の政治対立の意義の把握を放棄することに他ならないのである。もしも研究が単純化されてしまい、戦時期における価値基準が「戦争への賛否」しか存在しないままに整理されたならば、この差違についてはそもそも発見することすらできない。

つまり総力戦論の登場の意義は、総力戦の存在を指摘するだけに留まるものではないのである。本来ならば新たな戦争様式についての問題提起は、必然的に従来の戦争の様式や当時の国内で存在を承認されていた戦時体制の存在についての検討を必要とするはずなのである。

この点を改めて考えることが戦時体制について再考する意義と言えるだろう。戦時というのは謂わばスイッチであり、「平時↔戦時」の切り替えである。ただ「平時→戦時→平時」となった時には、そこでの平時は元の平時とは質が異なる。それが三谷論文や総力戦論の主張したものである。「元の平時」と「新たな平時」という両側面が存在するが、戦時との差違を整理する際に、この両側面の存在を意識することに意義が出てくるだろう。

平時　→　戦時　→　平時　（元の平時）
平時　→　戦時　→　平時　（以前とは異なる平時）

二―二　想定外の「戦時」か、予定された「戦時」か

では戦時体制とは何なのだろうか。戦争をしている状態が恒常化したものであり、平時ではない状態である。戦時

体制については戦争が最終目的として固定化されたことで、政策の選択肢がなくなった時期とする解釈も存在する。しかし本当にそうだろうか。戦時体制の中には政治は存在しないのだろうか。この問題について考え直すために、石橋湛山の立ち位置を考察することで理解の契機としたい。

石橋湛山は自由主義者としての評価が既に確立されており、既にたくさんの免罪符を持っている。東洋経済新報における「小日本主義」の主張などで自由主義的な言論人としての評価を受け[16]、戦時期には東洋経済新報の発行継続に苦労するとともに、秋田への疎開も経験している。ここで性急に評価の確立を急ぐならば、湛山は軍部による支配と抑圧に対する抵抗者だったということになるのだが、問題はそれほど単純ではない[17]。湛山の主張は単純化すると「戦時体制には賛成するが、総力戦体制には反対」となる、実際には総力戦体制の中でも意義のある戦時改革については賛成したので、「戦時体制に賛成・総力戦体制に対しては留保」とするのが正確なところであるかもしれない。

戦時体制の容認という視点から湛山の主張を分析すると、興味深い側面が見出される。例えば石橋湛山は早くから繰り返し増税論を主張していた[18]。軍事費の増加が想定される中では増税を覚悟すべきであり、むしろ増税を避けようとする方が経済に混乱を起こすとする主張である。この主張は馬場鍈一が蔵相として意気込んだ馬場財政や馬場による税制改正の試みと意図するところに大きな違いはない。むしろ共に先見性を持った馬場と湛山の危機感は共通するものと評価して良いだろう。馬場について親軍的なファシズム財政として否定的に評価することも可能ではある[19]。だがその場合には湛山についてはどのように評価すれば良いのだろうか。

湛山は別に好戦的な主張をしていたわけではなく、戦争に突き進んでその準備を求めたわけでもない。とはいえ戦時が想定の中に入ってきたならば、対応を想定することは必要であった。早期の準備や事前の準備があれば対応可能であったとしても、対応に遅れたならば経済の混乱が導かれるからである。これは石橋湛山・高橋亀吉などの経済評論家や経済学者・財政学者、また太田正孝・勝正憲・小川郷太郎・大口喜六などの財政に通じた議会政治家などに共通していた危機感であった。彼らは好戦的ではなかったが、抵抗したわけでもない。特段軍部に屈従を強いられて主張したわけでもない。抵抗者とするのは困難だろう。

一方で、彼らは革新派なのだろうか？　現状維持派なのだろうか？。戦時に対応すべきとする主張であるのだから現状からの変化を求めるものではある。だが湛山などは自由主義経済を変わらず信奉しているのであって、革新派論が想定しているような革新性はほとんど持っていない。革新派に含めるのは難しいだろう。強い社会変革への意思を持って行動していたわけではないのである。思想的位置としては現状維持派であるが、現状からの変化の必要を認める志向のベクトルは持っている。それを現状維持として変化を求めないかのように表現してしまうのは適切ではないだろう。言うなれば石橋湛山などが求めていたのは「戦時」への対応である。決して恒久的・永続的な国家改革を志向してはいない。だが想定された「戦時」への変化は拒絶せずに、むしろその必要性を承認する態度である。

革新でも現状維持でもなく、そのような二者択一的な座標軸では表現できないものである。もしも彼らが「戦時」を想定することさえも嫌悪して、現実逃避に陥って隠遁生活を過ごしてくれたならば「抵抗者」としての評価は容易に確立されたのだろうが、実際にはそうではなかった。現実の政治・経済と直面しなければならない東洋経済新報が夢想の世界に逃げ込むことは経済雑誌としての存在意義を失うことを意味していた。

昭和戦時期研究に際して価値判断の基準の設定が放棄された場合には、時として戦時期に採用された政策のすべてが戦争に従属したものであり、軍部・官僚による民衆支配の強化のための政策と見なされる。それはある種の思考停止であるが、戦争や支配強化などの悪の相互間の関連を想定し、共通する病巣の存在を想定しようとする発想も理解できなくはない。

だが逆に思考実験として、戦時において平時のままの状態が継続したならばどうなるのかを考察してみたならばその問題点も理解できるのではないだろうか。単純な一例として、配給統制がなければ国民生活の自由は維持されるのか。もちろん自由な売買の範囲は保たれる。とはいえその一方で、物資不足と需要増加の下ではインフレが発生するので物価騰貴は不可避である。物資を持つ者による暴利の獲得も許容することになるだろう。これを統制するか、しないか、どちらも選択し得る。戦時に準じた事例としてシベリア出兵に際しての米騒動（一九一八年）をどのように考えれば良いだろうか。戦時に伴って生じる社会格差を制御するためには、経済統制は、国民を守り、弱者を保護する道具として必要となる。そこに良い戦争・悪い戦争であるかどうかという善悪の評価を持ち込むことも可能ではあるが、政策担当者や政策そのものの評価に際してはあまり有効なものではない。戦時統制に反対する者を抵抗者として評価することも可能ではあるが、その場合には暴利も容認し、米騒動などの要因となった国民の不満は抑圧せねばならない。そうでなければ一貫しない。

そこでは戦時であることによって準備が必要となる政策がある。とはいえ、必要性の見出せない統制には批判が発生する。もちろん時期によって求められるものは違う。危機が存在しない中で統制を行おうとすれば反発が生じるのは当然である。一九三三年の状況と一九三九年の状況、一九四三年の状況などはそれぞれ違う。戦況が変化すれば国内で必要とされる統制の強度も変化する。その意味で「革新」も「現状維持」も相対的なものであり、戦争前に革新的であった政策の多くは、しばしば戦時期における現状維持的な主張よりも微温的なものである。だとすれば戦前の革新派は政策位置が変化しないままであれば戦時期には当然に現状維持派に分類されることになる。それは志向と位置を区別することの重要性を示すことになる。

具体的に何が必要なのかという政策的対立の余地は残されているが、それでもなお、戦時体制の下で何が必要となるのかという一定の基準は見出すことはできる。生じている変化に対応しないことは変化によって生じる格差を黙認することになる。現状維持派であってもその問題の存在自体は認めざるを得なくなる。現状維持派がその問題の争点化を回避しようとすることで、かえって深刻な政治的危機を発生させる危険を先述の石橋湛山の増税論は主張していた。経済界が軍需景気のみを享受して増税を拒否することは歪みを強めることになるからである。

戦時体制の政策知識というものは平時とは独立して存在するのである。もちろんそれを導入する時期と判断には差が出る。また先見性が強い者は早期の計画を意図する。馬場鍈一が批判を受けたのもそれ故であり、第一次世界大戦を観察した軍人(一例として小磯国昭『帝国国防資源』)や、内閣調査局・企画院官僚群もその例である。現実が追いついていない中での計画は反発を生む。それは無用な軋轢でもある。だが危機を想定し、戦時を想定すること自体は必ずしも好戦的であることと結びつくものではない。危機管理が必要な事態を想定することそれ自体は、政策担当者にとっての美徳である。

二—三　戦時体制における政策知識と戦時官僚

戦時体制を考察する必要があるとすれば、「革新官僚」と言われる官僚群の性格規定についても戦時体制の枠組みに対応した形での再整理が重要となってくるだろう。新官僚・革新官僚の初期の典型的な研究として、安藤良雄はオーソドックスな形でその構図を示している[20]。つまり、政党に関与する大正官僚に対する昭和官僚という指摘である。彼らは戦時経済に重要な知識を加えた官僚群と言える。古川隆久は革新派論の立場から革新官僚の抱いていた思想性を重視している[21]。高岡裕之などはまた別の立場であり、戦前・戦時の福祉国家・社会改革に関する側面にも官僚群による統治の強化の過程とする視点を残している[22]。

官僚制・官僚群に対する警戒感に基づくものであるのか、官僚群が何かしらの政策意図を持って支配の強化を意図して政策を作成したという発想は有力なものである。ただ、そのような視点はともすれば現実以上に官僚群の万能性を想定してしまうのではないかという懸念も生じる。

もちろん先見性を持って政策立案に際して一貫して思想性を持った個人・集団も存在するし、それを革新官僚群といった形で想定することで得られる学問的知見も少なくない。ただ、当時の国家官僚の多くが国家改革への志向を抱いて思想性・政治性を持っていたわけではない。国家官僚は国民の支配を最優先に考えて行動していたわけでもない。革新官僚と表現すべき集団が存在していたとしても、彼らの存在を強調しすぎることは実態に反することになり、時代を反映していないことになる。また彼らの思想性・政治性を過剰に強調することで、結果的に強い官僚群という虚像が再生産されることへの懸念も残る。万能ではない部分を見ることにも意義はあるのではないか。平時か戦時かという問いに対しては、官僚群自身が対応を強いられて右往左往していた側面も見逃せない。

先述した石橋湛山のような、戦時を想定に置いて的確に対応すべきだとする意識は官僚群の中にも存在する。戦争に国民を駆り立てることが善悪の悪であったとしても、戦時を想定することまでもが悪だと評価するのは評価基準の混乱である。考慮が必要なのは、それらの特段の思想性・政治性を持たずに「戦時」へ対応しているだけの集団の存在である。それでは政治性の弱い実務的集団はどのように動いたのか。一例として、商工省貿易局官僚や大蔵省主税局官僚の行動は将来の変化を意識しつつも基本的には変化への対応に右往左往しての行動であった[23]。そこに戦争という政策目標に国民を導いたという役割設定を付与する意義はあるのだろうか。

戦時への対応の必要性が認識されたならば、戦時への政策知識については共通認識が形成されることになる。だとすれば特段の思想的特性を持たなくても戦時統制には従事することになる。逆にそこで戦時への必要以上に思想性・政治性を持った官僚群は過剰な改革ではないかという疑念や批判に直面することになる。官僚制の基本は定型化された業務であり、ルーティン・ワーク（決まりきった作業）であるが、それは［平時―戦時］の双方に対応することができる。その中に官僚群の政策志向が加わるとはいえ、革新色を削ぎ落として通常の戦時との差異を整理し、基本となる「戦時官僚」の行動枠組みを把握することによって見えてくるものがあるはずである。

この点で整理に際して厄介な問題となるのが、日本における総力戦の「一回性」の問題である。これは総力戦論の視点から日本の総力戦体制を分析する際の桎梏でもある。今日に至るまで、近現代日本の総力戦とは昭和戦前期・戦時期の総力戦しか事例が存在しない。その点に応用の難しさがある。日本では第一次世界大戦には参戦はしたが規模は小さく、国内の政治・経済・社会の構造を大きく変化させたとまで評価することは難しい。日清戦争・日露戦争は規模は大きくても年代的に距離があり、第一次世界大戦（日独戦争）は日本にとってあまりにも規模が小さい。昭和期の戦争（第二次世界大戦・日中戦争・日米戦争）のみが総力戦であるとすると、敗戦という結果と合わせて昭和期の戦争の特殊性を強調する定型に還元されてしまいがちである。

日本に総力戦の経験はなかったとはいえ同時代に総力戦の発想がなかったわけではなく、学習の対象として強く意識されていた。むしろ日本では机上の構想段階での総力戦の問題の方がより大きな政治的問題となっていたとも言える。それ故に総力戦体制に限定せず、日本の過去の通常の戦時体制との違いを考察することの意義が大きくなる。もちろん当初の想定のままに戦時が収まるかどうかという問題は残る。当初の想定以上の変化については合意が存在しないわけであるから対立を内包した政治過程・政策決定のプロセスの中に委ねられることになる。

三　分析基軸の欠如と確立の方法

三―一　分析基軸の欠如――政治・経済の評価軸について

戦時体制という枠組みの存在を想定したとしてもそれだけでは十分ではない。現在の研究状況の中では、昭和戦時期についての評価基準が存在しないことで混乱が存在し、戦後体制との連関を難しくさせる大きな要素ともなっている。また政党政治研究におけるこの問題への無関心によって問題は放置され、深刻化する状況の一助となってしまっている。一方で戦時期研究者はその混沌を楽しんでおり、整理への意欲は乏しい。だがこの問題は「いかなる戦時」と「いかなる戦後」が同時代に想定されていたかという問題であり、謂わば戦後体制の起点であってその前史とも言える。いかなる「戦後」が想定されていたのかという問題は、実際の「戦後」とも無縁のものではないだろう。

分析軸の欠如という問題は、政治と経済だけに限定したとしても残されている。政治と経済の両面で、平時からの変化が昭和戦前期政治史の深刻な国内対立の争点であり、政治的危機の要因となっていた。それは「政党政治」と「資本主義」を巡る対立である。

①政治

政治においては政友会・民政党の二大既成政党への批判は当時の国内の各分野・各階層に遍く存在していた。政党自身の内部からも政党の現状への不満が高まる中では、理念としての「二大政党制」「憲政の常道」「政党内閣」を支持することと、現状の政党をその担い手として承認することの乖離は大きくなる。次善の策として、官僚・軍人による挙国一致内閣を支持してはいけないのだろうか。政党の再建に期待をかけるにしても、短期的な挙国一致の容認は、長期的な政党政治の理想などと矛盾のない形で併存できる。新党による再建の可能性が残されていたとすれば尚更である。その構図は戦時における挙国一致にもそのまま適用できる。

②経済

経済（統制経済）については政治以上に短期・長期の視点が重要である。不要不急の時期に統制経済を採用して、国家による国内経済のコントロールを志向したとすれば、それは単なる社会主義経済である。しかし昭和戦前期においては社会主義そのものが全面的に主張されていたわけではない。この点の整理が難しいことが当時においても研究上においても混乱の大きな原因となっている。

統制経済と社会主義経済に親和的な側面があることは間違いない。故に一見すると、戦時統制経済と社会主義経済は同種の存在と捉えられることになる。また社会変革に着目する際には重要な関連があることも確かである。だが戦時統制経済は、目的が定まっている。それは戦時の必要があるが故に採用されるのであり、戦時が終わればそれが継続される必要はなくなる。そこでの政策が慣性と惰性のままに継続される可能性はあるが、少なくとも継続されるか否かが検討される余地は生じるのである。この点については短期的志向と長期的志向の区別を意識しない限りは混乱の収束はおそらく不可能だろう。

総力戦論はこの垣根を取り払い、境界を融解させたことに意義があり、魅力もある。ただ総力戦論の精緻化の際には一度崩した境目をもう一度分析の道具として検討し直すことに意義があるように思われる。この点は戦時体制・総力戦体制の間の差違を考えねば考察はできない。

この①政治・②経済の双方の問題について、戦時体制の視点が必要となる。例えば政党政治研究では平時における［政党政治・資本主義］からの変化が生じたことを嘆き、これで体制が「崩壊」したことになる。だが嘆くにしても、代替案として何を用意して、どの方向への進展を評価するのだろうか。もちろん現状維持的な［政党政治・資本主義］を至高の理想とすることもできる。

ただ、その場合には平時においても統制経済を志向する社会主義者はその理想に反した集団となるのだろうか。統制経済はすべて戦争のための政策であって、社会主義国は好戦的な国家であり、常に戦争準備を進めていた国家ということになるのか。この点について革新派論は的確にその点の矛盾を衝いた指摘を行った。革新派論は社会主義への知見も含めて先進的な知識を有していた者たちが新体制運動や戦時体制の運営に参加していたことを指摘していた。

また平時からの変化が体制破壊に繋がるのだとすると、［挙国一致・統制経済］の戦時限定の採用を求めた湛山はファシストとして汚名を付与されるのだろうか。湛山から免罪符を剥奪せねばならないのだろうか。しかし湛山は政党政治・資本主義を本来の理想としている。この点の評価は、戦時体制を評価軸とした枠組みを用いなければ困難だろう。少なくとも現状維持［政党政治・資本主義］を理想の政策志向とする認識だけで済ませるわけにはいかないように思われるのである。

平時←→戦時

平時→戦時→平時

		平時		戦時
政治		政党政治	←→	挙国一致
経済		資本主義	←→	統制経済

	平時		戦時		（平時？）恒久性
政治	政党政治	←	挙国一致	→	一国一党
経済	資本主義	←	統制経済	→	社会主義

　これを政党政治研究のように「崩壊論」で説明しようとする場合には、そもそも問題が発生していることすら研究の視野の内に含めることができない。対して革新派論はこの点について問題意識を持って回答を示している。ただ革新派論では分析対象となる政策領域の幅の広さを持ちつつも、時間の観点を重視しないことで、「戦後」という平時への回帰を想定できない。「革新」は国家改革を志向する力の向き（ベクトル）を示し、各政治集団の内部に存在する個人・集団の革新志向をまとめて革新派として分析しているが、その力の終着点は必ずしも明らかではない。例え

ば平時から戦時への挙国一致や統制経済についての「革新派」内部の政策志向については概ね統一性が存在しているように思われる。ただそれは戦時以後の「平時→戦時→平時」までを含めた志向として、つまり恒久的な改革においても統一性を保てるのだろうか。その点は疑問であり、むしろそこでは改革志向も解体されざるを得ないように思われるのである。求心力の源泉は「戦時」であったのか、「革新」であったのか、その区分と整理は今後の革新派論の発展のためにも重要となるものと思われる。

ここでの政治・経済の争点について、少なくとも戦時官僚の多数派は「戦時」に対応するための改革志向であって、戦時に向けた革新と恒久的な革新では似て非なるものと判断すべきと思われる。もちろん革新派論が本来対象として重視してきたのは「平時→戦時」（つまり〔政党政治→挙国一致〕・〔資本主義→統制経済〕）についてであり、その点の問題提起だけでも多くの研究上の示唆を与えてくれるのだが、分析が未整理な状況が継続されたこともまた事実だろう。逆に総力戦論の場合には「戦時→平時」について主に経済の側面で「統制経済→資本主義」が必ずしも完全に旧には復していない部分に着目することで問題提起を行った。それに対して古典的理解の場合には戦時から区別された新たな平時（戦後）と見なしており、この点に対応できていない。

「平時→戦時」と見るだけでは十分ではないのであって、「平時→戦時→平時」を見据えた際にどうなるのかが同時代の感覚を把握する上で重要になる。総力戦論や先述三谷論文では旧に復した中でも生じている変化を示している。旧来の平時に戻るのか、新しい別の平時となるのか。革新派論・ファシズム研究では「一国一党・社会主義」となるのだろうか。ただ戦時から戦後になっても社会主義・ファシズムへとそのまま進んでいったと想定して良いのか、強い疑問は残る。戦後には戦争への危機感はもはや存在せず、「戦時」であることは国内改革に際して何の政治的効果も持たなくなっているのである。

以上のような研究上の分析基軸の欠如によって、研究に混乱が存在しているのは確かだが、それは研究の対象である当時の政治状況自体の混乱に基因する部分も少なくない。当時の同時代の言説の中でも短期・長期の視点と恒久性の問題についての混乱はあり、統制経済と戦時経済という本来は別の枠組みが、類似の枠組みとして認識され、時として誤用・誤認されることも少なくなかった。とはいえ、その点の区分について注意喚起する主張は当時にも存在していた。一例として、犬丸巌（大審院判事）と難波田春夫（東京帝国大学経済学部助教授）の二人による法秩序・経済学の視点からの現状分析を引用したい。それは謂わば戦時体制の内部の変化を短期・長期に区分することの意義を示唆するものである。

犬丸巌『新体制下の憲法解説』一九四一年(24)

「（四）新体制と公益優先」「新体制は公益優先を旨とするといふ事を一般によく言はれるが、人々の中には此の公益優先を余りに強調すれば赤になり憲法上の自由権がなくなるのは無論の事、共産主義国家の人民と事実に於て選ぶところがないやうになりはせぬかと心配する人もあるやうである。然しながら是亦杞憂に過ぎない。」「問題は公共の利益の為に法律に依らないで個人の権利を剥奪し、又国家其のもの丶存立の為に必要だとして、法令に依らないで個人の権利を奪つたり、制限することが所謂公益優先の理念の下に、之を為すことを得るか否かである。卑見に依れば、此のやうなことは絶対に為し得ないものと確信する。」「国家の秩序が紊れては、折角の公益優先も公益優先にならないことになる。」

「（五）公益優先と共産主義との関係」「こ丶で明にして置きたいのは、公益優先と共産主義との関係である。或は貴賤貧富を問はず一様に米、木炭、砂糖、マッチ等が配給せられたり、或種の職業の者が特殊の精算の為に徴用せられたり、農民や生産者は保護せられても中小商工業者は放置せられて苦境に立ち失業の已むなきに至るとか、資本家の利得に制限が加へられ、不労所得者に高率の税金が課せられるといつたやうな現実の結果の上のみから見れば、共産主義の政策に依る結果と如何にも酷似したところがある。然しながら此等の現象は独り共産主義国家のみに生ずるのではなく、自由主義の英国にも米国にも又全体主義の独逸にも、将又伊太利にも共に同様のことが行はれてゐるのである。それは之を端的に言へば近代の戦争が国力戦である其の性質が其のやうにさすのである。」

難波田春夫『戦力増強の理論』一九四四年(25)

「戦争経済が進むにつれ、わが国戦争経済の確立のためには資本主義を否定するどころか、むしろ資本主義化を促進しなければならぬとの見解が相当盛んになつて来たのである。（中略）それは資本主義とか、あるいはそれを何らかの意味で否定した統制経済といふやうな『体制』の存在を否定する。経済に対する統制はただ今日の戦争の必要上行はれればそれでよいのであつて、統制の内容も、統制の強さも、戦争に勝つためといふ目標から判断されねばならないと云ふのである。」

「もちろんかうした第二の見解は、明確にそのことを意識して採用せられてゐるものではない。むしろ、今日『統制経済』を口にしないものはないと云つてよいほどである。にも拘わらず、その云ふところを厳密に理論的に突きつめて行くと、以上のやうな理論的立場に立つてゐると結論せざるを得ないやうな考へ方は、事変の進むにつれて次第に多くなり、現在では、経済及び経済政策の実際の担当者の間に相当広く行はれつゝあるのである。」

両者ともに戦時体制と共産主義（反資本主義）が安易に混同されていることに警鐘を鳴らし、現状の新体制・統制経済は戦時であることによって採用されているのだと主張している。分析基軸に混乱がありつつも、その区分を整理することが一定程度は可能であることが示唆されるだろう。彼らは当時の変化を恒久的なものとは見なさず、「戦時」であることに伴う変化であると観察していたのである。そして犬丸は「戦時」の変化を恒久的なものとする誤解を解消しようと努めている。また難波田はその差違に経済官僚が気付いた当時の状況を示唆している。

三―二　戦時体制という秩序の存在

戦時体制という体制枠組みを検討することによって、戦時期においても何らかの形で存在していた体制秩序について再検討することができる。戦争と国内体制の崩壊に本来直接の関係はないはずであるが、戦争が起きた原因を探求する中で既存の体制の崩壊が重視されると、国内の混乱の中で軍部・官僚に引き摺られて戦争に導かれたということになる。だが、国内の混乱が戦争運営にとって有益であるはずがない。国内の総力を動員しなければならない総力戦運営に際しては、国内の体制が崩壊したままでは根本的な前提が崩れてしまう事態となる。

だとすると既存の体制というものも必ずしも破壊の対象と見なすだけでは十分ではなく、整備すべき対象となる。軍部・官僚も含めた総力戦への対応の遅れを懸念する危機意識は、国際環境の危機への対応の遅れに基因するものであり、体制批判はその手段でしかない。ここで新たに整備された国内体制を軍国主義・ファシズム・翼賛などによって新たに創出されたものと見なすだけで良いのか、なお検討が必要である。戦時体制は平時との対比の中で従来の体制秩序の中に組み込まれていたものであり、既に想定されていた体制であった。

もしもファシズム的な要素が強いのであれば、その部分を従来の戦時体制とは別に付加された部分と捉えれば良い。ファシズムといった用語を用いなければ日本の国内戦時体制の全体を表現できないわけではない。ファシズムの中心的部分を研究するためにも、従来からの戦時体制の要素で説明できる部分との区分けを行うことによる利点もあるだろう。戦時に伴う変化をすべてファシズムとしては概念は希薄化するばかりである。

ファシズムに関連してもう一つの大きな問題となるのが「反戦・避戦」への評価の偏重である。戦時期の国内体制の評価に際して戦争への関与と連関させる必要があるのか、検討が必要である。結果的に戦争への賛否（「反戦・避戦」）しか評価軸を持たないが故に、戦時体制の内部を分析する視点の確立が妨げられる懸念が生じるのである。ファシズムでなくても戦争は行うものである。またファシズムを前面に出すことによって「資本主義―社会主義」という当時の戦時体制の内部にあった潜在的対立の存在が看過されて後景に退かされてはいないだろうか。「一国一党・社会主義」の恒久化を巡る当時の戦時体制の内部の分析基軸の整理が妨げられてはいないかと懸念される。ファシズムを政治的な資本主義・社会主義双方の共通の敵と位置付ける対立構図は、果たして当時の日本の国内の政治・思想の状況説明として適切なのだろうか。

総力戦に伴う変化
戦時体制に伴う変化

ファシズムに伴う変化
戦時体制に伴う変化

また今後の方策として、総力戦による変化、ファシズムによる変化、と説明するにしても、単純な戦時との区分は有効である。一般化可能な単純な説明で済む部分については、そちらが優先されてしかるべきである。ファシズムでの説明に意義がある部分も確かに存在するが、すべてをファシズムに回収させることは困難である。それは謂わば総力戦体制・ファシズム体制を「戦時体制＋変化」という形に分解する作業である。戦時体制として存在できる部分を無理に総力戦・ファシズムの特質を持った部分としては逆に変化を捉えにくくなる。分析基軸の設定によって整理の一助となることに期待したい。

結

戦前――戦時――戦後
〔平時〕〔戦時〕〔平時〕

戦後システムの第二楽章として、戦後について改めて考え直すとすると、今後の研究の中で戦後はどのような視点から切り出されていくことになるだろうか。いくつかの想定は可能である。①戦後は戦後として独立した単独の存在と見なされるだろうか。②それとも「暗」の戦時に対する「明」の戦後という図式を維持するだろうか。それとも、③大正期・昭和戦前期から戦後への「平時と平時」の繋がりを重視するようになるだろうか。それとも、④昭和戦時期と戦後期の「戦時と平時」の連関に発展の契機を見出すだろうか。

どのように研究が発展していくとしても戦時期の捉え方は、戦後システムの位置付けを規定する一側面であることは間違いないのである。戦後七〇年を戦後と一括りにすることが妥当なのか。この戦後システムそのものを対象とした今号の特集が示唆するものは、「戦後」という枠組みがいつかは終わるということ、もしくは新たな枠組みが求められるという予測に基づいてのものだろう。終わり（終期）の転形に対して、本稿ではその始まり（始期）の境界の揺らぎの可能性について扱った。

現在の戦後の中のどこに区切りを求めるにしろ、もしくは今後新たな区切りが発生するにしろ、現在の「戦後」に対する見方が問われる中で、その起点はどのように位置付けられるのだろうか。無色透明な無垢な終戦か、もしくは天から降ってきた終戦によるものとするのか。近代日本との接続を切断したままとするのならば簡単である。だが今後、戦後システムそれ自体が相対化されていく中でその構図は維持し続けられるものだろうか。終戦を越えた戦時への繋がりは今後検討課題となり、戦時も戦後も共に相対化を強いられる中では重要な意味を持っていくことになる。今後の戦時研究と戦後研究の双方からの問い掛けと応答がどのように進んでいくのか、非常に興味深い。

戦時期に大きな変化があったことは確かであり、戦前（平時）と戦後を単純に繋げるわけにもいかない。しかし戦時期は混乱しているからといってそれに安住して戦後システムを戦時から切り離された存在として済ませるのも問題である。戦後体制・戦後システムを戦前・戦時との関連の中で如何に捉えるかは重要な課題として残されたままである。その点を再考する際には「戦時」と「平時」との対照の中で、総動員体制・総力戦体制などとの区別を意識した上で「戦時体制」の意義に改めて注目してみることで、整理の機会を得られるのではないか。今後の戦後体制・戦後システムについての検討が為される際にも一定の有効性を持つと考える次第である。

注

（1）革新派論の視点からの研究として、伊藤隆『昭和初期政治史研究　ロンドン海軍軍縮問題をめぐる諸政治集団の対抗と提携』（東京大学出版会、一九六九年）、伊藤隆『大正期「革新」派の成立』（塙書房、一九七八年）を参照。

（2）総力戦論の視点からの研究として、山之内靖、ヴィクター・コシュマン、成田龍一編『総力戦と現代化』（柏書房、一九九五年）、山之内靖著、伊豫谷登士翁・成田龍一・岩崎稔編『総力戦体制』（ちくま学芸文庫、二〇一五年）、雨宮昭一『戦時戦後体制論』（岩波書店、一九九七年）、雨宮昭一『総力戦体制と地域自治』（青木書店、一九九九年）を参照。

（3）戦後の日本経済システムの起源を問う研究が発生した。岡崎哲二・奥野正寛編『現代日本経済システムの源流』（シリーズ現代経済研究六、日本経済新聞社、一九九三年）、野口悠紀雄『一九四〇年体制　さらば「戦時経済」』（東洋経済新報社、一九九五年）を参照。

（4）その概要については、伊藤隆「昭和政治史研究への一視角」『思想』六二四号（岩波書店、一九七六年六月）、及び伊藤隆「『ファシズム論争』その後」『年報・近代日本研究一〇　近代日本研究の検討と課題』（山川出版社、一九八八年）を参照。

（5）「総力戦体制をどうとらえるか」『総力戦・ファシズムと現代史』（年報日本現代史・第三号）現代史料出版、一九九七年。

（6）赤澤史朗「総力戦体制をどうとらえるか」『総力戦・ファシズムと現代史』（年報日本現代史・第三号）現代史料出版、一九九七年、四―五頁。戦時の日本で個人の権利がタテマエとしてまで否定されていたと言えるのか、疑問も残る。

（7）高岡裕之「総力戦体制をどうとらえるか」『総力戦・ファシズムと現代史』（年報日本現代史・第三号）現代史料出版、一九九七年、二一―二二頁。

（8）加藤陽子「政友会における『変化の制度化』」有馬学・三谷博編『近代日本の政治構造』吉川弘文館、一九九三年、一八二―一八三頁。

（9）この点についての加藤の指摘は、対比可能な側面が強い総力戦論が「総力戦『体制』論」として体制化が容易に可能であることとの対比としての意義もある。革新派論は「革新派体制」的な方向への分析志向は弱い。またここでの「制度化」の重要性の指摘は、本稿が主題とする「戦時体制」の再発見の重要性とも関連するものである。

（10）吉田裕「近現代史への招待」『岩波講座日本歴史　近現代一　第一五巻』岩波書店、二〇一四年、八―九頁。

（11）ここでの吉田の指摘は、総力戦論がいかに抑圧・抵抗に関心を示す「抵抗論」の中に換骨奪胎されて吸収されていったかを示唆しているとも言える。

（12）前掲吉田裕「近現代史への招待」一〇頁。

（13）赤澤史朗「特集にあたって」『総力戦・ファシズムと現代史』（年報日本現代史・第三号）現代史料出版、一九九七年、i頁。

（14）一例として、大淀昇一の描写した技術官僚の待遇改善要求などはその典型だろう（大淀昇一『技術官僚の政治参画日本の科学技術行政の幕開き』中央公論社（中公新書）、一九九七年）。若月剛史『戦前日本の政党内閣と官僚制』（東京大学出版会、二〇一四年）も参照。

(15) 三谷太一郎「戦時体制と戦後体制」大江志乃夫他編『岩波講座　近代日本と植民地8　アジアの冷戦と脱植民地化』岩波書店、一九九三年。後に、三谷太一郎『近代日本の戦争と政治』（岩波書店、一九九七年）に所収。

(16) 東洋経済新報への評価の一例として、井上清・渡部徹編『大正期の急進的自由主義「東洋経済新報」を中心として』（東洋経済新報社、一九七二年）を参照。

(17) 以下の石橋湛山の戦時期における主張とその政治的意味についての詳細は、米山忠寛『昭和立憲制の再建　一九三二～一九四五年』（千倉書房、二〇一五年近刊）も参照。本稿は同書で前提とした研究史を、戦後体制・戦後システムと戦時体制の関係の中で整理することを意図したものである。

(18) 湛山の増税論は一九三六年頃から始まり、その後も「何故に増税を主張するか」（『東洋経済新報』一九三七年七月三一日号）、「へっぴり腰の増税計画　財界は増税を嫌って強烈なる統制を好むか」石橋湛山全集編纂委員会編『石橋湛山全集』第一一巻、一七五―一七九頁（『東洋経済新報』一九三八年一月一五日号）、「大増税と税制改革　之を敢行すべき時期は既に来た」石橋湛山全集編纂委員会編『石橋湛山全集』第一一巻、二一八―二二〇頁（『東洋経済新報』一九三八年一二月一七日号）などがある。

(19) 林健久「ファシズム財政の原型　馬場鍈一蔵相論」東京大学社会科学研究所編『戦時日本経済』東京大学出版会、一九七九年。

(20) 安藤良雄「日本戦時経済と〝新官僚〟」高橋幸八郎・安藤良雄・近藤晃編『市民社会の経済構造』有斐閣、一九七四年。

(21) 古川隆久「革新官僚の思想と行動」『史学雑誌』九九巻四号、一九九〇年、古川隆久『昭和戦中期の総合国策機関』吉川弘文館、一九九二年。

(22) 高岡裕之『総力戦体制と「福祉国家」　戦時期日本の「社会改革」構想』岩波書店、二〇一一年。

(23) 商工省貿易局官僚については米山忠寛「貿易行政機構の変遷とその意義　貿易省・交易局・通産省」（『本郷法政紀要』一四号、二〇〇五年）で、大蔵省主税局官僚については前掲米山忠寛『昭和立憲制の再建　一九三二～一九四五年』で、それぞれ扱った。

(24) 犬丸巌（大審院判事・高等試験委員）『新体制下の憲法解説』法文社、一九四一年、二〇八―二一一頁。

(25) 難波田春夫『戦力増強の理論』有斐閣、一九四四年（再訂第五版）、九七―九八頁（「第四章経済統制の方途」）。この点については米山忠寛「昭和戦前期日本における戦時体制の自己規定について」（日本政治学会二〇一二年度研究大会分科会報告）の内容と関連している。

本稿は科学研究費補助金（研究課題番号：11J02822）（研究課題番号：26885088）の成果の一部である。本稿の執筆に際しては、企画の趣旨について占領・戦後史研究会の出口雄一会長・雨宮昭一会員から示唆を頂いた。記して感謝したい。

Ⅱ 「戦後法学」の形成
——一九五〇年代の社会状況との関係から——

出口 雄一

はじめに

「戦後システムの転形」を問おうとする本特集において、本稿が課題とするのは、その中で法と法学がどのような位置付けを持っていたかを検証することである。日本国憲法を中核とする法システムは、一九五〇年代において成立をみた「戦後体制」の重要な「サブシステム」であるが、一九四七（昭和二二）年五月に施行された日本国憲法の「法典」としての成立よりも、その「サブシステム」の成立が後にずれ込んでいることは、法をとりまく国際関係や、政治・経済・社会の状況とその形成過程が密接に連動しているためと理解されよう。[1]

上記のことを前提として、本稿が主として着目するのは、法を支える「学知」のあり方としての「法学」の動向である。その作業において用いる「戦後法学」という概念は、価値中立的な意味での「戦後の法学」ではなく、占領管理体制の下で胚胎し、一九五〇年代に形成され、一九六〇年代に一応の確立をみるに至った、既存の法学に対して論争的な志向を持つ「学知」の呼称である。広渡清吾は、この「戦後法学」について「戦前の支配的法律学との自覚的な断絶の上で、戦後の日本社会の建設に相応しい法律学の構築を課題として意識した戦後の法律学的な営み」を示そうとするものであり、第一に「日本社会の法的近代化を課題として設定すること」、第二に「法律学の科学化、社会科学としての法律学の形成を目指すこと」、第三に「日本国憲法への価値的コミットメントを承認すること」を特徴とするものとする。(2) 広渡は、一九六五(昭和四〇)年の『法律時報』誌の特集「戦後法学――問題史的回顧と展望」の構成において認められる「憲法的体制と価値としての民主主義、方法としてのマルクス主義、および研究分野としての法社会学」が、既存の法学に対して「新しい質をあたえ、法解釈学や既存の法分野の再編成の契機となっている」と述べる。(3)

さて、本稿の問題関心からは、上記特集において「戦後民主主義法学の問題史的考察」を執筆している、「戦後法学」の代表的な論者である長谷川正安が「民主主義が、体制の側のものになった、日本の歴史上まったく例外的な戦争直後の数年には、もっとも広い範囲で民主主義法学が存在しえた」として、「当時は、管理法令を解説し、新憲法を解説するだけで民主主義的意味をもちえたから、一部の例外を除いて、解釈法学者の多くが民主主義法学の枠内に入ることができた」が、「占領政策の転換にもかかわらず、管理法令の正当化をつづけた〔日本〕管理法令研究会の法学者たちは、横田〔喜三郎〕にしても田中二郎にしても、一九四八年以降は、民主主義法学の枠内に存在することが困難になった」と述べることは興味深い。(4) 占領管理体制の下で、東京帝国大学・東京大学の関係者によって組織された「日本管理法令研究会」は、戦時中から継続していた「新法令の解説」と併行して、連合国最高司令官から日本政府に向けて発出された指令等の「解説」を手掛けていたが、(5) 長谷川は、占領後期に「民主主義法学の内部」で発生した「法社会学論争」と並行して行われていた東京大学関係者によるこの「管理法の研究」を、「体制側の解釈法学者」の営為であったと捉えている。(6)

一方、同じく「戦後法学」の代表的な論者である渡辺洋三が、『岩波講座　現代法』（岩波書店、一九六五～六六年、全一五巻）において執筆した「近代市民法の変動と問題」では、「近代的国家の強制力に支えられて市民社会の内部的秩序を保証するものとして登場する一連の法制度、法原理」を「近代市民法」と把握し、その下で「法に内在する意味を認識し、それにもとづいて論理的に厳格にこれを解釈」する「精緻な近代市民法学が開花」したと述べられる一方、現代においては国家の経済社会への介入の進行が「伝統的市民法学（実用法学）の基盤を根底からゆり動かす」ことが指摘される。そして、本稿の問題関心と接続する日本の法学のあり方について、第一次世界大戦後の社会変動を念頭において、以下のような分析が行われている。

伝統的概念法学が、官僚と結びつく上からの近代の形成を担う法律学（官僚法学）であったとすれば、新しく成長してくる市民法学は、下からの近代の形成を担う法律学であった。…日本の法律学は、概念法学に対抗して、うちたてようとした自己の市民法学としての基盤を十分に掘りさげるいとまもないうちに、新しく生じた事態にひきずられ、それへの対応に追われ、理論的展望を見失って沈滞した。のみならず、概念法学からの転換や、具体的妥当性への考慮が、十分な方法論的自覚なくしてとり入れられるとき、それは、かえって、権力の恣意を容認する道具に転化するものでさえあったのである。(7)

山口定は、戦後日本における「市民社会」概念の系譜を検討し、大衆社会論の登場と五五年体制を画期とする一九五五（昭和三〇）年までの時期を「戦後民主主義の第一期」として、この時期には、大塚久雄、丸山眞男とともに、川島武宜が「戦後初期のわが国の「近代主義」者＝「市民社会」派を代表する存在とみなされた」と述べる。山口は、「もともと戦後初期の雰囲気の中で、「市民社会」という言葉を最も早く、かつ最も明確に押し出していたのは、川島武宜に代表される民法学者たちであった」と指摘した上で、当時の川島における「市民法」と「資本主義社会の法」との等置について批判的に言及し、その「行き詰まり」が、後年になって渡辺洋三と清水誠による「市民法論」によって乗り越えられようとした旨を述べる。[8] 後述のように、川島の法学理論は「法律学者の枠を超えて啓蒙的役割を果た」し「世間的にはおそらく最も華々しく活躍」した時期と、法律学方法論についての検討を深めるその後の時期との間で変遷が見られるが、[9] ここで山口が提示する「川島の行き詰まり」から、それが乗り越えられようとするに至るまでの「日本の「市民法」論者たち、ひいては日本の法学者たちの理論的な営みの基本的な筋は、具体的には一体どのような内容のものだったのだろうか」という問いは、「戦後システムの転形」を「法学」の観点から検証しようとする本稿にとって重要なものである。[10]

本稿は、如上の山口の問題意識を受ける形で、連合国による占領が終了した一九五二年を起点とし、「豊かさと経済成長」へと政策や社会が転換する画期となった一九五八年までを主な範囲として、[11] 社会状況と関連させながら「戦後法学」の形成過程を同時代の言説を素材として追跡し、その後の変容の要因を捉えることを課題とする。[12] 近時、一九五〇年代社会については様々な角度からの実証研究が進められているが、[13] 本稿の分析にあたっては、一九五五年の前後によって区分される「第一の戦後」と「第二の戦後」間に生じる言説空間の差異、とりわけ、本稿にとって重要な概念である「市民」という用語の含意の変容について、注意を払うこととしたい。[14]

一　占領管理体制の法的意味

一九五二（昭和二七）年四月にサンフランシスコ講和条約が発効したことにより、占領管理体制は終結し、日本国憲法は日本本土に関しては完全な法的妥当性を持つこととなった。[15] しかし、このことを担保するためには、一九四五

（昭和二〇）年九月に大日本帝国憲法第八条第一項に基づく緊急勅令として制定された「「ポツダム」宣言ノ受諾ニ伴ヒ発スル命令ニ関スル件」（勅令五四二号、以下「ポツダム緊急勅令」）に基づく委任立法である、所謂「ポツダム命令」の処理が必要となった(16)。

ポツダム命令の中には、形式のみならず、内容に関してもまた新旧の憲法秩序そのものと矛盾するものが含みこまれていたが、その合憲性をめぐる問題は、占領下において既に公法学の重要な課題として認識されていた。一九四九（昭和二四）年五月に開催された第三回公法学会は、二日目に「東大公法研究会で編集し配布した違憲問題資料」に基づいて検討を行っているが、このうちポツダム命令に関する問題を正面から取り扱ったのは、宮澤俊義と田中二郎である(17)。宮澤は、前年七月の所謂「政令二〇一号」を取り上げ、憲法上の論点を整理した上で、政府見解及び当時の最高裁判所の判決に従って、ポツダム緊急勅令は新旧のいずれの憲法下においても合憲であると述べる(18)。一方田中は、政府見解及び当時の最高裁判所判決について批判的に検討を加え、「ポツダム緊急勅令は、それが包括的委任立法であること、殊に罰則の一般的委任を規定していることの二点においては、新憲法の条規に抵触する疑」があるとしつつも、降伏文書に依拠して「連合国最高司令官の要求にかかる事項を実施するための法的措置は、もともと、超憲法的権力の発動の実施措置に外ならないのであるから、日本国憲法の定める法形式によつて拘束されるべき性質のものではない」と述べ、「性質上には、純粋の国内法たる場合と区別されなければならない」とする。「今日、連合国最高司令官の要求に基づく事項を実施するためにとられている措置をも含めて、すべての法が、憲法の下に統一的な法秩序を構成しているというように強いて理解することによつて、却つて、憲法の定めている各種の制約や個人の基本的人権の保障をルーズに考える結果を馴致し、その面から憲法を破るに至ることを惧れる」と述べる田中の主張の含意は「連合国最高司令官の要求に基づく法的措置を憲法の枠外におくことによつて、その他の国内的な法的措置についてては、あくまで憲法の枠を守つていくことこそ、憲法を保障する真に妥当な途ではないか」というものであった[19]。

講和問題をめぐる協議の過程で、占領管理体制下で制定された法令の廃止又は改正についての検討が課題となったが[20]、一九五一（昭和二六）年四月に準備され、マッカーサーに代わって連合国最高司令官に着任したリッジウェイに宛てて提出された吉田茂の書簡は、「法令の改廃が占領の終結に先立ってなされることが強く望まれる」として、各領域の法律の改廃、行政機構の改正と併せて、ポツダム命令のうち、物価統制令や警察予備隊令等を始めとする一六の命令については「国の法律として実施することによって、永久に維持」する一方、「それ以外は、講和条約により継続が要求されるであろうものを除いて、廃止」するとの意向を含んでいた[21]。そして、同年九月八日に平和条約が調印されたことを受けて、ポツダム緊急勅令、ポツダム命令のうち「その実質を存続させる必要のないもの」の廃止と併せて「その実質を存続させる必要のあるポツダム命令の内、大幅の調整を必要とするものは、これを単独の法律として制定し、その他のものについては、一の法律をもつて一括してその効力が存続する旨を規定する」ことが二一日に閣議によって了解された。その処理については、一〇月一五日の次官会議では、廃止すべきものと一部改正の上存続すべきものを各府省別に一本の法律案とし、それ以外のものは「一括してこれらの命令が法律として効力を存続すべき」旨の法律案を法務府において起案することが決定されたが、一一月二四日の閣議において、各省府庁ごとに、効力が存続するもの、廃止するもの（経過規定を含む）、一部改正を加えて存続するものを一本の法律案にとりまとめることとされた[22]。

このように、講和に向けてポツダム命令の整理が進められる中、同年末に「実用法律雑誌」を謳って創刊された『ジュリスト』誌上に、「研究会」記事として「ポツダム命令よどこへ行く」が掲載されたが[23]、佐藤達夫を始めとする法務府担当官と、東京大学法学部関係者によって行われたこの研究会においても、ポツダム命令をめぐって宮澤俊義と田中二郎の見解は対立した。宮澤は、ポツダム緊急勅令の委任によるポツダム命令の制定は「中《ママ》みに盛り込まれることがらは別ですけれども、法形式としてはあくまでも憲法上の法形式をとった普通の委任命令」であるという、佐藤の述べる政府見解を踏まえて「占領下の法というのは外国の法じゃなく、日本の法なんで、文字に書いてある憲法というものは占領法令の一環に入っているのだということを考えなければいけない」として「憲法が独立にあって、そのほかに占領権というものが別にあるのじゃなくて、占領下において日本の国家の法律というものは統一しているので、その中に幾つも別のものがあるのじゃない」と述べる。対して田中は「政府は、最初は連合国の要求を憲法のワク内で実施できるものと思って法形式を考えた。ところが実質的に要求される内容は憲法のわく内ではできないものがたくさんあった。それを憲法のわく内だと強いて説明しようとするところにむりがある」として、「占領下だけなら何とでも説明できる」が「将来の立法に際してそういう広汎な委任命令をどんどんつくって行く危険性があるのじゃないか。憲法はその一線から崩れてしまうのではないかというおそれがある」との持論を繰り返している。(24)

上述の政府の方針に基づき、一九五二（昭和二七）年四月一一日に公布されたのが「ポツダム命令の受諾に伴い発する命令に関する件の廃止に関する法律」（法律八一号、日本国との平和条約の最初の効力発生の日から施行）である。同法第二条は「勅令第五百四十二号に基く命令は、別に法律で廃止又は存続に関する措置がなされない場合においては、この法律施行の日から起算して百八十日間に限り、法律としての効力を有するものとする」と規定したが、この措置との関係で問題となったのが、「占領法規」の効力をめぐって争われた、所謂「政令三二五号事件」であった（刑集七巻七号一五六二頁）。この事件は、ポツダム緊急勅令の委任によって一九四六（昭和二一）年に制定された「昭和二十年勅令第五百四十二号ポツダム宣言の受諾に伴ひ発する命令に関する件に基く連合国占領軍の占領目的に有害な行為に対する処罰等に関する勅令」（勅令三一一号）を引き継ぐ形で、一九五〇（昭和二五）年に制定された「占領目的阻害行為処罰令」（政令三二五号）に基づき、同年に連合国最高司令官が発した「アカハタ」及び後継紙の禁止指令に違反したとして起訴され、第一審・第二審ともに有罪判決を受けた被告人が上告していたものである

（なお、「占領目的阻害行為処罰令」は、上記の方針に伴い「ポツダム命令の受諾に伴い発する命令に基く法務府関連諸命令の措置に関する法律」（昭和二七年法律一三七号）により廃止されたが、同法は「この法律の施行前にした行為に対する罰則の適用については、なお従前の例による」旨を規定した）。一九五三（昭和二八）年七月二二日の最高裁大法廷判決においては、原判決を破棄し、被告人を免訴とする旨の判断がなされたが、その立論は裁判官によって異なっている。真野毅他六名の裁判官は、「平和条約発効後においては、「占領」がないのであるから、「占領目的に有害な行為」が発生存在する余地」がなく「「連合国最高司令官」は解消したのであるから、「連合国最高司令官の指令」が発生存在する余地も」ないため、その違反行為も「発生存在する余地がない」と述べるのに対し、井上登他四名の裁判官は「右政令第三二五号の内容となつている指令といつても、単に連合国又は占領軍の利益のためにのみ発せられたものばかりではなく、わが国の秩序を維持し公共の福祉を増進するために発せられたものも存在する」として「前記指令は、アカハタ及びその同類紙又は後継紙について、これを掲載されようとする記事が国家の秩序を紊り又は社会の福祉を害するというような理由の有る無しを問わず、予《（ママ）》じめ全面的にその発行を禁止するものであり通常の検閲制度にもまさつて言論の自由を奪うのであるから、憲法二一条に違反するものであることは明らかであつて、右政令第三二五号もまたこの指令に対する違反を罰するかぎりにおいて憲法に違反する」と判示しており、その後の判例は、後者の「内容説」を採用している[25]。なお、田中耕太郎他四名の裁判官は反対意見であった[26]。この判決を受けて、『ジュリスト』誌上には「研究会」記事として「政令第三二五号事件最高裁大法廷判決について」が掲載された。東京大学法学部関係者によって行われたこの研究会においては、「いわゆる超憲法的な基礎を持っているという意味が、何か憲法による国内法の体系と全然別な、水と油のようなものが別の層を成してかぶさっていたわけになる。その当時における実定法秩序として一体をなしたものでないというような考え方になるのではないか」と述べる兼子一に対して、宮澤俊義が「占領時代の日本の法令というものは、今の憲法といろいろ違ったものになっているが、日本の法体系のほかに地役権みたいなものが加わって、本来の法体系がまがっていたというふうに考えるべきでなく、むしろ占領法体制ともいうべきひとつの特殊な法体制があり、いわば「占領的」なものと独立日本的なものが一体となっていたというふうに見るべきだろうとおもう。占領時代が終って日本が独立になったいとう《ママ》ことは、その意味で憲法がかわったと見るべきだ。明治憲法から占領法時代になり、それからさらに日本国憲法、つまり百パーセント日本国憲法の時代にかわったというふうに見るべきだろう」と持論を展開している(27)。

上記のような形で、最高裁判所及び東京大学法学部において展開された「解釈」に対して、「戦後法学」の側からは強い批判が投げかけられた(28)。占領管理体制の終結に伴い「裁判官は、はじめて自らの良心にしたがって、これまでタブーであった——法的にも、事実上も——占領政策を批判検討し、自由な価値判断を下すことが可能となった」として、上記政令三二五号事件における各裁判官の見解、及び、それを擁護する法学者の言説を批判的に検討しようとする長谷川正安は、「もっとも本質的な問題」は「占領下の法体系をどう統一的に把握するか」であるとし、宮澤俊義のように、占領法体系と憲法体系の交代を単純化するのは「占領下の憲法の独自性を完全に無視するもの」である一方、田中二郎のように両者を二元的に把握するのは「占領下の被拘束性を、憲法の解釈によって講和後にまでもちこみ、両時代の差を無視することになる」として、「いずれにしても、そこでは、占領下の特殊な（それは、一種の占領法規ともみられる）「憲法」から、言葉の本来の意味での憲法への移行過程における、憲法と政令三二五号との関係の変化、その変化の中にある共通な部分と区別される部分の正しい認識がなされていない」と批判し、ポツダム命令の合憲性については、ポツダム宣言の趣旨に照らして判断すべきとする。その含意は、占領管理体制の下では「まことに已むことを得ない」（最大判昭和二三年六月二三日、刑集二巻七号七二二頁）ために合憲と判断されていたポツダム命令全般の効力が、占領終結後にはそのまま「日本国憲法にかかわりなく憲法外において法的効力を有する」（最大判昭和二八年四月八日、刑集三巻八号九八三頁〔政令二〇一号事件判決〕）とスライドしたことへの批判であった。[29] 後に長谷川は、六〇年安保をめぐる理論状況に即して、「占領法体系と憲法体系」から「安保法体系と憲法体系」への移行を強調する「二つの法体系」論を提唱することになるが、その問題意識の萌芽が見られる一九五〇年代前半には、日本国憲法そのものについて、その後の時期の主張よりも比較的「突き放して」捉えていた[30]と評価出来よう。

二　一九五〇年代の社会と「戦後法学」

（1）法解釈論争と民法学・憲法学

一九五三（昭和二八）年一一月の第一二回私法学会における来栖三郎の報告「法の解釈と法律家」と、これと同時期に公表された川島武宜の論稿「科学としての法律学」[31]が、その後数年に亘って広範に行われた「法解釈論争」の発端となったことは広く知られている。その論点は多岐に亘るが、大きな対立点は、法解釈が価値判断を含む実践であるとするならば、価値判断の混入は主観性の導入を伴うか否か、という点であった。碧海純一は、論争において「価値判断の混入は、かならずしも、法解釈の主観化をともなわない」とする「客観説」と、「価値判断の混入は、そのかぎりで、法解釈の主観化をまねく」とする「主観説」が対立したと整理している[32]。

碧海の整理によると上記のうち「主観説」に分類される来栖の問題提起のうち、「法の解釈の複数の可能性があり、そのうち一の選択は解釈するものの主観的価値判断によって左右される」とする法解釈の「複数性」と「主観性」の主張は、[33]『法律時報』誌上に掲載された川島武宜・加藤一郎・潮見俊隆との座談会「法解釈学の「科学性」」において「市民の法の解釈をめぐる争いは、いわば裁判官の法の解釈を自己の解釈に従わしめんとする努力である」とし、「裁判官の法の解釈が正しい唯一可能な法の解釈だというべきではないんで…そういうことは法の担い手が裁判官ではなく市民であることを否定することになる」と述べる来栖の発言に見られるように[34]、法律家の権威主義に対する現実主義からの批判と、「市民」の法解釈を考察の対象としたことに由来していると理解される[35]。また、留保付きで「客観説」に分類される川島の「科学としての法律学が発言しうるのは、どの価値体系を選択すべきかではな」いことを前提とした「どのような価値体系――したがってまたどのような価値判断――が、社会にとってどのような意味・作用をもつか、また将来支配的となるか、を予見し、またそのような分析にもとづいて社会を変革することができる」の主張は[36]、社会学的法律学を実践的な技術学として純化して、戦後初期のように国家法を「生ける法」の立場から批判する対象としてではなく、むしろ変革の手段として捉え直し、かつ、変革の手段としての国家法を裁判による法に限定するといった特色を持つものであった。しかし、川島の軸足は、一九五〇年代後半には更に、裁判によって社会統制を行う側からではなく、裁判を利用する「市民」の側からの分析へと移っていく[37]。戦後直後から一九五〇年代にかけての川島の方法論の激しい変化は、「資本主義的近代社会における「市民」の立場」に対する一貫した実践的問題意識が、「前近代的法関係」の克服というマクロな法理論から、「市民社会化」の進行に伴い要請される法や裁判の制御と予見というミクロな視点へと表出のあり方を変えたものと評することも出来よう[38]。

このような主張に対して、同時期の「戦後法学」の側からは、おおよそ「客観説」に立つ形で反論が試みられた。長谷川正安は、川島の「立法および裁判の形で表れる法的価値判断は、単に個人の主観的な意欲や感情に依存するものではなくて、原則として当該の社会の中の一定の範囲の人々の利益の基礎の上に立つところの社会的な価値の体系を反映するものであり、そのかぎりでの客観性をもつものだ」との理解に対応する形で[39]、マルクス主義の観点から「憲法を現実に支えている政治的・経済的・社会的等々の価値判断の体系」を明らかにした上で、それらに対する解釈者の立場を定めることで解釈の基本的傾向が決まるとし、「原則的にいえば、社会の発展をおしすすめ、それをおしすすめることが自らの利益となり、それゆえ、社会の発展法則を科学的に認識しうる階級的立場にあるものの価値判断のみが科学的基礎をもつことが可能であり、したがって、首尾一貫した体系となりうるのである」と述べる。(40) 一方渡辺洋三は、法社会学の観点から「さまざまに対立する法解釈のうち、そのどれが(少くとも相対的に)一番正しいかということは「理論的」に確定しうる」が「この場合の「理論」とは、経験科学的分析を基礎とした「理論」でなければならない」とし「社会科学における理論的認識は認識者の主体的立場と不可欠な関係にある」ことを主張する。(41) この「主体的立場」に関しては、「国民の全体意思の変化の方向を歴史的発展法則の中で個別的に具体的に探求し、それを解釈=価値判断選択の原則的基準に反映させるという課題」をもつ必要があるとするが、この時期の渡辺は「歴史の方向」を必ずしも正しい法解釈の基準とは考えていないことも指摘されている。(42)

ところで、法解釈論争の発端となった来栖の報告においては「どんな解釈でも可能で、保安隊は戦力でないとか、自衛隊は適憲だという解釈も成立しうると直に言おうとしているのではない」との言及が見られるが、(43) 来栖が上記のような関心を抱く「機縁」となったのは、同年一〇月に『世界』誌上に掲載された宮澤俊義・中野好夫・鵜飼信成による鼎談「憲法を守るとはどんなことか」を通じて「いかに憲法の解釈が恣意的なものであるかを痛感」したことであったという。(44) 法解釈論争において「客観説」の立場をとり、憲法改正について「『何が改悪かは各人の主観的判断によって異なるから』、『改悪』を許さないという学説は『一つの独断にすぎない』」とする法学協会編『註解日本国憲法』(有斐閣、一九五三年(改訂版))の記述に対して「かくのごとき相対主義的判断停止は法律学の任務を自ら放棄するとのそしりを免れまい」として「歴史進歩の方向がどちらに向いているかは、歴史学によって客観的に認識される」と主張する歴史学者の家永三郎の論稿が、(45) 『法律時報』誌の上記座談会「法解釈学の「科学性」」と同じ号に掲載されていることが象徴するように、法解釈論争は九条問題を焦点とする改憲論争をその背景としていた。(46)

このような社会状況を背景として、憲法制定期から一九五〇年代までの戦後第一世代の憲法学者が担った「啓蒙憲法学」に代わって、「平和主義等に対する思い入れから、解釈改憲の憲法政治に対する「批判の学、抵抗の学」としての、いわゆる抵抗の憲法学」が戦後第二世代として登場することになるが、法解釈論争の際には「いうまでもなくマルクス主義の影響があったことから、憲法学でも、研究者の政治的スタンスがかなりはっきりしていた」ことが併せて指摘される[47]。このことは、「護憲」というシンボルが、保守党による改憲運動への反対という消極的なスローガンであったこととも関連する問題である[48]。長谷川は、当時の憲法学者のうち「憲法擁護」を謳う者のうちの「戦術的憲法意識」について、来栖の報告の直後である一九五四（昭和二九）年一月に結成された憲法擁護国民連合に関して、全国本部の規約が「共産党系の団体は之を加えないことにする」と規定していたことを批判的に紹介しているが、併せて、「ブルジョア民主主義的憲法意識」について言及する際に、「厳格な解釈学、概念法学的な方法で昭和憲法をあつかっている憲法学者」に加えて、戒能通孝・川島武宜の法社会学的なスタンスを「一口でいえば、近代主義的な憲法意識とでもいいうるような例」として評価しつつも、その憲法意識が「戦後の民主化の進展と軍国主義復活の急激な交替の歴史の流れのなかで、憲法のもつ政治的意義が変化するにつれて、しだいに変化して」おり、「中間層的な意識はそれをささえる社会的地盤に固定制と自主性がないから、意識自体が変化しやすいと同時に、同じ意識でもそのもつ客観的役割を非常にかえやすい」ことに注意を促している。なお、長谷川自身が与する立場は「社会主義的憲法意識」であった[49]。

（2）　福祉国家化と行政法学

雨宮昭一は、一九五〇年代には「国家や資本から自立した多様な空間＝コミュニティーが存在する社会」が「政・官・財の結合による工業化、「地域開発」と補助金政策を中心とする保守党と、パイの配分を基本とする方向に移行した総評・社会党主流によって構成される一九五五年体制」により変容したことを「社会的グライヒシャルトゥング」と把握する。[50] この変容が一九五〇年代後半に「戦後法学」の側から問題化された法領域として、本稿では、行政法学と労働法学の動向について、以下で若干の検討を加えたい。

行政法学の理論的動向としては、穂積八束・上杉慎吉らの官僚的行政法学を排して「日本に市民的な行政法学を築く」先駆者となった美濃部達吉・佐々木惣一等の第一世代に対して、田中二郎・柳瀬良幹・鵜飼信成等の「昭和初期から軍事統制の時期を通じて、行政法学の伝統の火を絶やさないために、忍耐強く相集って研究を続けた」第二世代が続き、戦後になって「敗戦後大学を巣立った若い、また中堅の行政法学者」による第三世代が形成されたと整理され、第三世代の多くが「一貫して、戦前派に対する批判的傾向を示している」旨が指摘される。[51] このことの理論的な現れが、一九五〇年代後半における「公法・私法二元論」に対する「戦後法学」側からの批判であった。[52] 当時の通説は、戦前において美濃部理論を受容して形成された田中二郎のものであり、公法上の法律関係を支配関係（権力関係）・管理関係に類別し、このうち管理関係を、公の行政として公共の福祉と密接な関係を持っているために、これを特殊の法的規律に服せしめる場合とするものであった。[53] この管理関係についての考え方は、戦後において福祉行政の領域が拡大する傾向の下で、行政の実態に即した理論として広く学説・実務において受容されていた。[54]

一九五七（昭和三二）年四月の第一九回公法学会は、第二議題として「公法と私法」をテーマとし、総会報告・行政部会報告及び討論が行われたが、この内、山内一夫の報告「公法関係と私法関係」及び高田賢造の報告「公物の法律関係における公法と私法」において取り上げられ、盛んに議論となったのが、地方自治法第二二五条に基づく公営住宅の家賃の強制徴収の可否についての問題であった。[55] この問題は、学者及び実務家の間で当時盛んに争われ、所管官庁の解釈も分かれていたが、[56] 内閣法制局の山内はその混乱の要因を、条文を離れて「ア・プリオリに〈公法関係〉と〈私法関係〉との区別を立て、それを前提として両規定の適用を考えて行こうとする方法論」にあると批判した。[57] また同年、今村成和は『民商法雑誌』に「行政法上の不当利得」を公表し、日本国憲法が行政裁判所を廃止したことに「単なる裁判組織の問題をこえ、法思想の転換を示す重要な意義を認めたい」とし、「具体的には、それによって、公法と私法との区別は相対化され、法の一般原理を内包する点において、私法が一般法としての地位を占めるに至ったと思う」と主張した(58)。戦前以来の公法体系の排斥に「強力な契機をもたらした」とされる今村行政法学は、後に、制度上の公法・私法の区別自体を否定する「行政特有法」論の方向へと展開することになる(59)。

ほぼ同じ時期、一九五八（昭和三三）年民主主義科学者協会法律部会学術総会春季大会における報告を元に渡辺洋三が『民商法雑誌』に連載を開始した論文が「公法と私法——契約を中心として」である(60)。後年の回顧によると、渡辺がこの問題に関心を持った背景には、上記の公営住宅の家賃の強制徴収の可否についての議論とともに、東京大学大学院特別研究生時代に手がけた農業水利権をめぐる研究があったという(61)。渡辺は「一般的にいって、民法規範は市民法の基礎法として定立されたものである」という前提を立てた上で、「民法の基礎原理に対して、なにほどかその修正原理をうちにふくむところの各種の特別法のうち、公法規定における特別法はまた格別に重要な役割を日本では果してきたし、今日でも果しているのである」と述べ、以下のことを主張する。

しかも、これら公法規定における特別法の存在理由やその根拠等について、納得のゆかない場合もまたまれではない。公法規定における特別法がますますふかく且つひろく、国民生活の多くの分野に浸透してゆく傾向のある今日、あまり納得のゆかない理由で民法原理が修正され、ときにはねぬきにされ、その適用を排除されてゆくということに、私はかねがね〔ママ〕から多大の疑問を感じているのである。…公法規定優先の原則を肯定する立場は、その必然性についての厳密な検討を経ないまま、結局のところは、実定行政法規の条文に安易によりかかり、「行政法にそう書いてあるからそれにしたがう」という以上の内容をもつものではないように思われる。しかも実定公法秩序と実定私法秩序とが矛盾・対立している場合に、無根拠に公法秩序を私法秩序に優先させる傾向がある。その根底を探つてゆくと、公法秩序は私法秩序と異質の原理が作用する領域で、民法の適用は本来的に排除されるべきであるとする、かの古い公私法二元論の残滓が案外に根づよくのこつている、という事実に注目しないではいられない(62)。

このような渡辺の主張の背景には、上述の住宅政策を含めて一九五〇年代後半に進行していた福祉国家化の動きがあるが(63)、渡辺の批判は、戦後日本における「福祉国家」に関する言説空間についての「主として保守派や中道派の一部の論者によって、現代国家のいわば理想像として、現実から遊離し、美化された形で主張され、革新派の論者は、それを資本主義の延命策だとして排撃するという構図」のうち「革新派」の立場に接続するものであろう(64)。一方、公営住宅の家賃の強制徴収に関して、田中二郎がそもそもこれを私法関係として理解した上で、上述の公法学会の討議で「法制局の意見には政府の公定力があると考えるべきであるのに、関係三省の抗議が出たのは問題である」として、各省の回答・通達の事前調整を行うべきであったと指摘し、当時進行していた借地借家法の改正事業に触れて「法制審議会は、法制局の考えと同様、私法関係として借地借家法の適用を受けるものと考えている」旨を述べていることには、田中の理論が戦時・占領期から引き継ぐ「解説法学」的な役割と、その動態的な調整機能を見出すことも可能であろう(65)。なお、田中自身は、この問題については「公共の福祉」の観点からの制約が「どうしても必要だとすれば、そのことを実定法上にはっきりと規定すべきであって、そういう特別の定めをすることなしに、ただ、国又は地方公共団体の行政活動として行われるものであるということを理由として、民法等の適用が当然に排除されるべきものとすることはできない」と慎重な意見を表明している(66)。

（3） 高度成長と労働法学

第一次世界大戦後の社会変動に即応して生まれた「新しい学問」である労働法学の理論的動向は、戦前に「基礎法学あるいは市民法学の若き研究者として自立」していた末弘厳太郎・吾妻光俊等の第一世代に対して、戦後労働改革の結果成立をみた「労働法とともに育ってきた」第二世代が、マルクス主義的な歴史観に依拠して「既存の価値体系＝体制そのものの否定、「反体制」を価値とした」と整理される。(67)一方で、急速に進展する労働運動が新しい労働法上の問題点を提起したのに対し、労働法学の戦前からの蓄積は不十分であったため、労働法学者は「従来の市民法的伝統的解釈論を正し、労働法学的解釈論を展開することによって、具体的実質的に労働者権の確立をはかり、労働運動の発展になんらかのプラスを与えていくこと」を使命としたために「実用法学」へと傾斜したことが併せて指摘される。(68)そのような限界を孕みつつも、沼田稲次郎を始めとする所謂「プロ・レーバー的労働法学」が、「戦後法学」の重要な一角を占めていたことは確かであろう。(69)

占領後期に経済民主化から経済復興へと占領政策が転換され、産業合理化が進展したことは、労働運動、及び、それを支える労働法学のあり方を大きく変容させたが、とりわけ、日本生産性本部が設立された一九五五（昭和三〇）年は、占領終結後における大きな転機となった。(70)アメリカによる欧州復興計画、所謂マーシャル・プランの一環として欧州諸国で実施された生産性プログラムについて関心を抱いた通産省は、その活動について早くから調査を行っており、同省の産業合理化審議会は一九五一（昭和二六）年に日本生産性センターの設置を建議し、また、経済安定本部も生産性本部の設立をＧＨＱの経済科学局に打診したが、これらは占領中には実現に至らなかった。しかし、一九五三（昭和二八）年一二月にアメリカ大使館と経済同友会幹部との間で行われた会合によってその動きは具体性を帯び、財界四団体の協力による日米生産性増強委員会を経て、財団法人として日本生産性本部が設置されるに至った。(71)日本生産性本部は、労使協力体制を目指して労働組合にも参加を呼びかけたが、当初は総評（日本労働組合総評議会）は反対、全労（全日本労働組合会議）系の総同盟（日本労働組合総同盟）等が賛成と分かれ、労働運動内部で

「労使協調」をめぐる対立が先鋭化することとなった(72)。

このような労使協調路線を受け、また、好景気にも支えられて「健全な労働組合運動の発達」と「良き労働慣行の確立」を謳って、一九五七（昭和三二）年一月に発出されたのが、「団結権、団体交渉、その他の団体行動権に関する労働教育行政の指針について」と題する労働次官から各都道府県知事に宛てた通牒であった。「憲法秩序の下、社会の平和を保ちつつ、産業が繁栄して公共の福祉が増進して行くこと」を憲法第二八条の目的とし、「勤労者の団結権、団体交渉その他の団体行動権も、これがために保障されているのであつて、断じて、社会、経済の秩序を攪乱変革せんとする革命運動ないしは階級闘争のために保障されているのではない」と述べるこの文書は、労働運動の戦闘化を抑制しようとするものとして、経営者の賛意と労働組合側の強い反発とを招いたが(73)、本稿にとって興味深いのは、「市民法」と労働法の関係についての同通牒の以下のような表現である。

労働法については、しばしばその特殊性ということが論じられる。それは、たとえば、商法の民法に対する特殊性というのと異って、いわゆる市民法一般に対する優越性として主張されることが少なくない。なるほど労働法の規定は、たとえば労働基準法の如く明らかに市民法の修正規定として生まれたものであるから、生成の歴史あるいは立法の原理に関する限り、市民法に対する特殊性を認めるのは当然である。しかし、法解釈の原理として、市民法に対する労働法の一般的優越性を主張するのは何らの根拠もない。労働法は、他の法規に超絶《ママ》して罷り通るものでなく、諸法域の諸法と調和を保ちつつ憲法下の法秩序の一環をなすものである。他の法の規定の特別法として明記されているときは格別、単に労働問題なるが故に他の法規を沈黙せしめるべき優位性を持つものではない(74)。

この通牒に対する労働法学者の対応は決して一様ではなかった。例えば、第一世代に属する吾妻光俊は「法律論という点からいうと、そう突飛な意見を出しているわけでもない」が「何かこの通牒の表現に労働運動に対して経営側の加える批判の口吻に似たものを感ずるのは、私のみではないと考える」と述べ[75]、津曲蔵之丞もまた「労働法が一般市民法に対して優越性をもつという理論の正しくないこと」については「わたくしも、そう思う」とし「労働法は資本制国家の秩序を維持する法であるから、私有財産制度の地盤の上に成り立つ法にすぎない。それゆえに所有の保障を中心とした一般市民法を全く排除して、それに優越して適用される法ではない」とする[76]。興味深いのは、一九五一（昭和二六）年から東京大学法学部の労働法講座担当となった石川吉右衛門が「従来、市民法と労働法との対立を安易に認めて、後者の前者に対する優位性が、いとも容易に認められて来た如き実情に対しては、頂門の一針というべきものといえよう。ただ、心すべきことは、逆に、市民法的法規が労働法に対して一般的優位性を有つものでもない、ということである」として「最良の労使関係を樹立する最短の道は、労使両当事者をして、自らの問題を、苦心して処理させる事、換言すれば、労使自治の原則を大幅に認める事であると信ずるので、本通牒の根本的な立場には、否定的たらざるを得ない」と比較的穏健な「労使協調」を主張している点であろう[77]。

これらの部分的な擁護論とは異なり、多くの労働法学者は通牒に批判を加えたが[78]、とりわけ「戦後法学」の側からは強い批判が表明された。沼田稲次郎は、通牒が述べる「労働法の特殊性と優位性」について、「現実の人間関係を抽象的一面的に捉える市民法に対して、それをより具体的に捉える法（ひろく社会法といってよい）の形成が必然的になる」のであり、「市民法の抽象的一面性に対する反省」から生じた労働法は「より具体的な原理に立つ法として原理的に優越的だというべきである」として、「「市民法より社会法へ」ということが法の傾向であると共に法理念の発展として捉えられる所以」の根拠を提示し、以下のように難じている。

深く考察すれば、通牒の観念しているように、労働法の特殊性は市民法の板の上にぬられたペンキのようなものではないのである。気にいらない法理を何の根拠もなく排斥するという傲慢な態度は慎むべきである。もともと労働法は事実に対して謙虚な反省から生れた法である。労働省もせめて労働法に対して謙虚であってもらいたいと思う(79)。

おわりに――「戦後法学」と「市民法学」

一九五八（昭和三三）年四月に『法律時報』誌が組んだ特集「市民法と社会法」は、広渡が適確に整理するように、社会における法の総体的把握という分析視角によって「その後の「マクロの法社会学」とでもいうべき法と社会の一般理論に大きな意味をもった」と言える(80)。本稿が冒頭で掲げた問題関心に従うならば、論争的な志向を持つ「学知」としての「戦後法学」の形成の重要な画期となったのが、この特集であった。

まず、長谷川正安は「社会法」という言葉は、「すぐれて歴史的な概念」としての「市民社会の法」という意味での「市民法」がもっている諸原則の「アンチ・テーゼとしての諸原則を内容として生まれてきている相対的な概念を指すために、それ自身の意味内容が相当漠然としている」として、「市民法と社会法」ではなく「産業資本主義段階の法体系と独占資本主義段階の法体系として対比するほうが、よけいな誤解が入らなくてよい」と提言する(81)。また、渡辺洋三も「抽象的市民一般を対象とするのではなく、諸階層、諸階級の一員として社会に具体的に存在する人間」を「社会法」によって把握するとしながら、それらが「根底において、私法関係に対する国家権力の保護・干渉・監督を増大せしめ、多かれ少なかれそれを支えとして」おり、「それは近代初期の自由主義国家に対し、行政権の拡大とか福祉行政とかいわれる現代国家の一般的特徴である」と述べる(82)。この両者に見られる問題意識は、「市民法と社会法」に代わって「近代法と現代法」を対置する一九六〇年代の「現代法論」及び「現代法論争」へと接続することになる。冒頭で言及した『岩波講座 現代法』においては、必ずしも「現代法」の方法的な統一性が見られなかったとの批判的視点を踏まえて、一九六七（昭和四二）年に民主主義科学者協会法律部会学術総会春季大会において提示された討議資料「国家独占資本主義法としての現代法」を元に展開され、上述の「二つの法体系論」や「社会法視座」論等の批判を提起しながら展開された「現代法論争」においては、国家独占資本主義段階の法における「市民法」は「形式的かつ部分的に維持され、政策的な有用性によってその存廃が決定される」とされていた(83)。この討議資料を作成した「NJ研究会」は、「東京および周辺の各大学の大学院生・助手などで構成されるインター・カレッジの研究会」として一九五八年秋に設立された組織であったが(84)、法解釈論争の問題意識を引き継いで一九八〇年代に法解釈の方法論争を改めて展開した平井宜雄の目には、その主張の内容は「学問的価値とは別である」けれども、「『国家独占資本主義の法』と規定したところで、それによって具体的な解釈論や立法論が影響を受けたり、参考にされたりするということはまず起こらない」以上「実定法学または法解釈学に従事する法律家（言うまでもなく、法律家の大部分はそうである）にとっては、この位置づけは何の意味ももたないであろう」と映じていた(85)。

「戦後法学」の潮流の中で「国家独占資本主義」を中核に据える「現代法論争」が展開されたことは、同時期における「戦後法学」の問題意識において「国家」の前景化とともに「市民社会」概念が希薄化していたことを示している(86)。周知のように、一九五〇年代後半の「大衆社会論争」に端を発し、一九六〇年代に「市民主義」を問うという形でこの時期広く「市民社会」論が展開されたが、「戦後法学」は、同時代の「市民社会」をめぐる言説と必ずしもうまく交わっていない(87)。その可能性はむしろ、特集「市民法と社会法」に参加しながらも、後に「現代法論」に合流しなかったグループにおいて考えるべきであろう。例えば、戒能通孝は「市民」について、平等かつ自由な経済主体間の交換市場のような「社会関係の上にヌーッと自生したものでなく、そのような社会関係を作りだすために、生死を賭けて闘ったエリートのことである」との著名なフレーズを含む「市民社会」論を提起するが[88]、その企画趣旨について、「「市民」という基本観念を理解することは、立法上・法解釈上極めて影響甚大な実用法学につながる問題」であるとし、「理念型としての「市民」を念頭におき、その上で市民社会・市民国家を考えないと、われわれは、いつの間にか非市民的な、奇妙に崩れた無原則状態にまきこまれないともかぎらない」と述べている[89]。戒能の「市民」及び「市民社会」概念は、歴史過程の一段階を画する記述概念ではなく、規範概念としての性質を強く帯びている[90]。また、上述のように「市民的実用法学」へとその方法論を変化させていた川島武宜は、「市民法」概念を「資本主義経済社会の不可欠的基礎条件」としての「権利関係を規定する法規範の体系」と「現実生活の平面で自由・平等・独立な人間の関係に固有な人間の関係に固有な法規範の体系」とに分けているが、ここにもやはり、記述概念に留まらない多層的な「市民社会」概念が予定されているようである[91]。

とりわけ、本稿の問題関心から興味深いのは、鵜飼信成他編『講座　日本近代法発達史』(勁草書房、一九五八～六七年、一一巻〔未完〕)において「市民法学」の執筆を担当した磯村哲である[92]。磯村は「人民の「生存権」的諸要求は「市民法」的には法的に処理しえないのであり、ここに「社会法」観念がかかる諸要求に法的基礎を与えるために「市民法」的形式自由を修正するものとして構想される」とし、「かような「社会法」がほかならぬ市民法の修正を通して「市民法」の衣をまとう封建遺制を排除し市民的諸関係を現実化する機能をもつことも銘記されねばならない」と述べている[93]。上記講座において、美濃部達吉と末弘厳太郎を「法実証主義的概念法学」を乗り越える「市民法学」の担い手として描出した磯村の理論的背景には、戦後におけるヴェーバーの「公法・私法二元論」の近代法上の評価の受容と、その理解を踏まえての「法学者」の実践的役割への視野があった[94]。一方、「現代法論」に積極的に加わった渡辺は、一九七〇年代に日本の「現代法学」を総括する際、一九五〇年代後半からの「戦後資本主義の本格的再建過程」を受けて戦後「市民社会」が形成されたという認識を踏まえて「戦後法律学(解釈学)の再建過程」を把握し、磯村が提示する戦前の「市民法学」概念を引き継ぎつつも、戦後の法学の潮流を「体制派法学」としての「官僚法学」、「反体制派法学」としての「民主主義法学」、「中間派法学」としての「市民法学」とに分類している。渡辺は、現代資本主義の下での「市民社会」を前提とする「戦後の市民法学」は、戦前の「市民法学」よりも「はるかに本格的な、層のあついもの」であり、「市民の自由主義的・個人主義的生活利益を防衛する」という観点で「官僚法学」と対立するとしながらも、「その視野は、総体としての体制的支配にまでは及びえず、基本的には体制の枠内における、個々具体的な問題の次元における官僚法学との対抗にとどまっている」として、その「問題」を以下のように指摘する。

これらの法律学方法論が一般的に、マルクス主義方法論と異質のものであることは当然であるとして、その中には単に非マルクス主義であるにとどまらず、反マルクス主義の理論におちこんでいるものも見られる。もちろん、学問のレベルにおける相異なる方法論相互の批判は、学問の発展にとってのぞましいことであり、また現実のマルクス主義法学が多くの弱点をもっていることも否定しえない。その意味で非マルキシズム法学の側からの建設的批判はマルキシズム法学も歓迎するところであろう。しかし、それが、マルキシズムの科学性を否認し、その理論を解体させるものならば、それは、国民の運動に対する敵対的なものとならざるをえない。…科学の世界と価値判断の世界を峻別した上で、裁判や立法ないし広く政治を科学的にコントロールしようとする方法は、その科学主義、合理主義が権力の非科学的非合理的支配と対立する方向に発展してゆく可能性と、逆に、非合理的なものにおちこもうとする権力の支配に、それなりの一定の科学的合理的基礎づけと歯止めを提供して、その破綻を蔽いかくし、権力支配の正当性を根拠づける方向に発展してゆく可能性と、この両方の可能性をふくんでいる。その中から、官僚法学の側に立つ市民法学と民主主義法学の側に立つ（少なくともそれと共同する）市民法学への分化が、現在よりも進んでゆくとおもわれる。[95]

「戦後法学」において、「市民」概念の「規範的」な意味を含意した「市民法学」が本格的に展開し始めるのは、一九九〇年代の「市民社会」論ルネサンスよりはわずかに先行する、一九八〇年代になってからのことである。[96]それが、天野和夫他編『マルクス主義法学講座』（日本評論社、一九七六〜八〇年、全八巻）における長谷川正安・渡辺洋三の「市民社会」論のある種の「転回」とも理解される理論的変容と軌を一にしていることは、「戦後法学」の「方法としてのマルクス主義」に内在する問題として理解されるであろう。[97]しかし本稿では、その「転形」の事実だけを記すに留め、その内実の検証については別稿に譲らざるを得ない。

注

（1）雨宮昭一『戦時戦後体制論』岩波書店（一九九七年）、同『戦後の越え方―歴史・地域・政治・思考』日本経済評論社（二〇一四年）。

（2）広渡清吾「日本社会の法化と戦後法学」『社会科学研究』四九巻二号（一九九七年）四五頁。

（3）広渡清吾「戦後法学と法社会学」『法律時報』八〇巻一〇号（二〇〇八年）七〇頁。

（4）長谷川正安「戦後民主主義法学の問題史的考察」『法律時報』三七巻五号（一九六五年）六頁以下。長谷川の法学の特色については、杉原泰雄・樋口陽一・森英樹編『長谷川正安先生追悼論集　戦後法学と憲法―歴史・現状・展望』（日本評論社、二〇一二年）についての拙評を参照されたい（『法制史研究』六三号（二〇一四年）二一八頁以下）。

なお、本稿における史料の引用においては、旧漢字は原則として新漢字に改め、中略部分を「…」で表記した。筆者による補足は〔　〕で示した。引用文献の初出年及び異同は、必要に応じて適宜本文及び注において示した。

（5）拙稿「戦時・戦後初期の日本の法学についての覚書（2・完）―「戦時法」研究の前提として」『桐蔭法学』二〇巻

一号（二〇一三年）四〇頁以下。

(6)　長谷川前掲「戦後民主主義法学の問題史的考察」一〇頁。

(7)　渡辺洋三「近代市民法の変動と問題」小林直樹編『岩波講座現代法（1）現代法の展開』岩波書店（一九六五年）七〇頁以下、同『現代法の構造』岩波書店（一九七五年）一五頁以下〔ただし、後半の引用箇所は収められていない〕。渡辺の法学の特色については、広渡清吾「潮見・高柳・渡辺法学の検討―戦後民主主義法学の担い手たち」『社会科学研究』三二巻一号（一九八〇年）一一二頁以下、同「渡辺法学の構図―その素描」戒能・原田・広渡編後掲『日本社会と法律学』八二七頁以下を参照。

(8)　山口定『市民社会論　歴史的遺産と新展開』有斐閣（二〇〇四年）四〇頁以下。

(9)　「〈座談会〉川島法学の軌跡」『ジュリスト』一〇一三号（一九九二年）一〇頁〔平井宜雄発言〕。なお、一九五〇年までの川島法学については、高橋裕「川島武宜の戦後―一九四五～一九五〇年」和田仁孝他編『法の観察―法と社会の批判的再構築に向けて』法律文化社（二〇一四年）一九頁以下を参照。

(10)　山口前掲『市民社会論』七一頁以下。この課題を「市民社会論」の観点から追求したものとして、広渡清吾「市民社会論のルネッサンスと市民法論」同『比較法社会論研究』日本評論社（二〇〇九年）二三五頁以下、同「市民社会論の法律学的射程」『企業と法創造』六巻三号（二〇一〇年）一二五頁以下を参照。本稿の検討は、前掲の「戦後法学」の定義も含めて、広渡の分析に多くを負うが、その外部にある「解釈法学」との関係をも可能な限り視野に含めようとするものである。

(11)　牧原出「戦前と戦後―政治と官僚制の視座」福永文夫・河野康子編『戦後とは何か―政治学と歴史学の対話　上』丸善（二〇一四年）一四四頁。

(12)　なお、本稿の作業は、近時、長谷川・渡辺の両名についての充実した業績リストを附した追悼論集が刊行されたという事情に大きく依拠する（戒能通厚・原田純孝・広渡清吾編『渡辺洋三先生追悼論集　日本社会と法律学―歴史、現状、展望』日本評論社（二〇〇九年）、杉原・樋口・森編前掲『戦後法学と憲法―歴史・現状・展望』）。

(13)　中村隆英・宮崎正康編『過渡期としての一九五〇年代』東京大学出版会（一九九七年）、「〈特集〉一九五〇年代社会論」『歴史学研究』七二九―七四九号（一九九九～二〇〇一年）、『戦後体制の形成――一九五〇年代の歴史像再考（年報日本現代史一三号）』現代史料出版（二〇〇八年）等。

（14）小熊英二『〈民主〉と〈愛国〉戦後日本のナショナリズムと公共性』新曜社（二〇〇二年）五二三頁以下、川原彰「現代市民社会論の構造と課題―市民社会・公共圏・ガバナンス」同『現代市民社会論の新地平――《アレント的モメント》の再発見』有信堂高文社（二〇〇六年）一九一頁以下。

（15）このことの法的意味については、鵜飼信成「憲法秩序の変遷」同『司法審査と人権の法理―その比較憲法史的研究』有斐閣（一九八四年）三二二頁以下、長尾龍一「日本国憲法の正統性問題」同『日本憲法思想史』講談社学術文庫（一九九六年）二六二頁以下。

（16）佐藤達夫「ポツダム命令についての私録（4）」『自治研究』二八巻七号（一九五二年）二三頁以下。

（17）「学会記事」『公法研究』一号（一九四九年）一四七頁。

（18）宮澤俊義「昭和二三年政令二〇一号事件」『公法研究』一号（一九四九年）一頁以下。政令二〇一号に関しては、菊井康郎「政令二〇一号事件」田中二郎・佐藤功・野村二郎編『戦後政治裁判史録（1）』第一法規出版（一九八〇年）三〇三頁以下、竹前栄治『戦後労働改革』東京大学出版会（一九八二年）二〇九頁以下、清水敏「争議権論」籾井常喜編『戦後労働法学説史』労働旬報社（一九九六年）四五五頁以下等を参照。

（19）田中二郎「ポツダム緊急勅令をめぐる違憲論」『公法研究』一号（一九四九年）六八頁以下。なお、前掲拙稿「戦時・戦後初期の日本の法学についての覚書（2・完）」六二頁を参照。

（20）天川晃「講和と国内統治体制の再編」同『占領下の日本　国際環境と国内体制』現代史料出版（二〇一四年）二五八頁以下。

（21）袖井林二郎編『吉田茂＝マッカーサー往復書簡集［1945―1951］』法政大学出版局（二〇〇〇年）三四八頁以下。

（22）「ポツダム命令の処置に関する件」「ポツダム緊急勅令等の措置に関する件」「ポツダム宣言の受諾に伴い発する命令に関する件の廃止に関する法律案等の廃案の件」『公文類聚』七六編・昭和二五年・二八巻・官規一五止・雑載（国立

公文書館本館―2A―010―04・類03551100）。九月一九日時点で、ポツダム命令の総数は、勅令・政令九五件、省・府・庁令五六件、合計一五一件であった（ただし、他の法令を廃止するポツダム命令を除く）。佐藤前掲「ポツダム命令についての私録（4）」三〇頁以下も参照。

(23) なお、同誌の創刊の背景の一つとして、『法律時報』誌が「ある意味で理論的というか、理屈の多い論文が中心になっていて、ちょっと実際の社会と離れてきているのではないかという感じ」と、その「所論が左翼的というか、マルクス法学的な議論がやや勝ったような形になってきているので、これに対して中正な意見を出していく必要がある」という事情が回顧される（「〈座談会〉ジュリスト創刊三〇年を振り返って」『ジュリスト』七三一号（一九八一年）二八〇頁以下〔加藤一郎発言〕）。

(24) 「〈研究会〉ポツダム命令よどこへ行く」『ジュリスト』一号（一九五二年）四六頁以下。

(25) 同事件についての解説は多いが、差し当たり、北川善英「占領法規」『憲法判例百選Ⅱ〔第五版〕』有斐閣（二〇〇七年）四七四頁以下、小松浩「占領法規」『憲法判例百選Ⅱ〔第六版〕』有斐閣（二〇一三年）四四八頁以下を参照。「占領目的に有害な行為」に関しては、拙稿「「占領目的に有害な行為」と検察官の起訴猶予裁量―占領下における刑事司法の管理と法制改革の交錯」『桐蔭法学』一二巻一号（二〇〇五年）一頁以下を参照。

(26) なお、戦後の田中耕太郎の裁判官としての活動に関しては、牧原出「政治化と行政化のはざまの司法権―最高裁判所1950～1960」『公共政策研究』六号（二〇〇六年）一七頁以下、同「「部分社会」と「象牙の塔」―三淵忠彦と田中耕太郎」飯尾潤・苅部直・牧原出編著『政治を生きる―歴史と現代の透視図』中公叢書（二〇一二年）一九七頁以下を参照。

(27) 「〈研究会〉政令第三二五号事件最高裁判決について」『ジュリスト』四三号（一九五三年）一九頁以下。

(28) 上述の第三回公法学会に対して『法律時報』誌には「以上の論議の全部が全部、結局ポツダム宣言は占領軍を拘束するかしないかという論議にたどりつく」として「公法学にも、いま流行りの法社会学をみならわせたいものだ、というのが筆者の結論である」との匿名の批評が掲載された（「公法学会だより」『法律時報』二一巻八号（一九四九年）五五頁）。

(29) 長谷川正安『憲法判例の研究』勁草書房(一九五六年)五一頁以下。
(30) 小栗実「長谷川教授の憲法研究の出発点」杉原・樋口・森編前掲『戦後法学と憲法』一〇六二頁以下。
(31) 来栖三郎「法の解釈と法律家」同『来栖三郎著作集Ⅰ』信山社(二〇〇四年)七三頁以下〔初出一九五四年〕、川島武宜「科学としての法律学」同『科学としての法律学〔新版〕』弘文堂(一九六四年)一頁以下〔初出一九五三年〕。
(32) 碧海純一「戦後日本における法解釈論の検討」同編著『法学における理論と実践』学陽書房(一九七五年)一三五頁以下〔初出一九六〇年〕。法解釈論争に関しては、田中成明「戦後日本の法解釈論争」同編『現代理論法学入門』法律文化社(一九九三年)一三六頁以下、同『現代法理学』有斐閣(二〇一一年)四七五頁以下等を参照。
(33) 来栖前掲「法の解釈と法律家」七八頁。
(34) 「〈座談会〉法解釈学の「科学性」」『法律時報』二六巻四号(一九五四年)五八頁以下。
(35) 瀬川信久「民法の解釈」星野英一編『民法講座　別巻(1)』有斐閣(一九九〇年)二六頁。
(36) 川島前掲「科学としての法律学」六五頁以下。
(37) 瀬川信久「川島民法学における法ドグマと科学」『法律時報』八二巻三号(二〇一〇年)五四頁以下。前掲「〈座談会〉川島法学の軌跡」一八頁以下〔田中成明、太田知行発言〕。
(38) 淡路剛久「川島法学への一アプローチ―「川島法学の全体像」にかえて」『ジュリスト』一〇一三号(一九九二年)三一頁。
(39) 川島前掲「科学としての法律学」六一頁。
(40) 長谷川前掲『憲法判例の研究』一八頁以下。森英樹「戦後憲法学の方法論争―「憲法の科学」と「憲法の解釈」の関係をめぐって」『ジュリスト』一〇八九号(一九九六年)一〇一頁以下、大河内美紀「憲法解釈方法論争・再訪」杉原・樋口・森編前掲『戦後法学と憲法』六六〇頁以下を参照。
(41) 渡辺洋三「法解釈と法社会学」同『法社会学と法解釈学』岩波書店(一九五九年)一四八頁以下〔初出一九五五年、注などに修正が加えられている〕。
(42) 渡辺洋三「法の客観性と主観性」同前掲『法社会学と法解釈学』一一〇頁以下。瀬川前掲「民法の解釈」四七頁以下を参照。

(43)　来栖前掲「法の解釈と法律家」七六頁。

(44)　鵜飼信成「憲法解釈の基本問題」『季刊法律学』二〇号（一九五六年）一五頁。

(45)　家永三郎「「教育の中立」と憲法との関連」『法律時報』二六巻四号（一九五四年）一六頁。

(46)　戦後の改憲論の系譜については、渡辺治『日本国憲法「改正」史』日本評論社（一九八七年）、竹前栄治他『日本国憲法検証一九四五―二〇〇〇（7）護憲・改憲史論』小学館（二〇〇一年）、全国憲法問題研究会編『憲法改正問題〈法律時報増刊〉』日本評論社（二〇〇五年）、同編『憲法改正問題・続〈法律時報増刊〉』日本評論社（二〇〇六年）等を参照。

(47)　「〈座談会〉憲法理論の再創造」辻村みよ子・長谷部恭男編『憲法理論の再創造』日本評論社（二〇一一年）五〇六頁以下〔辻村みよ子発言〕。なお、横田耕一「「戦後民主主義」と憲法学」『憲法問題』一八号（二〇〇七年）一二六頁以下、愛敬浩二「「科学」より「哲学」へ—憲法学の発展?」同『立憲主義の復権と憲法理論』日本評論社（二〇一二年）九頁以下も参照。

(48)　小熊前掲『〈民主〉と〈愛国〉』四四七頁以下、道場親信『占領と平和　〈戦後〉という経験』青土社（二〇〇五年）二三〇頁以下。

(49)　長谷川正安『憲法学の方法』日本評論新社（一九五七年）一六六頁以下。なお、「憲法擁護」の中の「絶対平和論」には「宣伝的な強みと同時に、理論的な弱さがあることは否定できない」とされている（一七八頁以下）。

(50)　雨宮昭一「一九五〇年代の日本社会」同前掲『戦時戦後体制論』一六一頁以下。

(51)　鵜飼信成「行政法」『ジュリスト』四〇〇号（一九六八年）四一頁以下。園部逸夫「各国行政法・行政法学の動向と特色　日本」雄川一郎・塩野宏・園部逸夫編『現代行政法体系（1）』有斐閣（一九八三年）一二一頁以下も参照。

(52)　塩野宏「公法・私法概念の再検討〈日本国憲法の下における〉」同『公法と私法』有斐閣（一九八九年）一一六頁以下。以下の立論は、同論文に依拠するところが多い。

(53)　田中二郎『行政法大意』勁草書房（一九五〇年）四九頁以下、同『行政法総論』有斐閣（一九五七年）二一四頁以下。
(54) 原田尚彦「田中先生の公法・私法論」『ジュリスト』七六七号(一九八二年)四四頁。
(55)「《討議報告》第二部会　公法と私法」『公法研究』一七号(一九五七年)一二四頁以下。なお、もう一本の総会報告である廣濱嘉雄の「公法と私法」は、抽象度の高い理論的な内容であった(六五頁以下)。廣濱の理論的背景に関しては、服部寛「廣濱嘉雄の法理学に関する一考察―三重構造論とその展開を中心に(1)」『松山大学論集』二六巻四号(二〇一四年)二二二頁以下を参照。
(56) 成田頼明「行政法における「公法と私法」の問題をめぐる判例の推移」『公法研究』二二号(一九六〇年)一一三頁以下。
(57) 山内一夫「公法関係と私法関係」同『行政法論考』(一九六五年)一頁以下〔初出一九五七年〕。塩野前掲「公法・私法概念の再検討」一一六頁以下を参照。
(58) 今村成和「行政法上の不当利得」同『現代の行政と行政法の理論』有斐閣(一九七二年)三八頁〔初出一九五七年〕。
(59) 兼子仁「日本行政法学における法論理」兼子仁・宮崎良夫編『高柳信一先生古希記念論集　行政法学の現状分析』勁草書房(一九九一年)三頁以下。塩野前掲「公法・私法概念の再検討」一二六頁以下。
(60) 渡辺洋三「公法と私法(1)~(14)」『民商法雑誌』三七巻五号~四一巻六号(一九五八~六〇年)。
(61) 渡辺洋三『社会と法の戦後史』青木書店(二〇〇一年)一一八頁。
(62) 渡辺前掲「公法と私法(1)」六三六頁、同「公法と私法(2)」八三四頁。なお、日本の法における特別法の優位に関する歴史的観点からの批判的考察として、利谷信義「伝統社会とその近代化」〔日本、明治以後〕川島武宜編『法社会学講座(9)歴史・文化と法(1)』岩波書店(一九七三年)二七三頁以下。なお、山口前掲『市民社会論』七三頁以下も参照されたい。
(63) 原田純孝「戦後住宅法制の成立過程――その政策論理の批判的検証」東京大学社会科学研究所編『福祉国家(6)日本の福祉と社会』東京大学出版会(一九八五年)三一七頁以下。公営住宅に関しては、本間義人『戦後住宅政策の検証』信山社(二〇〇四年)一三三頁以下を参照。

(64)　運営委員会「序論　福祉国家をどう捉えるか」東京大学社会科学研究所編『福祉国家（1）　福祉国家の形成』東京大学出版会（一九八四年）二七頁。なお、一九九〇年代以降の福祉国家研究は、その「戦時」との連続性において議論される点が注目されよう（高岡裕之『総力戦体制と「福祉国家」』岩波書店（二〇一一年）一〇頁以下、雨宮昭一「岸信介と日本の福祉体制」同前掲『戦後の越え方』一二四頁以下）。

(65)　前掲「《討議報告》第二部会　公法と私法」一二五頁。なお、拙稿「戦時・戦後初期の日本の法学についての覚書（1）―「戦時法」研究の前提として」『桐蔭法学』一九巻二号（二〇一三年）一二七頁以下を参照。

(66)　田中二郎「公法と私法―わが国の実定法における公法と私法の区別」『法学セミナー』二九号（一九五八年）五頁。

(67)　山口浩一郎「戦後労働法学の反省」『日本労働協会雑誌』一〇〇号（一九六七年）三四頁。なお、蓼沼謙一『戦後労働法学の思い出』労働開発研究会（二〇一〇年）一五頁以下も参照。

(68)　「〈座談会〉日本労働法学の方法論と課題」『季刊労働法』四五号（一九七一年）一五四頁以下〔青木宗也発言〕。

(69)　沼田稲次郎「戦後日本における民主主義法学と労働法学」『東京都立大学法学会雑誌』一六巻一号（一九七五年）一頁以下、籾井常喜「戦後労働法学の軌跡と課題」『法の科学』五号（一九七七年）五一頁以下。

(70)　大河内一男・松尾洋『日本労働組合物語　戦後編（下）』筑摩書房（一九七三年）二一八頁以下、武田晴人『シリーズ日本近現代史（8）　高度成長』岩波書店（二〇〇八年）三五頁以下。

(71)　日本生産性本部に関しては、沢井実「生産性向上運動の展開」通商産業省通商産業政策史編纂委員会編『通商産業政策史（6）』通商産業調査会（一九九〇年）三八四頁以下、岡崎哲二他『戦後日本経済と経済同友会』岩波書店（一九九六年）七八頁以下、徳丸宜穂「戦後日本の生産性向上運動―その背景と展開」チャールズ・ウェザーズ・海老塚明編『日本生産性運動の原点と展開』社会経済生産性本部生産性労働情報センター（二〇〇四年）一頁以下、中北浩爾『日本労働政治の国際関係史　一九四五―一九六四―社会民主主義という選択肢』岩波書店（二〇〇八年）一四六頁以下等を参照。

(72)　菊池高志「労使関係の転換と労働法学」沼田稲次郎先生還暦記念論文集発起人会編『現代法と労働法学の課題』総合労働研究所（一九七四年）七一六頁以下。

(73) 「団結権、団体交渉、その他の団体行動権に関する労働教育行政の指針について（昭和三二・一・四、発労第一号、労働事務次官より各都道府県知事宛）」『労働法令通信』一〇巻二号（一九五七年）三頁以下。菊池前掲「労使関係の転換と労働法学」七一七頁以下。なお、桜林誠「「団結権、団体交渉とその他の団体行動権に関する労働教育行政の指針について」昭和三二年労働事務次官通牒とその問題点（1）〜（2）」『帝京経済学研究』二八巻一〜二号（一九九四〜九五年）を参照。

(74) 前掲「団結権、団体交渉、その他の団体行動権に関する労働教育行政の指針について」四頁。

(75) 吾妻光俊「次官通牒全般について」『労働法令通信』一〇巻三号（一九五七年）一六頁。吾妻光俊の労働法学に関しては、石井保雄「吾妻光俊の戦後労働法学―ある近代主義者の肖像」『獨協法学』六九号（二〇〇六年）二九頁以下、同「戦時期の吾妻光俊の軌跡―「労働力のコントロール」理論前史」『獨協法学』七一号（二〇〇七年）一頁以下を参照。

(76) 津曲蔵之丞「労働次官通牒の解説」『法律のひろば』一〇巻四号（一九五七年）六頁以下。津曲蔵之丞の労働法学に関しては、石井保雄「津曲蔵之丞の戦前・戦時期における理論軌跡―石崎政一郎との比較を通じて考える」『獨協法学』八二号（二〇一〇年）一頁以下を参照。

(77) 石川吉右衛門「「団結権、団体交渉、その他の団体行動権」に関する労働省通牒」『ジュリスト』一二四号（一九五七年）九頁以下。石川吉右衛門の労働法学に関しては、中嶋士元也「石川吉右衛門教授の労働法学説に関する小論」『東海法学』九号（一九九三年）二二九頁以下を参照。

(78) 例えば「〈アンケート〉労働次官通牒「団結権、団体交渉、その他の団体行動権に関する労働教育行政の指針について」に関する日本労働法学会理事並びに裁判官の見解」『季刊労働法』二三号（一九五七年）一〇八頁以下を参照。

(79) 沼田稲次郎「市民法と労働法労働組合」『法律のひろば』一〇巻四号（一九五七年）二二頁以下。

(80) 広渡前掲「戦後法学と法社会学」七二頁以下。以下の立論は、同論文に依拠するところが多い。

(81) 長谷川正安「市民法と社会法について（アンケート回答）」『法律時報』三〇巻四号（一九五八年）六四頁以下。

(82) 渡辺洋三「市民法と社会法―市民法・社会法・行政法を中心として」『法律時報』三〇巻四号（一九五八年）一六頁

以下。

(83)　田中茂樹「現代法概念の再構築について」『法の科学』一九号（一九九一年）一二九頁以下、同「現代法論の総括」『法の科学』二五号（一九九六年）三六頁以下。

(84)　ＮＪ研究会「民主主義法学の理論状況」『法の科学』一号（一九七四年）二四三頁。

(85)　平井宜雄「現代法律学の課題」同『法律学基礎論の研究　平井宜雄著作集Ⅰ』有斐閣（二〇一〇年）三六頁以下（一九七九年の初出論文への追記）。平井の提起した論争については、瀬川前掲「民法の解釈」七四頁以下、田中成明前掲『現代法理学』四九九頁以下を参照。

(86)　広渡前掲「市民社会論のルネッサンスと市民法論」二六三頁。

(87)　山口前掲『市民社会論』八五頁以下。植村邦彦『市民社会とは何か　基本概念の系譜』平凡社（二〇一〇年）二三四頁以下。なお、矢崎光圀「法と市民主義」『思想』五〇四号（一九六六年）七九九頁以下を参照。この点について、本書の源川論文を参照されたい。

(88)　戒能通孝「市民法と社会法」『法律時報』三〇巻四号（一九五八年）五頁。

(89)　戒能通孝「編集後記」『法律時報』三〇巻四号（一九五八年）一〇八頁。大石進「あとがき」戒能通孝『法律時評』慈学社（二〇〇八年）九一一頁以下を参照。

(90)　広渡前掲「市民社会論のルネッサンスと市民法論」二三八頁以下。

(91)　広渡清吾「〈書評〉原島重義著『民法学における思想の問題』同『市民法の理論』」『法制史研究』六二号（二〇一三年）一二一頁。

(92)　磯村哲「市民法学　上・中・下」鵜飼信成他編『講座　日本近代法発達史（7）（9）（10）』勁草書房（一九五九～六一年）、同『社会法学の展開と構造』日本評論社（一九七五年）（同書に収録の際には「社会法学の展開と構造」との副題が付され、多少の修正が行われている）。

(93)　磯村哲「市民法と社会法について（アンケート回答）」『法律時報』三〇巻四号（一九五八年）六二頁。

(94)　守矢健一「日本における解釈構成探求の一例――磯村哲の法理論の形成過程」松本博之・野田昌吾・守矢健一編『法発

展における法ドグマーティクの意義―日独シンポジウム』信山社（二〇一一年）一二頁以下。

(95) 渡辺洋三「日本現代法学の総括」同前掲『現代法の構造』三二一頁以下〔初出一九七三年〕。

(96) 清水誠「市民法論の意義と課題」同『時代に挑む法律学―市民法学の試み』日本評論社（一九九二年）一一頁以下〔初出一九八五年〕。

(97) 戒能通厚「理論的到達点について」『法律時報』五三巻九号（一九八一年）八九頁以下。北川善英「長谷川憲法学における基本的人権と「社会」―再読の試み」杉原・樋口・森編前掲『戦後法学と憲法』八七七頁以下、広渡前掲「渡辺法学の構図―その素描」八四〇頁以下。なお、この問題に関する総括的な批判として、森下敏男「歴史に裁かれたわが国のマルクス主義法学」『比較法研究』七五号（二〇一三年）、同「わが国におけるマルクス主義法学の終焉（上）―そして民主主義法学の敗北」『神戸法学雑誌』六四巻二号（二〇一四年）を参照。

※本稿は、平成二六年度科学研究費基盤研究（C）「占領管理体制下における「戦後法学」の形成過程に関する法史学的観点からの再検討」の一部である。

Ⅲ　都市・自治体政治における「戦後体制」とその変容
――都市再開発の政治史的研究・序説――

源川　真希

はじめに

本稿の目的

本稿は、都市と自治体における「戦後体制」変容の歴史的意味を考えることを目的とする。ここでは、都市と自治体の「戦後体制」を厳密に定義するものではない。一九九〇年代後半ごろから顕著になる、都市と自治体の再編より以前にみられた体制であると、おおざっぱにいっておこう。九〇年代後半ごろからの新たな展開とは、ニュー・パブリック・マネジメント（ＮＰＭ）の導入などによる都市行政の変容、さらには既成政党と一線を画し、直接選挙により選出されたことを根拠に、官僚機構や議会と対決する姿勢をみせる首長の登場をさす。これを新たな段階とした場合、それ以前に展開された都市と自治体のあり方が「戦後体制」となる。したがって、革新自治体の形成・成立過程とその崩壊後の保守政治の復権も、「戦後体制」を構成する。

以上の時期を国政レベルに求めるとすると、自民党一党優位体制の定着から与野党伯仲といわれた七〇年代後半を経て、八〇年代の「保守回帰」から一九五五年体制の崩壊までが対応する。「戦後体制」の変容は、経済成長を背景とした大規模なプロジェクトの実施により、保守政党が支持基盤をつくった時代から、成長の鈍化と財政の肥大化により利益政治が困難化していく、いいかえれば田中角栄などが主導した開発政治の展開とその転換というかたちであらわれる。「戦後体制」のあとの時代、つまりポスト「戦後体制」は、九〇年代後半ごろから、開発政治への批判が保守派の政策構想においても主流となり、構造改革に帰結することで本格化する。それに都市と自治体レベルの変化も対応するものといえよう。

だが、田中型の開発政治は行論のとおり、補助金分配による地方開発という手法だけではなく都市の再開発もその主要な構成要素だったことに注意したい。本稿では田中が構想した都市再開発政策、それと関連する諸法制を検討することも課題としている。それは、八〇年代以降の国政における、民間活力を機軸とした政策展開にもつながるのである。

また、この時代の都市政治をみると、周知のように革新自治体が展開し、保守側もこれに対抗するかたちで都市政策を打ち出していった。この対抗の場のひとつが、先の都市再開発政策であった。本稿はまさにこれに焦点をあてることで、都市と自治体における、ひいては国政も含めた「戦後体制」とその変容について論じていきたい。

本稿の構成

こうした課題設定により、本稿は以下のように論を展開する。まず都市と自治体における「戦後体制」とその変容について考える準備作業として、第一章では高度経済成長期の政治史的位置について、次の三つの方向から整理しておく。第一に、保守政治体制の確立＝一九六〇年体制についての研究動向を明らかにし、第二に同時期における国政レベルでの自民党政権の安定の一方、大都市部を中心に革新自治体が展開することの歴史的評価についての研究に言及する。さらに第三として、第一、第二の点ともかかわるが、当時の保守政党（自民党）が、政治理念を前面に押し出した政策の展開を試みることに注目した研究をとりあげる。続く第二章では、まず都市再開発関連法が政治過程に登場する経過を追い、また革新自治体の誕生の一方で展開された自民党都市政策調査会の活動を検討して、都市再開発の政治史的位置を明らかにする。そして第三章では、一九七一年の東京都知事選挙などにあらわれた保・革の都市政策をとりあげつつ、そこで都市再開発がいかに争点化されているかをみる。すなわち一方では革新の掲げた都市計画の意味を論じ、他方では革新の現職であった美濃部亮吉の対抗馬、秦野章が掲げたいわゆる四兆円計画をはじめとした保守側の都市構想を分析する。さらには、都市開発をめぐり保・革の政策距離が縮まるが、七〇年代後半から新しい展開が始まることを示していきたい。

以上から、保守政治の構造、それに革新自治体と保守政党などの対抗関係を明らかにし、都市と自治体を媒介とした「戦後体制」、ならびにその変容の歴史的評価を行いたい。

第一章　都市・自治体の「戦後体制」をどう考えるか？

本稿の課題設定の意味を明らかにするため、「戦後体制」にかかわる研究史の概観と、そこから引き出される問題の所在を明らかにしていこう。ここでは国レベルの政治体制、同時期の都市政治をめぐる対抗、それに高度経済成長期における自民党の政治理念、に分けて考察する。

保守政治体制の成立と転換

第一に、保守政治体制の成立と展開についての研究をみよう。主に田中角栄によって構築された利益誘導型の政治は、一九八〇年代の政治学の中心的な研究テーマの一つであった[1]。近年において、従来自明視されてきた公共事業の配分と選挙地盤培養の単純な因果関係に疑問を提示した研究が出されているものの[2]、高度経済成長期から八〇年代まで、利益政治による自民党一党優位体制が成立していたことは疑いない。この政治体制を戦後政治史のなかに位置づければ、いわゆる一九五五年体制との関連を考える必要がある。

一九五五年、自民党一党優位のもとでの、社会党との二大政党制が誕生した。これが一九五五年体制であるが、政党の配置だけではなく政策の方向性や支持基盤の確立など政治構造を議論の対象とする場合、一九六〇年前後にできあがった体制を検討する必要があるということが、これまでの研究で強調されてきた。それは経済成長を背景とした利益政治の歴史的位置にもかかわる。

まず北岡伸一は、一九五五年よりも一九六〇年を、それ以後の政治の出発点として位置づけた。池田内閣の所得倍増計画を、政治的争点による対決から経済的争点による統合への転換ととらえ、また利益による国民の統合をはかったことが、国民を治者の管理に期待する受動的存在たらしめたとする。佐藤栄作内閣は前内閣と同じくパイの拡大を行い、憲法棚上げ論をも継承したが、田中内閣は、私益が政治の前面に出て公共的秩序の創出という課題と無媒介に提唱されていったとする[3]。ここには、九〇年代以降の政治改革論議で克服の対象となった利益政治の姿がみられる。

また渡辺治も、一九五五年よりも岸内閣から池田内閣への移行の時期に、戦後保守政治の転換をみた。つまり保守派は、岸を中心とした権威的統治派が企図した警職法改正の挫折、そして安保闘争の高揚に直面して、統治の手直しを行った。つまり池田内閣以降、高度経済成長をはかり経済主義的争点を前面に押し出すことで、国民の支持を獲得しようとしたのである。渡辺はこれを進めた勢力を、戦後型統治派と規定している。戦後型統治派は、開発主義を軸とした政策を展開していく。それともあいまってこの体制は、企業社会が確立するなかで安定的な支配を行うことが可能となった。しかし経済成長にともなう都市問題の噴出がみられ、これが重要な政治的争点となる。地域レベルでこれらの問題への対応を行ったのが革新勢力であった。都市問題噴出と開発主義の弊害の激化のなかで、これらの解決を求める声が高まる。この担い手は、大企業中心の企業社会の周辺部分に位置する人が多かった。彼らの活性化が原動力となり、六〇年代後半から七〇年代前半にかけて革新自治体が展開していく。とはいえ、七〇年代後半の経済成長の鈍化と企業の減量経営は、より企業社会の統合力を強め、そこから保守回帰につながっていった(4)。

国政レベルの政治体制をみたとき、ここで論じられている開発主義の問題は、世界史的にいうと、ケインズ主義的福祉国家の日本的な形態として位置づけられてきた。もちろん福祉政策の展開の度合いに視点を定めたときに、西欧諸国との大きな差異がみられるところだが、のちに述べる第三の視点で検討する保守の社会構想ともかかわって、一定の福祉国家構想を念頭に置いていたことは間違いないであろう。その点から、日本の保守政治体制においては、サッチャー、レーガンの登場とともに「小さな政府」の動きがあったものの、欧米ほど自由主義的改革の必然性はなかったといわれる(5)。実際に日本において、「小さな政府」への政策構想の必要性が強調されるのは、バブルを経た九〇年代であった。

ここで問題にしたいのは、次の第二の論点ともかかわるが、開発主義を克服し「小さな政府」を進めていく原動力をどのように理解するかという問題である。この原動力は、私見では都市に存在していた。本稿では、いわばその原動力が都市政策のなかにどのように埋め込まれているか、という問題を考えてみたい。

都市政治をめぐる対抗

次にとりあげるのは、都市政治をめぐる対抗である。

第一の視点でとりあげた研究では、高度経済成長のひずみに対応して、都市自治体で革新勢力が伸張するという流れで理解されている。近年、東京都政に関連して、東京都政調査会（都政調査会）の政策立案と実践がとりあげられている。(6)都政調査会は一九五六年、東京都労働組合総連合（都労連）が立ち上げた組織であり、都行財政の分析と批判をはじめ都政全般にわたる調査・研究と政策立案を行っていた。特に高度経済成長が軌道に乗るなかで、東京であらわれた都市問題についての問題提起を行うと同時に、政策化と社会党を通じた都議会等への申し入れ、住民の意見集約などを広範に担っていた。

また都政調査会は、都知事選においては革新候補の擁立にも加わり、一九六七年の美濃部当選にも大きく貢献している。なかでも都政調査会に結集した、当時都市問題研究等の第一線で活躍した理論家は、ブレインあるいは政策担当者として革新自治体を支えていくのである。東京での松下圭一、横浜での鳴海正泰がその代表である。東京都政の場合、一九五九年に誕生した東龍太郎都知事のもとで、東京オリンピック実施に向けて急激な都市改造が進むなかで矛盾の露呈化が進み、また都議会においては古い体質の政治がはびこり、東都政は、自民党内部からも都政運営能力が問われた。また一九六五年に発生した都議会疑獄事件は、都市政治のヘゲモニーが革新側に移ったことを示したかのようにみえた。

しかし、保守側はこうした状況のなかで完全に守勢にまわったわけではない。一九六七年三月、自民党は都市問題調査会を立ち上げて、有識者を招いた意見交換を行い、最終的に都市政策大綱をまとめた。これは美濃部亮吉が都知事に当選する時期に重なっていることもあって、革新勢力の都市政策への対抗という面もあった。この会長に就任して議論をリードしたのが田中角栄であり、実際に同調査会での検討の内容は、都市の問題のみをとりあげたものではなく、農村を含む全国の開発政策を念頭に置いたものであった。のちの日本列島改造論に引き継がれている。(7)土山希美枝によれば、同大綱は、従来の保守対革新の枠組みを一歩抜け出た斬新さが衝撃であったとされる。(8)大綱の手法は、①土地対策として所有地の私権の制限をなし、土地収用委員会の設置を行うこと、②民間資金の導入をはかる（採算のとれるところは民間資金、そうでないところは公費投入という路線）、③②のための特別銀行の創設と利子補給制度、④関連法の整備と新官庁の設置による建設行政一元化、であった。さらに下村太一は、同大綱を田中角栄の政治戦略と自民党の社会構想とも関連させつつ考察している。つまり、当時自民党が押し出していた社会開発政策が色あせていくなかで、田中は不動産業界と連携しながら大綱に盛り込まれた開発方針を作り上げていった。またその際重要なのは、田中が公益優先による土地利用というシンボルを隠れ蓑にしながら、マスコミに列島改造論を押し出していったことであるという。[9]

以上、特に土山、下村による都市問題調査会と大綱への評価は、本稿の問題関心に直接かかわるものである。本稿ではこれに加えて、都市・自治体レベルの「戦後体制」という課題設定をした場合に、調査会ならびに大綱における都市政策をいかに理解するかを考察していく。ここでいう都市政策は、第一の柱で述べた国政レベルの政治の転換とも密接にかかわっているであろう。

自民党の社会構想

第三の柱は、自民党の社会構想にかかわる研究領域である。これは第一の柱における池田、佐藤、田中政権の政治史的位置と、第二の柱における都市政策ないし開発政策展開の背景にある、自民党の社会認識ならびに思想をどのように位置づけるかという論点である。国政レベルにおいても、一九六〇年代前半までの時期の社会党の伸張に対しては、自民党が一定の危機感をもっていたことはよく知られている。そうした背景もあって、自民党は積極的に政治理念と社会構想を提示しようとしていた。特に佐藤内閣期における社会開発政策がこれである。

菊池信輝は、一九六四年七月の総裁選で池田に敗北した佐藤が打ち出したのが社会開発路線であり、これがのちに経済社会発展計画につながっていく過程を分析している。[10] また村井良太は次のようにまとめる。[11] 佐藤は国民の住宅政策の展開などに、「七〇年安保」を控えた保・革対立のなかでの高い位置を与えていた。そして社会開発構想は、この佐藤の意図だけではなく、福祉政策、進歩的な政治イメージ、経済成長を下支えする政策などいくつかの意図が入っており、また政党システムの変容に対応して、急激に伸張した公明、民社との関係をも調整するものでもあった。

なお、佐藤の社会開発路線とは区別される文脈で展開するのが、田中が主導した都市政策大綱であった。佐藤、福田赳夫らは土地の公共性と地価抑制を求めていたが、田中はこうした方向性とは異なり、不動産業界と連携しつつ開発路線を展開した。だが田中秘書の早坂茂三らが開発利益への課税などを加え、社会に対してアピールを行おうとしたという。[12]

これまでの自民党の社会構想研究において、都市政策が占める位置についても検討がなされてきた。特に田中は、革新自治体の展開のなかでも、それに直接対峙するための戦術として都市政策をとらえていなかった。もちろん彼あるいは自民党の支持基盤が、大都市以外の選挙区であったことを考えれば自然である。とはいえ、先行研究でいわれていることでもあるが、田中が短期的な革新への対抗策としての都市政策というよりも、保守の中長期的展望としての都市政策を練っていたものと位置づける必要があると考える。

都市・自治体の「戦後体制」を考える

以上、三つの柱を軸に研究史を概観した。まず一九六〇年代後半から七〇年代前半の時期は、「戦後体制」の展開期にあたり、経済成長と開発による保守政権の安定がはかられた。にもかかわらず同時期は、自民党の得票率の傾向的低下、大都市部を中心とした革新自治体の展開があり、そのことが自民党に国政レベルでの社会構想の策定の必要性を認識させたことがわかる。だが田中は、その後、日本列島改造論にみられるように、都市部よりも農村部を意識した開発路線を展開していった。そして、八〇年代には自民党の開発路線の手詰まりが明白となり、のちの時代には、構造改革による解体の対象となっていった、と理解できる。田中が列島改造論を構成するもう一方の政策として掲げた都市再開発は、七〇年代には表にはあらわれず、田中が政界の表舞台から退き始める八〇年代になって、中曽根康弘内閣によって政策化されていった。列島改造論がお蔵入りになってから一〇年近くあとに都市再開発が脚光を浴びたのは、確かに歴史の皮肉のようにみえる。(13) だが保守内部の路線は多様であり、そこでは外部的な条件の相違によって社会構想と政治戦略が組み合わされながら選択されると考えれば、中曽根民活以後、二〇〇〇年代の都市再生までの政策は、田中が狙った都市戦略の嫡流とも解釈できる。

もちろんその際、これらの戦略と対抗的であった革新自治体の存在も見逃すことはできまい。さらにいえば、九〇年代後半からの都市と自治体の政治の変容を準備する条件は、まさに「戦後体制」期、それも革新自治体の展開時期に生成されていたと考えざるをえない。

本稿は、以上の仮説をもとに、主に六〇年代後半から七〇年代の歴史的展開をスケッチしていくものである。

第二章　高度成長期における都市問題と政治

(1)　自民党政治と都市政策

自民党政権の危機と都政

岸を継いだ池田が所得倍増計画を展開し、経済成長を争点に保守政治体制の確立をはかっていくのが一九六〇年代であった。だがこの体制は、経済成長→所得向上→自民党支持の拡大というかたちで予定調和的に展開したわけではなかった。自民党の石田博英が、一九六三年に発表した有名な論文[14]は、当時の自民党内に存在した危機感をあらわしていた。すなわち産業構造の近代化を行い、国民経済の富強のための政策を進めていくにしたがい、第二次産業従事者が増加していくが、これは社会党の支持を増加させ、一九六八年には自・社の得票率が逆転するのだと。石田はこうした事態に陥らないために、自民党が社会の急激な変化に対応する政策をとらなければならないと訴えていた。

以上の懸念をもつ自民党に追い打ちをかけるように、大都市東京では政治危機がみられていった。一九六四年に予定されている東京オリンピックに向けて、東京は急激な都市改造のもとにあった。オリンピック関連施設や首都高速道路などの建設ラッシュがみられたが、生活基盤の整備は大きく遅れていた。下水道、ゴミ処理などの問題に十分対応できていなかったばかりか、夏には深刻な水不足が発生した。住宅についても、その量的・質的に貧弱な状態を解消するには至っていなかった。当時の東龍太郎都政は、オリンピックに対応するための政権といってよかったが、生活基盤整備の遅れなどの問題への取り組みは十分ではなかった。自民党もこうした都政のあり方を問題視した。先の石田の論説が発表されたあと、一九六三年四月の都知事選では、革新候補との激しい争いとなるが、東陣営の選挙をめぐる疑惑、都庁内での汚職などが発生していた。都議会でも一九六五年に議長職のポストをめぐる疑獄が発生し、保守系都議の大量逮捕により都議会の機能は麻痺した。都議会解散のなかで行われた出直し選挙では、社会党が第一党となった。

また第一次臨時行政調査会では一九六二年の段階で、首都圏庁と東京都長官を置いて政府が東京都の行政を掌握するという、戦時期の東京都に近い中央統制のプランすらみられたのであった[15]。

社会開発構想の展開

佐藤政権が打ち出した社会開発政策は、楠田実ら佐藤の政策集団によって構想されたものであった。一九六四年一一月佐藤政権が発足し、翌年一月には閣議で社会開発懇談会の設置が決められ、二月から議論が始められた。一九六五年七月には中間答申が出され、昭和四一年度予算に向けて、社会開発政策の一環をなす住宅建設が計画された。

村井は社会開発構想の多義性として、次のようにまとめている[16]。それは、①総合的・積極的な福祉政策イメージ、②進歩的性格付けによる看板政策としてのイメージ、③経済成長を下支えし補完する「中進国」の社会開発イメージ、④社会政策としての住宅政策イメージ、である。このような総花的な構想であったが、四つのイメージのうち③の担い手である大来佐武郎は、経済問題の重視から人間生活の内面の充実をはかることが社会開発の意味であるとし、そのなかでも住宅面を重視していた。こうした発想の背後には、米ジョンソン政権の「偉大な社会」政策があり、なかでも大来は家賃補助制度に大きな関心を寄せていた。つまり公営住宅というかたちで特定の場所に住宅群をつくると、他の階層と分離することになり、さまざまな摩擦・対立を生む可能性がある。そのため一般の住宅に入る際の補助金に切り替えるというものであった。他方、大来は、社会開発の重要性を指摘しながらも、経済発展の足を引っ張るのではよくないとし、政策の優先順位を強調した[17]。経済成長を優先課題としたうえでの社会開発という位置づけが確認できよう。

そうした基本的性格は、社会開発懇談会中間報告にもあらわれていた。報告では、健康で文化的な生活を国民すべてに行き渡らせ、人間性豊かな社会を創り出すことが目的として掲げられた[18]。またさまざまなひずみの是正を政策課題とすると同時に、経済の発展のためには社会面の開発が必要だとされ、それを行う経済的余力が備わってきたことが述べられた。答申の全体構造は表1のとおりであるが、「社会開発の範囲と内容」の（3）「生活の場の改善に関する問題」においては、住宅政策、都市計画、大都市対策の三つがうたわれる。このうち、住宅政策では持家のみでは

表1　社会開発の課題と方法（総論）の構造

社会開発の意味するもの
目標：健康で文化的な生活を国民すべてにゆきわたらせ、人間性豊かな社会を創り出すこと。 そのため、 ①経済効率主義に集中し、人間の福祉を第二義的にしか考えなかった誤りを痛切に反省。 ②たんに経済成長のひずみ是正という消極的なものではなく、国民の潜在的エネルギーを引き出してその能力を十分発揮させ、エネルギーが生まれ出るような諸条件を創り出すという積極的意義。 ③社会開発は経済開発に矛盾するものではない。経済開発を一層進めるためにも必要。
社会開発の範囲と内容
（1）健康増進に関する問題。 （2）教育の振興と能力発揮に関する問題。 （3）生活の場の改善に関する問題。 （4）生産の場の改善に関する問題。 （5）社会保障および福祉対策に関する問題。 （6）消費者の保護支援に関する問題。
社会開発の推進について留意すべき点
①社会開発計画の策定。 ②施策の優先順位を考える。 ③資金をいかにまかなうか。 ④施策の多くは地方自治体が実施するので地方財政を豊かにする。 ⑤国民の積極的協力と享受する福祉への費用負担。 その他、民間寄付金の活用をはかる。政府が確固たる福祉国家のビジョンをもつ。

「社会開発懇談会中間報告」（1965年7月23日）より作成。

なく第二種公営住宅も含む政策が提起されていた。第二種住宅は、公営住宅法[19]に基づいた種類で、社会政策的な性格がより強いものであった。また（5）の「社会保障および福祉対策」では、年金制度の充実、医療保険の改善、生活保護の拡充、児童手当制度の創設、心身障害者のリハビリテーション、要保護児童および母子世帯への福祉政策、老人対策の推進がうたわれた。そこでは生活保護水準が低すぎるので、できるだけ早く、かつ大幅に改善するものとされた。これらの点から、社会開発が社会政策の面を強く打ち出した政策であることが読みとれる。

以上の構想は、のち一九六七年三月に経済企画庁を主体として作成された経済社会発展計画にも引き継がれ、そこでも経済発展と社会の密接な相互関係を重視することが強調された[20]。

社会開発構想が社会政策を積極的に打ち出す目的は、先にみたように経済発展による社会のひずみへの対応であるが、ひずみ是正という消極的なものではない。これは経済発展を支える国民に安定した生活を保障し、潜在的エネルギーを引き出すためであると述べられた[21]。他方で、都市計画、民間企業による開発がこの計画に応じつつ進められるべきことがうたわれた。大都市対策の面では、総合的再開発計画の推進が掲げられたが、ここでは民間資金の積極的参画、というよりもむしろそれが主体となって事業を推進すると述べていた[22]。公共資金や融資が導入され、その条件整備のため公的な立場から助成措置が必要とされたのである。

以上、佐藤政権の社会開発構想は経済発展を最大の目的としながら、それを支える国民の生活安定という観点から、福祉政策や公営住宅まで含めた住宅政策の展開を目論んだ。その際、民間資金が重要視されたことに留意する必要がある。

都市政策調査会の設置

一九六七年三月一六日、自民党都市政策調査会が発足した。この第一回総会から、七月三一日までに二四回の総会をもち、一〇月から翌年一月には分科会を一八回行った。その後、一九六八年二月から五月にかけて起草委員会がもたれ、五月二二日に第二五回総会、二四日に政調審議会、そして二七日に総務会が行われて都市政策大綱（中間報告）が了承された[23]。

この時期は、ちょうど四月の都知事選で美濃部亮吉が当選する時期にあたっていた。佐藤首相は、美濃部の当選を「一寸不愉快」として党内の落胆を日記に綴っている[24]。また都市政策調査会会長の田中角栄は、美濃部に対抗する自民党は、大都市の過密化に対応した政策の実施を怠り、すでに沸騰点に達していた都民の欲求不満の爆発を招いたとした。自民党は都民そのものに負けた、と評価したのである。だが「おそまきながら」自民党は、都市政策調査会を発足させ、都知事選の敗北を機会に、都市政策を内政の最重点施策の一つにしたと述べた。同論文のまとめの部分で田中は、「われわれは万年保守政権の甘い幻想を捨てるべき時を迎えている」と述べた。これが表題にある「反省」の内容であった(25)。ここから、自民党が都市政策を革新自治体への対抗策として重視していたことを読みとるのは、間違いではない。

とはいえ、先に危機意識を表明していた石田博英は、同年一月の衆議院総選挙の結果をみて、自民党の得票率の低下は確認できるものの、減少分が社会党に向かったわけではないと分析し、振幅の激しい中間層が生まれているものと考えた(26)。調査会の設置が都知事選の前であることに加えて、以上の状況をふまえて考えると、都市政策調査会の位置は、短期的な選挙対策ではなく中・長期的な都市戦略の考察という性格が強い。またこれまでも指摘されてきたように、ここでいう都市政策は狭い意味での都市部を対象としたものではなかった。表2に示した、都市政策調査会中間答申の「都市政策の基本方向」の「高能率で均衡のとれた国土の建設」によれば、「日本列島そのものを都市政策の対象としてとらえ、大都市改造と地方開発を同時にすすめることにより、高能率で、均衡のとれた国土を建設する(27)」とされた。過密と過疎は表裏の関係にあり、都市対策と農村対策を一体として展開し、将来を展望した国土再編成の基本的ビジョンを示すというのが基本路線であった。

表3に示したように、都市政策調査会の総会・分科会では各省幹部や各界の有識者を招いて実にインテンシヴに報告と議論が行われていた。調査会での議論は、当初から国土開発と都市再開発のプランと具体的な手法が主であり、革新側との争点になるであろう福祉、教育といった論点には重きは置かれていない。例えば一九六七年五月に行われた第一〇回総会(28)の厚生省による報告では、新産業都市の設定などによる地域開発の展開にもかかわらず、都市への若年労働力集中と農村の老齢化が進んでいるという前提のもと、医療機関整備、都市公害への対策、上下水道・し尿処理の現状、それに社会福祉の現状と問題点が紹介された。そして社会福祉上の三つの問題として、都市部における地

表２　自民党都市政策調査会中間答申「第１　都市政策の基本方向」

国民のための都市政策
１　都市の主人は工業や機械ではなく、人間そのものである。人々に緑と太陽と空間の恵沢をもたらし、勤労と生活の喜びを与える都市社会を形成しなければならない。
高能率で均衡のとれた国土の建設
２　日本列島そのものを都市政策の対象としてとらえ、大都市改造と地方開発を同時にすすめることにより、高能率で、均衡のとれた国土を建設する。
先行的政策への転換
３　長期的な観点に立って先行的政策、先行投資を都市政策の根幹にすえる。
民間エネルギーの参加
４　政府の誘導政策によって民間資金を積極的に導入するなど、広く民間エネルギーの参加を求める。
公益優先の理念
５　公益優先の基本理念をうちたてる。都市の私権は公共のために道をゆずらなければならない。
新国土開発の樹立
６　新たに長期かつ総合的な国土開発を樹立し、国土の開発を促進する。
土地利用計画の確立
７　公益優先の基本理念のもとに、合理的かつ総合的な土地利用の計画を確立し、都市および農村における土地利用に秩序を与え、自然を保護し、文化財の保全をはかる。
基幹交通・通信体系の建設
８　日本列島を一体化し、その時間距離を短縮するため、北海道より九州までを結ぶ鉄道新幹線など基幹交通・通信体系を建設する。同時に、国際化に対応して外国の貿易、交流の機能を強化する。
水資源の開発と利用
９　地域社会の発展にともなう水需要の増大に対応して、水資源の開発を積極的にすすめる。
広域行政の推進
10　社会経済圏の拡大に対応して地方行政の広域化をすすめ、市町村の権限を強化する。現在の府県制度は将来、根本的に検討する。
国土開発法体系の整備
11　新国土計画に対応して、国土の総合的な開発を促進する基本的な法体系をつくる。
開発体制の一元化
12　国土の総合的な開発を促進するため、国の開発体制の一元化をはかり、新しく強力な中央行政機構を設置する。

自由民主党都市政策調査会編『都市政策大綱（中間報告）』（自由民主党広報委員会出版局、1972年）より作成。

第2回　地域問題分科会	人口問題の展望　岡田純夫（自治省大臣官房参事官）、折田貞雄（調査官）	1967	10	20
第3回　財政金融問題分科会	財政の硬直性とその限界　大蔵省村上主計局長	1967	10	20
第4回　基本問題分科会	日本列島の未来像　経済企画庁林雄二郎	1967	10	24
第5回　大都市問題分科会	都市再開発の新動向　高山英華（中高層建築開発協会）、川上秀光（同）東大、田中順一郎　（同）三井不動産	1967	10	24
第6回　基本問題分科会	広域行政の前途　河野一之（日本相互銀行社長）	1967	10	26
第7回　地域問題分科会	国鉄二〇年後の未来像・工場移転をめぐる諸問題　国鉄審議室長一条幸夫、工業立地センター　飯島貞一、通産省立地公害部長矢島嗣郎、首都圏整備委員会　岩田可治	1967	10	27
第8回　財政金融問題分科会	金融の現状と今後の課題　田代一正（大蔵省大臣官房財務調査官）、林大造（調査企画課長）、長岡実（銀行局中小金融課長）	1967	10	27
第9回　大都市問題分科会	英国の都市政策と米国に於ける不良街地区の改造　　佐々波秀彦（建設省建築研究所都市施設研究室長）、上野洋（建設省住宅局市街地建築課長）	1967	10	30
第10回　地域問題分科会	国土建設の諸問題　山東良文（建設省計画局総合計画課長）、大山茂樹（岡山県倉敷市長）、野呂田茂成（茨城県開発部長）、下河辺淳（経済企画庁総合開発局総合開発課長）	1967	11	5
第11回　財政金融分科会	受益者負担と加害者負担　坂本二郎（一橋大学教授）	1967	11	6
第12回　基本問題分科会	国土開発の基本方向　土屋清（産経新聞論説主幹）	1967	11	7
第13回　財政金融問題分科会	地方自治体の自主財源　荻田保（地方公営企業金融公庫総裁）	1967	11	7
第14回　基本問題分科会	土地利用計画の考え方　成田頼明（横浜国立大学助教授）	1967	11	8
第15回　大都市問題分科会	ニュータウンと交通問題　古谷善亮（(社) 民営鉄道協会専務理事）、竹内藤男（建設省都市局長）、三宅俊治（住宅局調査官）、川上秀光（中高層建築開発協会委員）	1967	11	8
第16回　地域問題分科会	港湾長期計画と都市育成の方向　竹内良夫（運輸省港湾局計画課長）、阿部源蔵（福岡市長）、千田正（岩手県知事）、岡田純夫（自治省大臣官房参事官）、下河辺淳（経済企画庁総合開発局総合開発課長）、板垣武四（札幌市助役）、山田大秋（厚生局長）、太刀豊（交通局長）	1967	11	10
第17回　地域問題分科会	農林・水産・郵便・電話・放送と地域問題　太田康二（農林省大臣官房参事官）、関谷修作（同調査官）、片山充（水産庁魚政部企画課長）、油井恭（同計画課長）、曽山克己（郵政省郵政局長）、門田博（企画課長）、浦川親直（大臣官房電気通信管理官）、井上俊雄（日本電信電話公社計画局長）	1967	11	14
第18回　大都市問題分科会	私鉄活用の短期大量住宅供給計画及び長期通勤輸送力増強構想について（民鉄協会会長　根津嘉一郎他）	1968	1	26

各総会、分科会の報告書、前掲『都市政策大綱（中間報告）』より作成。

表3　自由民主党政調・都市政策調査会の活動

会合名称	内容等	年	月	日
第1回総会	発足・会長あいさつ発表	1967	3	16
第2回総会	都市化時代の建設政策はいかに在るべきか（建設省）	1967	3	27
第3回総会	巨大都市東京の現状と対策（首都圏整備委員会・東京都）	1967	4	3
第4回総会	近畿圏・中部圏の成長と太平洋ベルト地帯（近畿圏整備本部・中部圏開発整備本部）	1967	4	6
第5回総会	都市問題と地方行政（自治省）	1967	4	17
第6回総会	都市化の進展と商業・流通の変容（通商産業省）	1967	4	24
第7回総会	都市政策と経済計画（経済企画庁）	1967	5	8
第8回総会	都市化時代の交通政策（運輸省）	1967	5	15
第9回総会	都市化時代の農林・文教政策（農林省・文部省）	1967	5	22
第10回総会	都市問題と厚生・福祉（厚生省）	1967	5	29
第11回総会	都市問題と財政・税制（大蔵省）	1967	6	5
第12回総会	都市化の進展と鉄軌道の将来（国鉄、私鉄経営者協会、帝都高速度交通営団、公営交通事業協会）	1967	6	12
第13回総会	都市化時代の労働・警察・消防（労働省・警察庁・消防庁）	1967	6	19
第14回総会	大都市の行政と下水道問題（全国知事会、全国市長会、5府県、指定都市）	1967	6	29
第15回総会	都市政策への提言　その一　浜崎則雄（朝日新聞論説委員）、篠原武司（土木学会会長）	1967	7	4
第16回総会	都市政策への提言　その二　小川栄一（藤田観光社長）、角本良平（交通問題評論家）	1967	7	4
第17回総会	都市政策への提言　その三　小林陽太郎（国立公衆衛生院・建築衛生部長）、磯村英一（東洋大学教授）	1967	7	10
第18回総会	都市政策への提言　その四　中馬馨（大阪市長）、井上孝（東大教授）	1967	7	10
第19回総会	都市政策への提言　その五　原口忠次郎（神戸市長）、志村富寿（毎日新聞論説委員）	1967	7	17
第20回総会	都市政策への提言　その六　小林与三次（読売新聞副社長）、並木正吉（農業問題評論家）	1967	7	17
第21回総会	都市政策への提言　その七　高山英華（東大教授）、大来佐武郎（日本経済センター理事長）	1967	7	24
第22回総会	都市政策への提言　その八　中島千尋（京大教授）、幾代通（東北大教授）	1967	7	24
第23回総会	都市政策への提言　その九　館稔（人口問題評論家）、矢野一郎（第一生命社長）	1967	7	31
第24回総会	都市政策への提言　その一〇　江戸英雄（三井不動産社長）、木川田一隆（経済同友会幹事）	1967	7	31
第1回（分科会、以下同じ）大都市問題分科会	公害対策の急務　厚生省公害対策局　武藤公害部長、橋本公害課長	1967	10	17

域社会の崩壊が進み、高齢者の自殺等の問題に対応できないこと、都市部での生活格差の拡大、家族制度の崩壊と高齢者問題の存在が指摘された。特に重視されているのが、従来存在した地域社会の相互扶助的機能の弱体化をどのように補うか、という意味での福祉政策であった。その他、スラム対策、生活保護の都市における被保護率の低さへの対応の必要性が指摘された。これは、社会開発構想の問題意識を引き継いでいる。また、保育所については厚生省の補助費が少ないという現状認識や、保育所の高層化を可能にする省令改正にふれられ、児童遊園の未整備、これに関連していわゆる「かぎっ子」対策について報告された。この点も特に東京で問題となっていることを念頭に置いているものと思われる。しかし、これらが総会の議論で重視されたわけではない。

また六月の第一三回総会の労働省からの報告では[29]、住宅難・通勤難・格差の発生など労働者の都市集中にともなう問題にふれられている。そこでは国土の均衡ある発展による労働力の配分、生活水準の均衡ある発展、東京の過密化の進展や、さらなる過密都市を生まないための計画的都市づくりが求められた。そのため都市再開発による解決がうたわれた。また、日雇い労働者の労働への定着について議論が行われ、東京の山谷地区、大阪のあいりん地区（釜ヶ崎）での福祉センター設置などが報告されるが、討論で田中会長は、失業保険の給付条件の甘さを強く指摘していた[30]。若年労働者が今の制度に安住しているので、国が制度上救済しなければならない事例については、年齢制限をすべきであること、就業する場を指示できるようにすることが必要であるとされた。

以後、住宅建設にかかわって福祉政策に言及があるものの、調査会での中心的議題にはなっていない。一〇月の第三回分科会における大蔵省主計局長からの財政硬直性についての報告では、福祉政策にかかるコストの応能負担を進め、競争と自己責任による資源配分を原則とすることが強調された[31]。国が関与するのは、競争と自己責任で配分できない領域であると述べる。

以上から、調査会それに自民党自体も、少なくとも一九六七年の時点で革新への対抗という意味合いでの福祉政策を都市政策の基軸にすえようという発想は乏しかったと考えられる。やはり都市政策調査会の議論の中心は、国土開発と都市再開発であり、それについては、民間ディベロッパーの動きを概観したあとに論じることとしたい。

（2） 都市再開発への業界の動き

高度経済成長期における不動産業

この時期、不動産業界の声を政治に反映させようとする動きがみられた。三井不動産の江戸英雄がその中心人物であった。すでに一九六二年の段階で彼は、不動産業界に対する冷遇を指摘しその改善を求めていた。特にビル業の展開にあたっては、高度経済成長のなかでのビル需要が生まれるもとでビル業に対する社会の認識が薄く、金融機関の融資についても優先順位が低く、金融引き締めの際は目の敵にされてしまうという。また現行の借家法適用においては貸借人の多くが企業であるのに、それに保護を与えること、建築基準法の適用にあたっては、ビルの高さが三一メートルの制限を受けていることを問題点としてあげていた。総じて不動産業への待遇改善・法改正を訴えていた(32)。一九六六年の段階になると、一方では大都市への人口集中の不可避性から、大都市郊外における住宅開発が必要であり、民間業者がこれに参画する際の助成を具体化することを求めた。この時期に争点となった土地税制改正問題でも、業界の利益を主張していた(33)。

一九六七年七月に江戸は、経済同友会の木川田一隆とともに都市政策調査会に呼ばれ、都市政策のなかでの民間ディベロッパーの活用について強く訴えていた(34)。江戸は国土開発の現状について次のように述べる。全国総合開発計画（全総）が一九六二年に打ち出した拠点開発構想で新産業都市が設定されたが、うまく機能していない。これは、政策が経済的合理性を無視しているからだ。大都市への人口集中は不可避であるので、都市全体を開発し郊外には大団地を建設すべきであると主張する。また不動産の現状についても意見を述べた。これまで民間業者は自分で金利を負って事業を進めなければならなかったが、他方で公共団体は無利子でできる。また宅地開発をすれば、自治体は民間業者が学校、道路、下水を整備せよといってくるが、これは公共機関が行うべきだと江戸は主張する。積極的提案として彼は、アメリカにみられるような長期低利の融資の実施を求めた。その他、一九六七年一〇月の大都市問題分科会には、江戸と同じ三井不動産の田中順一郎が呼ばれた[35]。彼は、民間の再開発も国・地方の計画基準に適合するものには社会的意味づけを与えるよう訴え、かつ大規模な都市再開発プロジェクトにディベロッパーの参加を可能とし、さらに低利長期資金の確保、建築物に対する不動産取得税、固定資産税等の減免などを実現することを求めた。

都市政策調査会における再開発の位置

以上、ディベロッパーの都市再開発をめぐる諸要求が、都市政策調査会においても展開された。自民党側にも、江戸が述べたように、新産業都市の設定にもかかわらず大都市部に人口が集中するのは「摂理」であるとの認識が共有されていた[36]。また会長である田中角栄自身も、民間が主体となった開発を求めていた。経済成長の年率を超えて一般会計の伸びがみられるなかで、公共事業費の支出は限界がある。だから補助金というかたちではなく利子補給に切り替え、ディベロッパーを事業主体に位置づけようという発想があった[37]。ディベロッパーを都市再開発事業のなかに明確に位置づける考えは、のちにみる都市再開発法の基本的な枠組みをつくった。すでに第二回総会で、都市再開発法制定が建設省の手で進められていることが紹介されており[38]、民間の活用は都市政策調査会以前から考えられていた。

結局、都市政策調査会における再開発の構想は次のようなものとなった。中間報告では、「民間エネルギーの参加」として、大都市の過密への対応・地方開発という両面作戦のためには政府の財政力だけでは無理なので、財政と金融を結びつけて大量の金融資金を確保し、重点的に投下できる制度を創設する。またディベロッパーを都市づくりに誘導するため、資金と税制の面で助成措置をとる[39]。具体的には都市計画に基づく都市改造に参加するディベロッパーには、新たな法律により都市計画事業の施行者となりうるようにし、土地収用の請求権を与えて長期低利資金を供給する。地価の高い大都市の開発賃貸住宅の場合、居住者の家賃負担・企業の採算の困難化が起こるため、再開発にともなう整備費を国・自治体が負担するなどであった[40]。また資金の効率的運用のための利子補給を行う都市改造銀行・地方開発銀行・産業銀行を創設するとされた[41]。

なお利子補給は、市中から動員する資金の年利と、ディベロッパーへの貸付の年利の差を埋めるために用いられる。毎年の公共投資の伸び率を一五％として、これを利子補給金の財源に使うと、仮に先の年利の差が五％とすれば、前年の公共投資の三〇〇％の民間資本を導入できる、というのがこの案のメリットであった。そうすると当年の公共投資とこの民間資金で、前年の四〇〇％の事業費が確保できる[42]。土地収用の請求権の直接的付与や、都市改造銀行等からの利子補給案等は実現しなかったが、ディベロッパーの事業への参加が、法律のなかにうたわれることになった。

（3）都市再開発の政治過程への登場

都市再開発法制定の経緯

都市再開発の法制化は、すでに一九五〇年代末から一九六三年ごろまでに、いくつかのプランが検討されていた[43]。先の都市政策調査会での竹内建設局長の発言ともかかわるが、都市再開発法の制定に結びつく具体的な案の検討は、一九六六年一〇月から一二月にかけて開催された都市再開発法制研究委員会で行われていた。これは民法学者の有泉亨を委員長として、建築学・都市計画学者の石原舜介、さらに竹内など官僚が参加して開催されたもので、一二月下旬、建設大臣に「都市再開発の法制について」が提出された。ここでは都市再開発の意義、行うべき地域、手段などが体系的にまとめられ、法制化の前提となっていた[44]。

都市政策調査会の審議が続くなか、都市再開発法案は一九六七年七月に第五五回国会に上程された。七月五日、参議院に提出された法案は、都市への人口集中による過密化、不合理な土地利用による都市機能低下などに対応して、工場分散、流通業務地の再配置、都市施設の整備等を行い、かつ市街地内での再開発を推進するための制度を確立する必要があるとされた。そのため再開発に関する都市計画、市街地再開発事業の施行者、事業における権利処理の方式等の必要な事項を定めたものであった。[45] その際、再開発事業は都市計画事業として施行し、市街地再開発組合と地方公共団体および日本住宅公団が施行者となるとされた。また再開発前の土地および建物の権利を、再開発後の建築物・土地の権利に円滑に変換する方式がとられる。これが都市再開発法案の基本的枠組みであった。翌年の第五八回議会で継続審議となるが、のちに廃案とされ、結局、一九六九年三月、第六一回国会にあらためて参院に上程され四月一八日可決、五月に審議が行われた衆議院では委員会審議の打ち切りをめぐって紛糾するが五月三〇日に可決された。

国会での本法案の審議の際、野党が問題にしたのは、第一に開発の主体である市街地再開発組合に民間ディベロッパーが加わることができること、つまり大資本が営利目的で再開発事業を興すことへの批判であった。[46] こうした批判は、法案に反対した社会党、公明党だけではなく法案自体には賛成した民社党からも出された。また第二に、計画の実施のためには、経済的貧困を抱えた住民も参加を余儀なくされることから生まれる問題である。場合によっては土地収用法の適用を受け、それは憲法第二九条の「公共の福祉」という名目で、私有財産を制限する可能性があり、これが人権制限につながるというものであった。第一の点は、ディベロッパーが従来から強く求めてきたものであった。第二の点は、都市再開発法制定と同じ時期に行われた土地収用法の改正において、大きな争点を形成していくことになる。

土地収用法の改正

同じく一九六七年の第五五回国会には、土地収用法改正案が提出され、同年七月に可決・公布された。この改正は、公共事業のために値上がりした「開発利益」、なかでも事業実施への期待から地価が値上がりすることを待って取得する利益、いわゆる「ゴテ得」(「ゴネ得」)の制限を目的としていた(47)。そのため、収用される土地の補償額は原則として事業認定の告示のときに算定されるものとし、あわせて被収用者が、収用裁決前においても起業者に対し、補償金の支払い請求を行うことができることとした。本国会の衆議院本会議で佐藤首相は(48)、土地価格の高騰が住宅建設など国民生活の発展にとって障害となっていることを強調し、そのため宅地の開発・供給と、土地収用法改正を実施するとうたった。また西村英一建設大臣は衆議院建設委員会で(49)、建設行政の使命は、社会資本の充実により産業経済の発展をはかり豊かで住みよい国土を建設することで、社会開発政策の一翼を担うものと位置づけた。そのため、昭和四五年度末までの住宅建設五カ年計画の推進、政府施策住宅として公営住宅、公団賃貸住宅等の拡充と公庫融資住宅・公団分譲住宅の増大をはかることをうたった。土地政策はこれらの背景をなすものだといえる。

土地高騰をめぐっては、すでに瀬戸山三男建設大臣の時代に「土地は商品ではない」という発言に示される根本的な地価対策が検討されていた(50)。これは、住宅政策を進める福田赳夫にも共有された考えであった。土地収用法改正は、すでに瀬戸山の時代である一九六六年の第五一回国会において審議されたが、成立には至っていなかった。田中は瀬戸山構想に全面的に賛同していたわけではないといわれるが、都市政策調査会中間報告のなかでも、「公益優先の基本理念をうちたてる。土地の私権は公共の福祉のために道をゆずらなければならない(51)」と述べていた。

都市再開発と公益の優先

この時期、都市政策調査会は公益優先を主張していた。土地収用法の審議でも、政府委員（志村清一建設省計画局長）はフランス革命以後、財産権絶対という思想があったが、憲法の規定は財産権が絶対とはいいながら、二、三項で公共の福祉との調整をはかれと述べていると強調した[52]。ここでは、私有財産に対する現代国家による侵害の正当性が主張されたのである。これに対しては、都市再開発法の審議などでむしろ社会党など野党の方から批判が出ていた。民間不動産業者に法律上の地位を与えて育成する一方、私権制限を行い土地をとりあげて独占資本の支配にゆだねることになるとの批判であった[53]。ともあれ、自民党にも瀬戸山構想や、地価高騰を抑える意味での財産権制限の考えが存在したことは間違いなく、政府もフランス革命までもちだしてそれとの歴史的差異を主張したことは興味深い。また田中角栄も、都市政策調査会の活動にかかわって、日本国憲法は私有権を侵すべからずとするが、あくまでも公益優先とすべきだとしていた[54]。もちろん、公益優先という言説は、自民党政権の進める開発政策を円滑に進めるための大義名分という側面があったことは間違いない。そしてディベロッパーも公益優先を掲げたが、開発利益の吸収のための税制改正に対しては、あくまでも反対した。しかし、オイル・ショックと地価高騰への世論の批判が激しくなるなか、都市再開発をめぐる公共性の問題は、さらなる展開をみせていくのである。

第三章　都市政策をめぐる対抗のなかで

（1）都市政策と保守・革新

以上、都市再開発政策をめぐる政治過程を追った。本章では、都市・自治体レベルにおいて都市再開発が、保守・革新の間でいかなるかたちで争点化しているのかをみたい。

表4　新しい東京計画

1．都市改造への基本構造	
二極構造への戦略展望	
情報と交通のシステム	
2．都民による都市改造運動	
都民参加と区市町村	計画への市民参加、区市町村の都市改造機能の拡大
都の体質転換と責任	市民参加への対応、都の行政機構の整備、区市町村との協力、都の先導機能、広域協力の強化
3．シビル・ミニマムのシステム化	
適地適住の住宅建設	住宅問題解決の方向、適地適住のための都市改造、大量供給の可能性と阻害要因、住宅問題と都の役割
都市生活基盤の拡充	生活道路、上水道、下水道、廃棄物処理
地域社会単位の構成	地域市民施設のネットワーク、地域社会単位のモデル計画
4．4つの戦略計画の提起	
多摩連環都市計画 東部地域整備計画 生活都心帯計画 臨海地帯計画	高度な教育文化拠点の建設 防災から都市改造への展開 新しい時代の都民生活の中心 市民のための水際線の回復
5．多様な先駆事業の実施	
多摩ニュータウン建設	自然に恵まれた人間本位の新都市へ
江東地区再開発	防災拠点を中心とする新しい地域社会の建設を
柳町再開発	公害防衛から市民参加の地域建設へ
海上公園建設	緑と水のネットワークを
グラントハイツ跡地整備	軍事基地から都民の広場へ
6．交通と緑のシステム計画	
基幹交通システム計画	幹線道路交通、大衆輸送機関、交通自治権の確立
緑のシステム計画	オープンスペースの機能、オープンスペースの拡充、システム化への経路
7．都市改造と東京の自治	
財政自治権の確立、権限の適正配分、有効な土地政策の展開、基地返還の促進	

『広場と青空の東京構想試案』（東京都、1971年）より作成。

美濃部都政の東京構想

まず、革新側である美濃部都政の都市政策のうちハードの都市改造を含む計画として、「広場と青空の東京構想試案」（一九七一年三月）をあげることができる。これは、一九八〇年代の都民生活を展望した「都民のための都市としての東京」のあるべき姿だとされた。[55] その原則は、都民参加による都市改造、シビル・ミニマム実現のための都市改造の二つであり、これを基本に、具体的な事業が計画された。表4はそれをまとめたものである。また計画の責任と協力関係については、①市民と自治体の関係、②国との関係、③民間活動との関係、④都の責任、に分けている。①では、都民と市民運動を計画実現の土台とすること、②では、自治体への権限移譲をはかり、国が都民の福祉を尊重すること、③では、企業を中心とした民間活動の活発なエネルギーの展開がみられるが、民間のポリシー決定においてはこの計画が尊重され、この計画の民間活動への誘導効果を期待すること、④では、都が国・公団・公社・公共企業体・民間事業主体のエネルギーを適切に結集するよう努力することがうたわれた。また都市改造のための投資は、公共・民間が相互に関連し合い相乗的にその効果を高めていくよう総合的・計画的に行うこと、民間活動にも公共優先の原則が徹底され、この計画のプログラムが総合的に推進されるように、都は先導の責任を負うとされた。[56]

これをみると都市再開発の推進において、公益優先の原則を強くもたせること、計画への市民参加をはかることが重要であった。再開発事業で予想される民間ディベロッパーの参加については、都市づくりの公共性や市民意思との衝突が起こるおそれがあるので、行政による規制と指導を十分に行うとした。[57] こうした態度は、すでに一九七〇年に作成されていた全国革新市長会の「革新都市づくり綱領」（第一次）においてもあらわれていた。民間ディベロッパーは、都市自治体の計画と基準にしたがい、かつ公共・公益施設に適切な負担をさせることを条件に、「都市開発に参加することができる」という位置づけであった。もちろん革新自治体も、都市再開発を進めることの重要性は認識し、そこでのディベロッパーの役割は否定しない。しかし行政が適切な規制を行うことが重要であった。また、そこで強調されるのは市民参加の役割であった[58]。

土山は、「革新都市づくり綱領」にみられるディベロッパーへの対応を、革新政党のディベロッパー敵視とは区別して評価する。革新自治体が、都市政策の理念・内容・手法を自ら革新した事例として理解するのである[59]。ここでは、のちの時代における行政と民間の連携を先取りするものとしての位置づけを与えているものと思われる。ただし、この時点において都市自治体が進める再開発は、基本的には市民参加を前提としながらディベロッパーの利益追求には厳しく対応するというものだったのではないか。そして、のちに述べるように、オイル・ショック後の社会経済情勢のもと、自民党も都市再開発の公共性を重視せざるをえなくなるなか、都市自治体、自民党、ディベロッパーという三者の関係において、革新勢力に率いられた都市自治体のヘゲモニーがある程度貫徹していた。

美濃部都政の「広場と青空の東京構想試案」は、一九七一年四月の都知事選に向けて提起されたものである。すでに前年九月には、前警視総監の秦野章が都市改造のプランを作成し、自民党の支持のもとで知事選に出馬する姿勢をみせていたが、ここで、時期をさかのぼって保守側の都市再開発構想の展開を追ってみよう。

四兆円計画（「秦野ビジョン」）

秦野は、一九七〇年九月に「東京緊急開発行動五カ年計画　大綱」（四兆円計画あるいは「秦野ビジョン」）を発表した。これは、①なるべく都心に近い地点での住宅大量建設、②鉄道・道路ネットワークの整備と都心機能の分散による通勤難解消、③緑地とスポーツ・リクリエーション施設の確保、④自動車排気ガスと騒音の公害、火災・高潮などの災害の防止、下水など生活環境の整備、⑤生活環境の悪い地点と、いきづまった地区の改造・未開発地区の開発、を柱にしていた[60]。これらを具体化するものとして、表5に掲げたプロジェクトを企図していた。この資金は合計三兆九九〇〇億円であるが、そのうち一兆八〇〇〇億円は民間投資に期待するとされた。事業の主体として新東京開

表5　東京緊急開発行動五カ年計画

東京開発計画・プロジェクト	経費（億円）
第1プロジェクト	
池袋、五反田で山手線と交叉する全長52kmの西環状鉄道を建設。そのループの西側にコミュニティ住宅群、東側に新しいビジネス・センターを建設。	12,100
第2プロジェクト	
城南地域を工場専用地区、工住共存地区、住宅地区にわけて工場と住宅を配置。	5,800
第3プロジェクト	
江東デルタ地区と東部地区を対象。隅田川浄化、防災・緑化、東環状鉄道、国鉄用地利用の新住宅群、環七住宅群などを配置。	8,800
第4プロジェクト	
三多摩地域を対象。青梅から多摩川河川敷に第一京浜との交点までの高架施設を建設。上層は高速鉄道、下層を高速道に。荒川河川敷に東京湾岸道路から川越までの高架道路建設。	2,400
第5プロジェクト	
排水の再生利用システム。区部の下水道普及率の向上。	8,800
東京新生活計画	
安い野菜の供給公園 緑地群造成 空飛ぶ消防隊 重症心身障害者センター 人間ドック建設 都内電話番号統一 都市バスの電気自動車化	
経費総計	39,900

『東京緊急開発行動五カ年計画　大綱』より作成。

発公団を設立、これが全体的開発計画立案、土地その他の取得・建設・賃貸・管理、それに計画の実施機関への融資・債務保証、債券発行、調査・研究を担うというものであった。実施機関は、新設公社・住宅公団・道路公団・国鉄・私鉄それにディベロッパーとなる[61]。秦野自身、再開発事業にディベロッパーを使っていくのが美濃部との違いだと強調していた[62]。その際、「社会主義」だけでなく「自由競争」の利点を生かすのだ、というういい方もしている。四兆円計画は、美濃部都政への対抗をはかるべく、都市政策大綱の枠組みのもとで、民間資金を動員して東京で大規模な都市改造を実施しようとするものであった。

保守と革新の「接近」

美濃部ブレインの一人松下圭一は、知事選前に四兆円計画の作成にあたった内田元亨と対談し、「広場と青空の東京構想」の政策的優位性を主張した(63)。また松下は、民間資金を導入して、新東京開発公団が中心となって事業を進めると、都の都市改造事業の主導権が公団にもっていかれてしまい、地方自治体の機能が奪われるとの批判を展開した。これは都市計画への市民参加という基本路線からの立論である。とはいえ、老朽住宅の高層化による建て替えの必要性は、松下の考えにも存在していた。また、のちに美濃部のもとで企画調整局長をつとめる都市問題研究者である柴田徳衛も四兆円計画の発表される直前に、土地の所有権に手を付け、再開発を進めて土地利用の効率を増し、オープンスペースを確保してコンパクトで住みよい都市をつくる必要性を説いた(64)。国政レベルの激しい保・革対立とも連動した都知事選であったが、再開発による都市改造という路線は共有されており、問題はその過程において行政がどのような役割を果たすか、それに市民がいかに参加するか、ということに特化していたといえるだろう。先にも述べたとおり、その際、革新が強調したのは、行政が資本の利益追求に対しては厳しく対応すべきだということであった。

一九七一年四月の知事選で、美濃部が三六一万票を獲得して再選されたあと、四兆円計画のような都市政策大綱の路線を受け継いだ具体的な計画は、少なくとも東京の自民党組織によっては提起されていない。国政レベルでは、一九七二年六月に日本列島改造論が発表され、田中の秘書である早坂茂三らが田中の政策に戦略的に盛り込んできた公益優先の色彩は薄まり、そのような理念の強調ではなく現実的な利益配分としての地方の開発政策が進行していく(65)。

だが都市政策のレベルでは、自民党はますます高度経済成長のひずみや、地価高騰への対応を余儀なくされていた。自民党東京都支部連合会が、一九七三年七月の都議選に向けて作成した政策文書「東京ふるさと計画」[66]では、「健康と生命を尊重する都市」、「公正と連帯にあふれるまち」、「自由と参加でつくるふるさと」を掲げていた。開発推進や地価高騰のなかでの都民生活の防衛が、基本的なトーンであった。土地利用計画のもとで、交通システム・下水道網の整備、再開発と区画整理事業を進めるが、これは工住混在、低高層混在の整理と勤労者の生活基盤としての住宅・都市空間創出を実現し、豊かな緑と日照を確保するものだとされた。土地収用も勤労者用住宅用地の確保のためであり、都民福祉に関連の薄い建設工事は繰り延べるとしていた。

さらに、一九七五年の知事選における石原慎太郎陣営の政策はどうだろうか。石原陣営は、「みのべ福祉をさらに質的に発展させよう」とうたいつつも[67]、美濃部都政のもとで再開発が停滞していたことを批判した。そして年間住宅建設戸数の六割が民間によるものであることにかんがみ、都市整備事業のため一定の基準を満たした業者に、利潤制限のうえで民間資金を導入し、また民間の参加組合方式による都市整備事業を進めるとした。その際にも、住民サイドからの再開発計画のあるものを最優先すること、大規模プロジェクトよりも都民の要望に基づく、小規模な公共サービス施設を整備することが強調されていた[68]。

このようにオイル・ショック前後においては、都市再開発政策を推進する保守側も、住宅政策との密接な連動や、住民参加の必要性を押し出していた。不動産協会など不動産関連業界団体も、土地問題をめぐる世論の批判を念頭に置きながら、一九七三年九月に「民間デベロッパー行動綱領」を制定した。ここでは良好な住環境・良質な住宅の大量供給が社会的使命であるとして、企業体質の改善、国土の有効利用・自然環境および地域社会との調和をはかることがうたわれ、投機を目的とした土地取引、価格つり上げなどを戒めていた[69]。同協会の理事長をつとめた江戸は、ロッキード事件が表面化して自民党への批判が強まっていた一九七六年六月の時点で、福祉政策のなかで最大のものは住宅建設であり、土地高騰問題がこれを阻んでいることを指摘し、持家化と中産階級の育成が共産主義の防壁になっているという西ドイツの例に言及していた。(70)「列島改造」による地価高騰への批判、のちには自民党政治の危機において、土地取引の公正化と地価抑制が業界にも求められ、さらに住宅建設が体制安定策として強く意識されていたのである。

以上、自民党とディベロッパーは、地価高騰への世論の批判、保守政治の危機のなかで都市再開発の公共性の必要を強調し、利益追求への自制を掲げざるをえなかった。こうして、一方では住民参加による都市再開発、他方では福祉政策の一環としての住宅政策が、保・革両者の課題となる。そして都市自治体、自民党、民間ディベロッパーの三者の関係において、革新が主導する都市自治体がヘゲモニーを掌握した。その意味で、七〇年代のなかばにおいては、都市・自治体レベルでの保・革の政策距離の接近が確認されるであろう。だがこの状態が続くわけではなく、次の時代への移行は確実に始まっていた。

（2）都市政治の変容

アーバン・リベラリズムを打ち破るもの

ここで、都市政治の変容を考える参照軸として、同時期のニューヨーク市政に目を向けよう。アーバン・リベラリズムは、都市を社会政策と社会的公正の遂行の実験室と位置づけ、その実現への努力をあらわす語として使われる。一九六〇年代から七〇年代のワグナー、リンゼイなどのもとのニューヨーク市政がこの例である。そこでは貧困者住宅や公教育の整備がなされていった。だがアーバン・リベラリズムの展開のなかで、これへの対抗者が生まれていった。対抗者の一つは、リベラリズムの内部から生まれた。経済成長、労働者の権利、福祉国家拡充を進めていくなかで、アフリカ系住民の要求実現も課題となるが、人種的公正や個人の自由の実現は、以前の枠組みにおける「社会的公正」と必ずしも整合的ではなく、しばしばリベラルそのものを分裂させる矛盾を生んでいったという。

また、もう一つはいわゆるネオ・コンサーヴァティズムの思想と運動の発生である。その代表者であるアーヴィン・クリストルらはもともとトロツキストとしての経歴もあるが、特に福祉政策への対応を軸にアーバン・リベラリズム批判の中心的担い手となっていった(71)。そして、自治体の財政難のなかで、不動産、証券、保険会社などが自治体財政へのコントロールを強めて市政を転換し、アーバン・リベラリズムが築いた成果を切り崩していった(72)。都市自治体が発行する債券もムーディーズなど評価会社の評価にさらされており、自治体行政は歳入歳出を抑え、かつビジネスを優遇する方向に誘導されざるをえないのである(73)。

日本における新保守主義政治の形成

日本においても、アメリカの都市と同じような状況は少なからず存在した。日本の場合、アーバン・リベラリズムより左に位置する政党が、革新自治体を主導していった。またこれに対抗するかたちで七〇年代後半、都市における新しい保守政治の担い手が生まれた。これを当時の言説にしたがって新保守主義と呼んでおこう。特にJC(日本青年会議所)の若手経営者などが、膨張した自治体財政のあり方を批判する動きがみられた。東京では、自民党などによる美濃部の対抗馬の選定の際に、JCの議長をつとめたことがある実業家、牛尾治朗の名前があがっていた。一九七五年の都知事選に出馬した石原は、この時期には「体制内ニューディール」を自称し、所得再分配の重要性を強調していた。その意味では、社会開発の流れに位置づけられるものであった。他方の牛尾は、アメリカでアーバン・リベラリズム攻撃の急先鋒となったネオ・コンサーヴァティズムとはいえないが、ポスト高度経済成長を見越した社会構想を展望していた(74)。

こうした新保守主義の動きは、比喩的な表現をとるとすれば日本版のアーバン・リベラリズムとしての革新自治体を解体し、都市・自治体運営のあり方を転換させていく力として作用したのである。

他方、田中型の開発政治は、田中自身の政治の表舞台での失脚にもかかわらず八〇年代も続く。だが経済成長の減速と国債の累積により、従来のような開発政治が限界をみせていたのは確かであった。国債依存と公共事業費の減少のなかで、それ以前のような政府主導の国土開発が困難となり、都市再開発が再度注目された。一九八三年四月、中曽根康弘首相が「お金をくわない都市再開発」を建設省、経済企画庁に指示し、民間も日本プロジェクト産業協議会（JAPIC）を結成して「民間版ニューディール」が始動していった。(75)

以上のような都市・自治体レベルの変化と、国政レベルにおける都市再開発への期待が八〇年代に生まれ、それが九〇年代後半以降の都市・自治体のあり方につながっていくものと思われる。だが、田中型開発政治と、ここにみられる変化が断絶しているわけではない。六〇年代なかばからの都市再開発政策は、民間資金を動員しながら補助金によって利息を補填するという方法も構想されており、財政支出を少なくしたうえでの再開発が可能なシステムが準備されていた。以後、公共事業による開発政治が進行する一方で、都市を主たる場とした経済成長政策が展開する基盤は潜在的にはできていた。

他方、革新自治体側は、七〇年において都市再開発への市民参加を要求に掲げて、民間資本に対抗する戦略を打ち出した。そして七〇年代の中盤には、革新自治体、自民党、民間ディベロッパーの間に一種の均衡状態が存在した。だが革新自治体が倒れていくなかで、八〇年代には都市再開発が国家的プロジェクトとして実施される。(76)市民参加については、保守もある部分は受け入れざるをえなかった。そしてここで重要なことは、市民は常に革新自治体のパートナーとしてふるまうとは限らないということである。そのことは、すでに横浜新貨物線問題における住民運動と飛鳥田一雄横浜市政との対立関係にあらわれていた。(77)七〇年代後半以降、新保守主義の浸透により、従来の革新を支えた市民が変容する可能性がある。(78)その場合、都市の政治構造は大きく変化するだろう。だが、この点の具体的な検討は、今後の課題としなければならない。

おわりに　都市・自治体における「戦後体制」

本稿は、都市・自治体を媒介に「戦後体制」とその変容をどのように考えるかを、都市再開発をめぐる政治史を追いながら検討した。まず、革新自治体終焉後の保守の復権までを「戦後体制」ととらえ、一九九〇代後半から始まる、新しい自治体改革路線（NPMと小さな政府＋新しい首長の登場）以後を、ポスト「戦後体制」とした。この転換は、革新自治体の成立、あるいは崩壊という変化以上に、自治体政治にとって大きな意味があったと思われる。

本稿の結論を、保守政治の構造、革新自治体と、自民党ならびに民間ディベロッパーの対抗関係を軸に整理しておく。まず保守政治の構造である。一九六〇年前後からの保守政治体制は、田中角栄に代表される開発政治をその特徴としていた。まさにこれが、「戦後体制」の骨格をなすものであった。田中の構想は、都市政策調査会の検討内容にあらわれている。地方開発と都市再開発とであった。日本列島改造論は、前者の路線を推進するものであり、のちには地価高騰、利権政治を招いた政策として批判を受けた。他方で、都市再開発は、七〇年代において例えば四兆円計画（「秦野ビジョン」）のなかで展開されることはあったが、主流ではなかった。これが政府の政策として全面的に採用されるのは、八〇年代であった。地方開発と都市再開発の構想は、農村と都市の一体的開発を同時に進めようというものであった。一方では補助金による開発、他方では公共事業費の限界を想定して、利子補給に切り替えて開発を推進するというものであり、これらは補完的な関係にあった。そして、田中による地方開発路線がかげりをみせると、都市を中心とした民間主体の開発路線が発動したのである。そして、この路線は、民活から都市再生へとつながっていった。ポスト「戦後体制」への移行は、「戦後体制」期につくられた開発主義路線のなかにその仕組みが存在したともいえよう。ただ、それは単に連続したものとはいえなかった。

対する革新勢力は、都市再開発への市民参加を推進しようとした。実際には美濃部都政のもとで都市再開発政策は進まなかったが、市民を主体にすえた都市計画と再開発は必要だとされた。そしてオイル・ショックと地価高騰、保守政治の危機のなかで、革新自治体は、自民党およびディベロッパーとのヘゲモニー争いにおいて優位に立っていた。だが八〇年代を迎えるころ、革新自治体は崩壊し、国政レベルにおいて都市再開発政策が本格化した。一九八三年から中曽根内閣が都市再開発を始動させ、資本も「民間型ニューディール」に期待したのである。こうして革新自治体と、自民党およびディベロッパーの力関係は大きく変化せざるをえない。単に、この三者における力関係が変化しただけではないものと思われる。「市民」は革新自治体のパートナーであったが、もちろん常にそうであるとは限らない。市民の役割の変化については、本稿ではふれることはできなかった。また「戦後体制」から「ポスト戦後体制」への移行を、都市再開発を媒介に考えるためには、八〇年代以後の展開を詳細に検討しなければなるまい。本稿は、そのための問題提起に過ぎない。

注

（1）五十嵐暁郎「自民党型政治機構」（『中央公論』一九八六年一〇月）、チャーマーズ・ジョンソン「構造汚職と「軍団」の誕生」（同）など。
（2）斉藤淳『自民党長期政権の政治経済学』（勁草書房、二〇一〇年）。
（3）北岡伸一『国際化時代の政治指導』（中央公論社、一九九〇年）。
（4）渡辺治「保守政治と革新自治体」（『講座日本歴史』12、現代2、東京大学出版会、一九八五年）。
（5）大嶽秀夫『自由主義的改革の時代』（中央公論社、一九九四年）。
（6）鳴海正泰「覚書　戦時中革新と戦後革新自治体の連続性をめぐって」（『自治研かながわ月報』第一四一号、二〇一三

年六月）、源川真希『東京市政』（日本経済評論社、二〇〇七年）。
（7）御厨貴「国土計画と開発政治」（日本政治学会『年報政治学』岩波書店、一九九五年）。
（8）土山希美枝『高度成長期「都市政策」の政治過程』（日本評論社、二〇〇七年）六六頁以下。
（9）下村太一『田中角栄と自民党政治』（有志舎、二〇一一年）八一頁以下。
（10）菊池信輝「社会開発の挫折とその背景」（『年報日本現代史　第一四号「高度成長」の史的検証』現代史料出版、二〇〇九年）。
（11）村井良太「佐藤栄作と『社会開発』論」（『創文』二〇〇八年六月）、同「社会開発と政党システムの変容」（『駒沢大学法学部研究紀要』第七一号、二〇一三年）。
（12）御厨前掲「国土計画と開発政治」、下村前掲『田中角栄と自民党政治』六七頁以下。
（13）日本経済新聞社編『自民党政調会』（日本経済新聞社、一九八三年）六六頁。
（14）石田博英「保守政党のビジョン」（『中央公論』一九六三年一月）。
（15）源川前掲『東京市政』。
（16）村井前掲「社会開発と政党システムの変容」。
（17）大来佐武郎「社会開発の課題」（『自治研究』第四一巻第一二号、一九六五年一二月）。
（18）「社会開発懇談会中間報告」（社会開発懇談会）五頁以下。
（19）公営住宅法は、一九五一年に田中角栄が議員立法として提出、制度化した。その成立過程は、上﨑哉「住宅政策の政治過程」（『早稲田政治公法研究』第六三号、二〇〇〇年）などを参照。
（20）渡部信「経済社会発展計画のねらいと特徴」（『自治研究』一九六七年五月）六二頁。
（21）前掲「社会開発懇談会中間報告」六頁。
（22）前掲「社会開発懇談会中間報告」四一頁。
（23）都市政策調査会についての研究として、富樫雄一「都市政策大綱をめぐる自民党内の政策決定過程」（中央大学『法学新報』第七八巻第一〇・一一号、一九七一年）がある。

(24) 伊藤隆・季武嘉也監修『佐藤栄作日記』(朝日新聞社、一九九七年)、一九六七年四月一七日。
(25) 田中角栄「自民党の反省」(『中央公論』一九六七年六月) 二九三頁。
(26) 石田博英・大平正芳・中曽根康弘「座談会　変貌する社会に対応できるか」(『中央公論』一九六七年八月)。
(27) 自由民主党都市政策調査会編『都市政策大綱中間報告』(自由民主党広報委員会出版局、一九六八年) 六頁。
(28) 「都市問題と厚生・福祉」(厚生省) (第一〇回総会、五月二九日、都市政策調査会第九号)。
(29) 「都市化の時代の労働・警察・消防」(労働省・警察庁・消防庁) (第一三回総会、六月一九日、都市政策調査会記録第一二号) 一二頁以下。
(30) 同上、一八頁。
(31) 「財政の硬直性とその限界」(分科会第三回　財政金融問題分科会、一〇月二〇日、都市政策調査会記録第二六号) 三七頁。
(32) 江戸英雄「不動産業界の諸問題」(『経団連月報』一九六二年四月)。
(33) 江戸英雄「不動産業界の現状と将来」(『経団連月報』一九六六年八月)。
(34) 「都市政策への提言　その一〇」(第二四回総会、七月三一日、都市政策調査会記録第二三号)。
(35) 「都市再開発の新動向」(分科会第五回　大都市問題分科会、一〇月二四日、都市政策調査会記録第二八号) 一九頁以下。
(36) 「都市問題と財政・税制」(第一一回総会、六月五日、都市政策調査会記録第九号) 四四頁、藤尾正行の発言。
(37) 同上、および田中「生きるための都市改造」(『エコノミスト』一九六七年八月二二日)。
(38) 竹内藤男建設省都市局長の発言。「都市化時代の建設政策はいかに在るべきか」(第二回総会、三月二七日、都市政策調査会記録第一号)。
(39) 自由民主党都市政策調査会前掲『都市政策大綱中間報告』九—一〇頁。
(40) 同上、五四—五五頁。
(41) 同上、八九—九〇頁。

(42)野口雄一郎「都市『問題』から都市『政策』へ」(『朝日ジャーナル』一九六七年一〇月二九日)。
(43)初田香成『都市の戦後』(東京大学出版会、二〇一一年)。
(44)『都市の再開発について』(都市再開発法制研究委員会、一九六七年一月)。
(45)「参議院会議録」一九六七年七月五日。
(46)「衆議院会議録」一九六九年五月三〇日。
(47)西村英一建設大臣の説明。「参議院建設委員会会議録」一九六七年五月一八日。
(48)「衆議院会議録」一九六七年三月一四日。
(49)「衆議院建設委員会会議録」一九六七年三月二三日。
(50)土地問題をめぐる政治過程は、御厨前掲「国土計画と開発政治」、下村前掲『田中角栄と自民党政治』が詳しい。
(51)自由民主党都市政策調査会前掲『都市政策大綱中間報告』一〇頁。
(52)「衆議院建設委員会会議録」一九六七年六月一四日。
(53)衆議院本会議での渡辺惣蔵(社会党)の発言。「衆議院会議録」一九六九年五月三〇日。
(54)田中角栄「私の都市改造論」(近代思想研究協会『クリティーク』四、一九六七年四月)。
(55)「広場と青空の東京構想試案」(一九七一年三月)二頁以下、九頁以下。
(56)同上、二三頁。
(57)同上、七一~七四頁。
(58)全国革新市長会「革新都市づくり綱領　シビル・ミニマム策定のために」(一九七〇年、全国革新市長会・地方自治センター編『資料・革新自治体』日本評論社、一九九〇年)八九頁。
(59)土山前掲『高度成長期「都市政策」の政治過程』一七七頁以下。
(60)「東京緊急開発行動五カ年計画　大綱」四頁。
(61)同上、二六頁。
(62)『朝日新聞』一九七〇年九月二〇日。

(63)『朝日新聞』一九七一年三月一四日。
(64)『毎日新聞』一九七〇年九月一六日。
(65) 御厨前掲「国土計画と開発政治」。
(66)「東京ふるさと計画」(『都政』一九七三年六・七月) 九頁以下。
(67) 新しい東京をつくる都民の会「甦れ・東京! 東京再生基本構想」(『都政』一九七五年三月) 九頁以下。
(68) 新しい東京をつくる都民の会「東京再生計画　都市政策基本構想」(『都政』一九七五年三月) 三六頁以下。
(69)『不動産協会五〇年史』(不動産協会、二〇一三年) 二六頁以下。
(70) 櫻田武・松前重義・江戸英雄 (インタビュー)「戦後保守政治の転回点に想う」(『中央公論　経営問題』一九七六年六月)。
(71) Brinkley, "Reflections on the Past and Future of Urban Liberalism"; Glazer, "Neo-conservatism and Liberal New York", Mollenkopf and Emerson, eds. *Rethinking the Urban Agenda*, The Century Foundation Book, 2001. Irving Kristol, *Neo Conservatism*, Ivan R.Dee, Publisher, 1999.
(72) Harvey, *A Brief History of Neoliberalism*, Oxford University Press, 2005. Moody, *From Welfare State to Real Estate*, The New Press, New York, 2007.
(73) Hackworth, *Neoliberal City*, Cornell University Press, 2007.
(74) 源川前掲『東京市政』。
(75)『日本経済新聞』一九八三年五月二四日。
(76) 一九八〇年代以降の都市再開発については、町村敬志『「世界都市」東京の構造転換』(東京大学出版会、一九九四年)、橘川武郎・粕谷誠編『日本不動産業史』(名古屋大学出版会、二〇〇七年)、平山洋介『東京の果てに』(NTT出版、二〇〇六年) など。
(77) 道場親信「一九六〇年代における『地域』の発見と『公共性』の再定義」(『現代思想』第三〇巻第六号、二〇〇二年五月)、安田常雄「現代史における自治と公共性に関する覚え書」(中央大学『法学新報』第一〇九巻第一・二号、二〇〇二年)。

(78) 源川真希「ネオリベラル・東京」(『歴史学研究』第八八六号、二〇一一年)。

Ⅳ　沖縄の米軍基地問題と「吉田ドクトリン」論

植村　秀樹

はじめに

二〇一四年一一月一六日に行われた沖縄県知事選挙は、翁長雄志（前那覇市長）の圧勝に終わった。[1]二期八年にわたって知事の座にあった仲井真弘多は、前回選挙よりも七万票以上も得票を減らし、翁長に一〇万票近い大差をつけられて落選した。この選挙の最大の争点は、アメリカ海兵隊普天間飛行場の返還に伴って、政府が進めている同県北部の名護市辺野古に代替施設を建設することへの賛否であった。選挙結果を見る限り、沖縄の有権者はこれに明確に「否」の意思表示をしたことになる。中央政府が推進する政策に地域住民が反対の意思を示したというだけでなく、それが保守系の翁長によってなされたところに大きな意味がある。四年前の知事選挙では、仲井真の選挙対策本部長を務めた生粋の保守政治家の翁長が、今回、仲井真と袂を分かつことになったのは、一にも二にもこの辺野古問題であり、これをめぐって保守分裂が起こったのである。本土の政府・自民党と一体となってきた沖縄の自民党を割って出るかたちとなった翁長は、辺野古への新基地建設を認めないという態度を貫いた。これは特定のイデオロギーに基づく主張ではなく、重い基地負担に苦しむ沖縄県民の立場を代表するものだとの意味が込められていた。そして、いわゆる革新勢力の中から有力な候補者を立てられないという事情があったとはいえ、社会大衆党から共産党までが翁長支持でまとまった。中央では自民党と連立を組む公明党は、いずれにもつかず「自主投票」とした。今回の保守分裂は、「保守対革新」として論じられてきた沖縄政治の構図を大きく変える可能性を示している。(2)

沖縄出身の母を持つ元外交官の佐藤優の見方は、この選挙では「より本質的に沖縄人のアイデンティティーが問われた」というものである。「沖縄にルーツを持つ人びとの自己意識が、知事選挙を通じて『沖縄系日本人』から『日本系沖縄人』に変容しつつある」というのが佐藤の見立てである。(3) 選挙運動期間中の街頭演説でも翁長は「イデオロギーよりもアイデンティティー」のキャッチフレーズを繰り返した。(4) 背景には、近年、沖縄から「差別」の語が本土に対して発せられることが少なくないという事情がある。

沖縄と本土の間に深い溝ができた最大の原因は、日本の国土面積の〇・六パーセントに過ぎない沖縄県に米軍基地(専用施設)の七四パーセントが集中している、という現実である。〇・六パーセントに七四パーセントという数字を見れば、それがいかに偏ったものであるかがわかるだろう。この大きな偏りに対して沖縄の人々が不満を抱くのも当然のことである。では、こうした状態はいつから続いているのか。また、偏りが改善されないのはなぜなのか。

一方、米軍基地の所在地に地理的な偏りがあるからといって、その基地を引き取ろうという自治体がないのも当然のことである。沖縄では、騒音をはじめとする基地被害やアメリカ兵が起こす事件・事故も後を絶たない。基地を引き取ることで得られる利益がきわめて小さいのに対して、基地に伴う不利益は計り知れない。(5) 二〇一三年九月から半年余り普天間飛行場のある宜野湾市で暮らした筆者の経験からいっても、日本政府と取り交わした合意さえアメリカ軍は守る気がないも同然である。(6) こうした事情から、重い基地負担がなかなか改善されないのが、本土復帰から四〇年を過ぎた沖縄の現状である。そこで沖縄からは、これは沖縄に対する「差別」であるという声が上がることになる。「歴史家のあいだでは、以前から、『沖縄から日本がよく見える』とのキャッチコピーが静かに流行していた」と、琉球史の研究者であり仲井真知事のもとで副知事を務めた高良倉吉（元琉球大学教授）は言っている。(7) そうであるならば、沖縄の基地問題の歴史的過程を振り返ることによって見えてくる戦後日本の姿があるはずである。二〇一四年の沖縄県知事選挙は、戦後七〇年を迎えようとする戦後日本の何らかの帰結を示しているのではなかろうか。本稿では、こうした問題意識に立って、沖縄の米軍基地問題の歴史的な構造に迫ってみたい。構造とは、基地問題の構造であると同時に、認識と議論の構造でもある。

Ⅰ　沖縄の返還と復帰

一九七二年五月一五日に沖縄の施政権がアメリカから日本に返還された。だが、それは沖縄の人々を十分に満足させるものではなかった。日本への帰属を願う人々が多数を占めていたとはいえ、日本への復帰の内実を鋭く問う議論が展開され、「反復帰論」と呼ばれた。本格的な復帰運動は、一九六〇年代の幕開けとともに始まり、それがやがて「平和憲法の下への復帰」へのうねりとなっていった。返還にあたっては「核抜き・本土並み」が喧伝されたが、核兵器は沖縄から撤去されたものの、米軍基地はほぼそのまま残されることとなった。政府にとっての「本土並み」とは、日米安保条約の事前協議制度を本土並みに適用するという意味であった。当時の床次徳二総務長官は「沖縄の人たちは日米安保体制の一環として復帰を考えてもらいたい」と述べていたが、(8) その通りの結果に終わったのである。沖縄戦史研究の第一人者で沖縄県知事も務めた大田昌秀は、復帰が沖縄の人びとが望んだものと大きく異なるものだったとして、「沖縄の人びとが『復帰』に託した切実な願望は、『平和憲法の下への復帰』であったけれども、結果

的には日米安保体制下への復帰に終わった」と総括している。(9)

そもそも「平和憲法下への復帰」と「日米安保体制の一環として復帰」とは、いかなる関係に立つものだろうか。日本国憲法の施行から五年後の一九五二年四月二八日、講和条約（対日平和条約）の発効とともに日米安全保障条約も発効し、今日に続く日米安全保障体制は「平和憲法」と並び立つことになった。そして講和条約第三条によって、奄美・小笠原とともに、沖縄はその後もアメリカの施政権下に置かれることとなった。

講和条約発効時、すなわち占領が終了した時点では、約二六万人にのぼる占領軍が日本本土にいた。面積にして沖縄の八倍の基地が本土にあった。それが急速に縮小し、日米安保条約が改定される一九六〇年には約四万六〇〇〇人にまで減少した。基地の面積もその間に約四分の一にまで大幅に縮小した。敗戦からの復興も進み、高度経済成長のきざしも見え始めたこともあって、占領は過去のものと感じられるようになっていった。一方、沖縄では、同じ時期に米軍基地の面積は逆に二倍に増えていた。この時期の基地の拡張（第二次接収）では、伊江島や宜野湾の伊佐浜などで「銃剣とブルドーザー」と表現される強硬手段も取られた。沖縄返還後に本土の米軍基地はさらに整理・縮小されるが、沖縄では基地の返還は進まなかった。一九九五年九月に起きた三人のアメリカ兵による少女暴行事件を契機として、沖縄の基地負担の軽減が叫ばれてきたが、今日に至るも遅々として進んでいない。そのため、施政権はアメリカから日本政府に返還されたものの、沖縄の人々の間には不満も小さくない。大田は近著の中で次のように述べている。

本土の人びとと沖縄の人びととの間に大きな心理的亀裂が埋めようもなく生じているのは、一つには日本政府の沖縄に対する構造的差別の存在と、復帰の中身が沖縄の人びとが希求したのとまるっきり違い過ぎるからである。(10)

このような亀裂をさらに広げる行為を安倍晋三政権が行った。二〇一三年四月二八日、政府主催の「主権回復の日」と銘打つ式典がそれである。一九五二年の同日に講和条約が発効し日本が主権を回復したことを祝おうというものであった。「首相は、四・二八を戦後レジーム（体制）の起点としか考えていない。日本から分断された沖縄人の痛苦が全く視野にない」（比屋根照夫・琉球大学名誉教授）ことから、当然ながら沖縄の人々の強い反感を買った。[11]沖縄では一九六〇年代からこの日を「屈辱の日」と見るようになっている。政府式典と同時刻に「政府式典に抗議する『屈辱の日』沖縄大会」が開かれ、溝はますます広く深いものとなった。しかしながら、「県議会や市町村議会の抗議決議も相次ぎ、やがてお決まりの抗議大会へ向かう」という「同じパターンでくり返される沖縄の抗議行動は、今や日本政府にとっては何ら衝撃を感じさせることもない恒例のイベントのようなものとして折り込み済み」であった。[12]政府式典での「天皇陛下万歳」に安倍首相も加わったが、それでも翌一四年は、秋に控える沖縄県知事選挙への影響に配慮して同式典の実施を見送った。沖縄県民ではなく、選挙を気遣ったのである。

ところで、「屈辱の日」とされる四月二八日は、初めから「屈辱の日」であったわけではない。講和条約が発効した当時は、沖縄でも「祖国の独立」としてこれを祝った。その後、一九六〇年に沖縄県祖国復帰協議会（復帰協）を結成し、復帰運動が本格化する中で、沖縄の人々はこの日を「屈辱」と認識するようになった。こうして生まれた意識の落差は修復されることなく、むしろ近年では一層広がり、今日の「亀裂」につながっている。先に引用した大田の言葉にある「構造的差別」の認識は、ここ数年の間に沖縄で急速に広まっている。「近年は、沖縄では『構造的差別』という言葉がキーワードになって、いちだんと政府に対する不満を募らせている」と大田は言う。[13]「いまや『（構造的）差別』という言葉を使うことなくして、基地が集中する沖縄の現実を説明するのは難しい」と言うのは、「構造的沖縄差別」という言葉の生みの親である新崎盛暉（沖縄大学名誉教授）である。[14]

沖縄に対する差別については、長い歴史的背景がある。作家の目取真俊は「沖縄に基地を押しつけていることに示される差別」の背景には、今日でも「日本人の沖縄人に対する根深い差別感情」があり、「今でも大半の日本人は腹の底で沖縄人をバカにしている」と見ている。[15]この認識が妥当であるかどうかはともかく、このような意味での差別感情は、大田の指摘する「構造的差別」とは趣を異にするものであろう。

稲嶺恵一（元沖縄県知事）は「基地が沖縄だけに押し付けられているという一種の差別がある」と基地問題と絡めて「差別」の語を用いている。[16]翁長は那覇市長時代に「すべてが構造化してしまって、差別が構造化している。これが構造的差別だ」と述べている。[17]そして山内徳信（元参議院議員）は、「時間が経てばたつほど、オール沖縄のなかの保守でも、政治的な構造的差別を受け、虐げられてきた人びとは目覚めてくる」と期待を寄せる。[18]

「構造的沖縄差別」は、感情レベルでのいわゆる民族差別とは異なるものである。しかし、論者によってその用い方はさまざまであり、時に民族差別に近いニュアンスを含むこともないではない。[19]「ヤマトの構造的差別についての批判というのは、日常的に、またすべての人に共有される形でなされている」（新川明）というあたりには、そうした民族的差別のニュアンスが感じられる。こうした感情を基盤に今日の沖縄では、独立論が一部で盛んになりつつある。[20]このように、しばしば言及される「差別」には、多分に情緒的な被差別意識も含まれている。それが新崎の「構造的沖縄差別」に関する議論に混入し、議論を混乱させているように思われる。そうした感情面での問題はさておき、「差別」の内実に迫るため、まずは新崎の「構造的沖縄差別」構造を検討しなければならない。

Ⅱ 「構造的差別」論の構造

「構造的沖縄差別」論は新崎盛暉が一九九六年に発表した論文に端を発する。[21]しかしながら、この論文で新崎はこの概念の厳密な定義をしているわけではない。「日本社会（国家）は、戦後（現代）という時代においては、アメリカの世界戦略と固く結びつけられることを通して世界に繋がっている」という認識から出発し、そうした戦後体制が成立する過程を跡付ける。アメリカの単独支配下に置かれた沖縄では、基地建設が進められ、ベトナム戦争では日本本土の三沢、横須賀などの米軍基地からの出撃が沖縄を経由することで新日米安保条約に定められた「事前協議」の対象となることを免れた。それでも次第に「沖縄支配の経済的コスト」の増大が沖縄施政権の返還、すなわち沖縄統治の責任をアメリカから日本に渡すことにつながった。新崎によれば沖縄返還交渉とは日米間の「役割分担の再調整」であり、「同盟の再編強化交渉」であった[22]。沖縄返還の前後に進められた本土の米軍基地の整理・縮小の結果、日本全体における沖縄の米軍基地の割合が高まり、今日に続く「〇・六パーセントの沖縄に七四パーセントの基地」の原型がかたちづくられた。

一九九四年に宝珠山昇・防衛施設庁長官が「沖縄は基地と共生・共存してほしい」と述べ、沖縄の強い反発を招いたが、こうした発言こそは、沖縄返還時の「本土並み」の裏にあった「差別構造」を示すものであり、そのような構造が「現代日本における構造的沖縄差別としての日米安保体制」なのだという。つまり、新崎によれば「日米安保体制、すなわち現代日本の構造的沖縄差別」なのである[23]。

新崎はこの論文の以前からこうした認識を持っていたようである。沖縄の本土復帰を前にした一九七〇年、沖縄現代史研究の先駆者の一人、中野好夫（英文学者）との共著書において、実質的に「構造的な差別」に言及している。明治期以来の「いわれなき差別」を受けてきたものの、しかしながら沖縄は、「日本の政治や社会に内在する差別の全体的構造との関連を明確に認識していたわけでもない」のであった[24]。さらに言えば、「沖縄側からの、自己弁護や責任転嫁の姿勢をもまつわりつかせた〝本土告発〟と、本土側の安易で、そのじつ不遜な〝同情〟や〝理解〟のもたれあいという基盤のうえに成立する沖縄返還論議は、〝本土なみ〟返還政策にとってきわめて有利な条件の一つ」となったのであり、こうした「すべての差別は支配権力によって計算されたもの」だというのが新崎の見方であった[25]。

その新崎が問題にするのは「日本政府と沖縄人民の対決」という構図である。「沖縄は米軍の直接支配下にあったが、そこから生じるさまざまな問題は、日本政府の政策とかかわることによってはじめて実質的な意味をもちえたのである」[26]。

ここからわかるように、新崎は日米安保体制の構造そのものにこそ、沖縄の基地問題の根源を求めているのであって、「日本人の沖縄人に対する根深い差別感情」（目取真）を問題にしているわけではない。問題の核心は、そうした「感情」ではなく、戦後という時代に登場した政治的構造物としての日米安保体制にある。その安保体制の中に、沖縄に対する差別的扱いがまさに構造的に組み込まれているというのが新崎の認識といえよう。

新崎の言う「沖縄への基地押しつけを中心とする差別的仕組み」は、アメリカが「日本を『目下の同盟者』として保護育成利用する方針」を決めた戦後の対日政策にその発端がある[27]。それが具現化されたのが、日本に対する寛大な講和となったサンフランシスコ講和であり、寛大な講和の代償として結ばれた日米安全保障条約とそれに付随する行政協定である[28]。これらの条約と協定からなる戦後の日米関係の基本的な枠組みは、アメリカ軍が占領時代に得ていた特権を損なうことなく日本を独立させることにより、「目下の同盟者」に育てることである。

日本の防衛力増強こそアメリカの期待からすれば遅々として進まなかったが、時のアイゼンハワー（Dwight Eisenhower）政権は、それよりも政治経済的安定を伴った西側の一員としての日本であることを優先した。一九五五年四月に同大統領が承認した対日政策文書で、日本の政治経済的安定を損なってまで軍備増強を求めるようなことはしないという方針を確立した後、「長期にわたって十分な施設を日本に維持する」という統合参謀本部（Joint Chiefs of Staff）の方針に基づいて、一九六〇年の新日米安保条約の成立後に策定した新たな対日政策文書では、「日本は共産主義の侵略に対する西太平洋の防衛の要である。その兵站施設及び基地は極東の経済的かつ効果的な防衛にとって欠くことのできないものである」と、〝基地日本〟という位置づけを一層露わにした[29]。

要するに、アメリカが日本に期待するのは、占領に引き続く軍事基地としての機能であり、安全保障において日本に期待する最大の貢献は、基地への支援であった。防衛力、すなわち自衛隊への期待は、二義的なものに過ぎなかった。アメリカ軍が日本に駐留するのは、アメリカの国益と世界戦略のためであり、日本防衛もアメリカの国益に適うものである。それは日本防衛の義務が明記されていない旧安保条約下においても同様であった。

こうした日米安保体制の中に沖縄の基地も位置づけられている。講和条約によって日本本土から切り離された沖縄は引き続きアメリカの支配下に置かれ、その間にアメリカ軍は基地の整備を進めた。一九五〇年代後半には、朝鮮戦争の勃発に伴って日本本土に駐留していた海兵隊が沖縄に移駐し、そのために沖縄の基地が拡大された。「銃剣とブルドーザー」と形容される暴力的な土地の接収はこの時期のものである。朝鮮戦争の休戦後、アメリカ本土に引き揚げる計画であった海兵隊が沖縄に駐留することになった理由は今のところ明らかになっていない。注目すべきは、国務省や陸軍の中にも沖縄移駐に対して強い反対意見があったということである。日本政府が沖縄に移るよう要請したのではなく、ましてや本土の日本国民がその「差別感情」によって沖縄に押し付けたわけではない。その経緯からもわかるように、そもそも日本の安全のために海兵隊が必要であったから駐留していたというわけではない。

日米関係だけを見ると、講和とセットになっている日米安保条約によって引き続きアメリカ軍が日本に駐留することになったが、世界を見渡せば、一九五〇年代のアメリカは各地で基地の整備を進めている。朝鮮休戦協定締結後の五三年一〇月に策定した「国家安全保障基本政策」でアイゼンハワー政権は自国の軍隊を削減する一方で、同盟国の陸軍力に分担を求める方向性を打ち出し、基地の整備がこれと連動するかたちで進められた。それらの中には、沖縄と同じような住民の強制退去による基地の建設や拡張などの事例も少なくない。アメリカの自治領であるプエルトリコやアメリカを施政権者とする信託統治領とされたミクロネシアだけでなく、同盟国政府がそのような行為に加担した例もある。デンマーク領のグリーンランドでは、アメリカ政府の意向を受けたデンマーク政府が、先住民を強制排除してアメリカ空軍に広大な基地を提供した。まさしく「米国とその同盟国による二重の植民地主義の例」（林博史）である。[30] イギリス領チャゴス諸島でも同様に住民が強制的に退去させられた。沖縄での「銃剣とブルドーザー」も、こうした世界大での基地ネットワーク作りの一環であった。

「構造的沖縄差別」論は、「構造」と銘打ちながらも、今までのところ、構造を十分に掘り下げた分析がなされているわけではない。そのためもあるのだろうが、構造への認識が不十分なまま「差別」に力点を置いて用いられることも少なくない。沖縄に過重な負担を強いてきた日米安保体制そのものに深く分析のメスを入れ、かつその背景も合わせて理解しなければなるまい。

Ⅲ　沖縄基地の負担と貢献

日本各地で占領軍に接収された基地の多くは、米ソ冷戦の勃発によって、講和後も新たに冷戦への対応という役割が与えられた。とはいえ講和によって主権を回復した日本は、独立国として扱わなければならない。外国軍の基地やそこに駐留する兵士の存在が目立つようでは政治的に不都合である。そこで米軍基地の整理と駐留兵士の削減が行われ、講和条約発効時に一三万五〇〇〇ヘクタールあった米軍基地は、その後の陸上部隊の撤退により五〇年代末までに大幅に減少した。さらに沖縄返還の前後に進められた「関東平野地域における施設・区域の整理・統合計画」（Kanto Plain Consolidation Plan）によって、立川飛行場、府中空軍施設、水戸空対地射爆撃場などをはじめとする首都圏の空軍関係基地が返還され、その機能が横田基地に統合されたことで、[31] 本土の米軍基地の整理・統合はほぼ完成を見た。沖縄でも返還の翌年から一九七六年にかけて基地の整理・統合のための協議が日米安保条約運用協議会（Security Consultative Group）を舞台に行われたが、この中で米国務省は、普天間飛行場について、「人の多く住む地域を低く飛び、目立った騒動を引き起こす」ことから「明らかに政治的負債」と見ていた。また、沖縄を訪問した国防省のヒル（Robert Hill）次官も沖縄基地の縮小が必要だと主張した。[32] しかし、太平洋軍（Pacific Command）は、横田、横須賀を「中核基地」とする一方で、沖縄の基地機能を重視する方向を目指し、第二次世界大戦後に陸軍への統合の危機を乗り越えて存続を維持してきた海兵隊も削減を恐れて抵抗した。[33] 日本政府は沖縄に負担が集中していることを問題視していながらも、[34] 一九七四年一月にまとまった協議の結果、整理・縮小は限定的なものにとどまり、しかも県内移設を条件とするものが多く、結局、沖縄の基地返還は進まなかった。こうした基地の整理・統合の結果、在日米軍基地（米軍専用施設）の約四分の三が沖縄に集中することになった。その後、一九八八年に返還協議が再開されたものの進展は見られなかった。「この数十年にわたる思考停止状態の中での『沖縄の米軍基地に対する存在の当然視』こそ、構造的沖縄差別にほかならない」との新崎の指摘には確かに根拠がある。[35] この間、沖縄では基地負担への不満は高まり、一九九五年九月に起きた少女暴行事件を機に一気に爆発し、その後も基地負担の軽減が一向に進まないことが翁長知事の誕生につながっている。その意味で、今回の選挙は、戦後日本のひとつの帰結とみなすことができよう。

しかしながら、その一方で、沖縄にある米軍基地の機能や役割についての認識が深まったわけではない。それどころか、基地の意味を問わないまま、言葉の指し示す範囲と意味は拡大ないし膨張し、その本来の意味を離れて拡散してきているとさえ言いうる。それは沖縄の人々の怒りやいらだちの表現でもあるが、問題の解決に向かう議論とはなりにくいものも少なくないと思われる。

「本土の人に対しては、わが国の安全保障の役割を沖縄にだけ背負わせて無責任だなという不信感がある」と言うのは下地幹郎（衆議院議員）であるが、[36]「安全保障の役割を沖縄にだけ背負わせて」とは、やはり広大な米軍基地のことを指しているのであろう。翁長知事も那覇市長時代に「日本は安全保障を沖縄だけに押し付けて平和を保ってきた」と地元紙のインタビューで述べているが、「沖縄だけに」というのは正確ではない。「沖縄が負の部分を受け入れてきたから（本土は）平和を享受できた」という一面は否定できないが、沖縄の米軍基地への適切な評価がなされていないと言わざるを得ない。「沖縄の基地問題について本土の人たちに分かってもらうというのは、はっきり言って相当困難だと思います。なぜかというと、防衛の問題を自分たちのことと考えていないんですよ。沖縄に任せて、俺たちは知らないぞと」[37]（稲嶺恵一）[38]というにとどまらず、果ては「日本国は日本国で、琉球から独立することを考えるべきだ」[39]というところに行き着く。これらも下地と同じく、日本の安全を沖縄が全面的に背負っているという認識に立っている。

こうした発言の背景にある事情は理解できるとしても、議論としては正確とは言い難い。在日米軍だけが日本の安全を保障しているわけではない。ましてや米軍基地は沖縄にだけあるのではない。日本の安全は、むしろ、今や自衛隊がその役割の大半を担っているというべきである。冷戦時代から今日まで、ロシア（旧ソ連）や中国などの軍用機が日本の領空を侵犯するおそれのある時にスクランブル発進するのは自衛隊機である。そのような役割は、一九五〇年代末にレーダーサイトが米軍から日本に移管されて以降、自衛隊が担うようになっている。三沢基地や嘉手納基地などのアメリカ空軍は日本の防空を担っているわけではない。ソ連による日本侵攻といった事態が生じた場合を想定すると、アメリカ海軍第七艦隊をはじめとする太平洋軍がこれに対応することになり、横須賀と佐世保の海軍基地が重要な役割を果たす。

では、在日米軍専用施設の約四分の三が沖縄にあるというのは、どういうことであろうか。沖縄本島の二割を米軍基地が占め、県全体で見ても、その割合は一割を超える。しかし、考えなければならない問題は、それがそのまま日本の安全に対する米軍の貢献割合を示しているわけではないということである。わかりやすくいえば、〈基地面積の割合〉＝〈安全保障への貢献の割合〉という等式は成り立たない。このことは、近年の中国の軍備拡張が基地面積の増大を意味するものではないことを見れば容易に理解されよう。予算や兵器の数量とその質、及び練度の向上などの全体に対する評価として、中国の軍拡とその脅威という認識が成立する。基地の面積が重要でないわけではないが、軍事的にはそれは二義的な要素に過ぎない。しかも、沖縄の米軍基地面積の約七五パーセントは海兵隊の基地である。となれば、海兵隊の役割に対する評価なしに、安全保障への貢献度を論ずることはできない。

「沖縄から日本がよく見える」と言う高良倉吉は、同時に、「日本の縮図がよく見える割には、肝心の沖縄がよく見えてこない。沖縄が『犠牲者』の論理を振りかざすたびに、当の沖縄のかかえる問題が遠ざかる」と指摘している。(40) 高良が指摘するのは、「復帰が実現し、四〇年以上経った今、問われているのは何かというと、基地負担をめぐる不公平という問題だ」と、問題を負担の不公平にとどめている。(41) この点はきわめて冷静に議論を展開しているといえよう。沖縄出身にもかかわらず、高良の沖縄批判の舌鋒は鋭い。「沖縄のわれわれは手痛い目に遭いすぎたために、物事をすべて被害者の目でとらえがちとなり、また、主張のしかたも告発調、陳情型となる傾向が強い。（略）そこに止まっていたのでは主張に普遍性がない(42)」。では、主張に普遍性を持たせるために必要なものは何か。「叫ぶウチナーンチュはよいとして、それ以上に考えるウチナーンチュでありたい」と言う高良は、重要なのは「『沖縄県民かく叫ぶ』といったムードを高めることにあるのではなく、何が問題なのか、それを検討する論点はどのような構成になっているのか、つまり、私たちが考察すべき問題の構造は何なのか、そのことについての情報の提供と議論の整理」だと主張する。(43)

「告発調」でなく基地問題を論ずるのであれば、軍種や部隊、基地の機能などについて検討することが不可欠であろう。三沢飛行場は、アメリカ空軍と航空自衛隊が使用するだけでなく、民間機も利用しており、軍民共用となっている。しかし、実態はほぼアメリカ軍基地というのが現実の姿である。ベトナム戦争後に一旦は戦闘部隊が引き揚げたものの、その後、一九八〇年代から再び強化された。一九六五年に建設された「ゾウのおり」のほかにゴルフボール型の通信施設が次々に建設され、F―16戦闘爆撃機の部隊（二個飛行隊）が配備された。後にはここからイラクへの攻撃に出動することさえあった。日米安保条約に定められた「極東」の範囲をはるかに超えている。基地の面積がほとんど増えないままに機能の強化が進められたのである。

横須賀基地は一九七〇年代から強化が始まった。七三年から航空母艦「ミッドウェイ」の母港となるとともに、巡洋艦や駆逐艦などの配備が進み、第七艦隊の拠点となっていった。空母艦載機が厚木飛行場を使用するため、長い間、深刻な騒音問題を引き起こした。ベトナム戦争後の一時期は遊休化していた佐世保基地も一部の施設は海上自衛隊と共用であるが、九〇年代に強襲揚陸艦が配備されるなど、海軍基地としての強化が進められた。海兵隊が海上自衛隊と共同使用している岩国飛行場も三沢同様、軍民共用ということになっているが、現在は沖合への移転に合わせて大規模な拡張が進められている。

このように、軍事的観点から見れば、三沢や横須賀などは、基地としての機能は強化されてきたが、面積が大きく増えたわけではない。つまり、軍事基地の強化とは必ずしも面積の増大ではないということである。私見によれば、駐留するアメリカ軍のうち、日本の安全保障にとって最も重要なのは海軍である。海上自衛隊との密接な連携を考えれば、日本の安全に大きく貢献しているといえる。そもそも海上自衛隊は、ほとんどアメリカ海軍の一部として機能するように育成されてきているが、その意味でも、アメリカ海軍は現状では日本の安全に不可欠と言いうるであろう。

狭い沖縄に広大な外国の軍事基地があることは、沖縄にとって大きな負担であり、かつ、今では地域経済や社会の発展にとっても大きな阻害要因となっている。[44] しかし、その広大な基地とそこにいる軍人・軍属の数がそのまま日本の安全保障への貢献ではない。したがって、沖縄の一部の人が主張するような、日本の安全保障の負担を全面的に沖縄に押し付けている、という認識は、状況の捉え方としては正確ではない。地域にとって大きな負担となるほどのアメリカ軍基地があるが、日本の安全保障への貢献は、それに見合うほど大きくはないのである。とりわけ、基地面積の四分の三を占める海兵隊の機能と役割がほとんど問われないままでいることにその最大の問題がある。[45]

その一方で、アメリカのアジア太平洋戦略を支える上での日本の貢献は小さからぬものがある。「思いやり予算」と呼ばれる理不尽な財政支援も含めて、日本はアメリカ軍のアジア太平洋地域への展開（配備および作戦行動）に大きな貢献をしている。世界で最も気前のいい国・日本は、そうであり続けることをどのような理屈で正当化しているのか。あるいはそれを問わないでいるのか。戦後外交を論じる上で通説的地位を占めている「吉田ドクトリン」論を次に検討してみよう。

Ⅳ　「吉田ドクトリン」論の射程と沖縄

戦後の日本は経済的な繁栄を遂げ、戦争を起こすことも戦争に巻き込まれることもなかった。その意味では「成功」であったといえる。外交史研究者の五百旗頭真（神戸大学名誉教授）は、「戦争によって失った二つの基本的価値、『安全』と『繁栄』を手にすることが、戦後日本人の痛切にして広範な願いであった」が、それは吉田茂の「日米関係の深化」によって達成されたのみならず、その後も「吉田なき吉田路線」が定着した、と総括している。[46]このように戦後日本の「成功物語」には経済成長のみならず外交・安全保障も含まれている。そこには、沖縄も含めた日米安保条約に基づく米軍基地も物語の一部をなしているという含意がある。それゆえ、具体的な検討や分析の対象となることもなく、暗黙のうちに沖縄基地の存在も正当化されてきた。このような戦後外交を正当化する役割を「吉田ドクトリン」論は果たしているのではあるまいか。

よく知られているように「吉田ドクトリン」という概念は永井陽之助によって広められたが、発端となったのは高坂正堯の吉田茂論である。日本経済が高度成長の波に乗った一九六〇年代に登場した高坂の吉田再評価は、受け入れられやすい条件が整った時代にタイミングよく登場した。その高坂は後年、「吉田ドクトリン」を次のようにまとめている。[47]

（ⅰ）アメリカとの同盟関係を基本とし、それによって安全を保障する。

（ⅱ）したがって、自国の防衛力は低く抑える。

（ⅲ）そうして得られた余力を経済活動にあて、通商国家として活路を求める。

このように定式化されてはいるが、吉田自身がこのような方針を提唱したわけではない。添谷芳秀（慶応義塾大学）によれば、そもそも「吉田ドクトリン」という概念が初めて使われたのは一九七七年の西原正（防衛大学校名誉教授）の論文とされている。[48]ここで西原は、戦後日本の外交はしばしば批判されるように「無原則」なわけではなく、軽武装をはじめとするいくつかの原則や行動規範を持っていると主張し、それらを総合して「吉田ドクトリン」と呼んだ。この議論の基礎となっているのが高坂の吉田論であることは論を俟たないが、こうした見方を引き継いだ永井が一九八〇年代になって、保守本流の外交というにとどまらない国家戦略として「吉田ドクトリン」という言葉を広めた。永井は月刊『文藝春秋』に連載した「現代と戦略」において、経済優先・軽武装という吉田茂が敷いた路線こそが戦後日本の成功を導いたと主張した。この連載の題名が「現代と戦略」であることからもわかるように、主眼となったのは日本の戦略であり、歴史の検証ではなかった。したがって歴史的経緯を詳細に調べ上げたものではないうえ、高坂がまとめたようなかたちで定式化されているわけでもない。それどころか「吉田ドクトリン」について永井は「各時代の日本の安全保障政策にふくまれる、さまざまなトレード・オフと、それを反映する各集団による交叉圧力の妥協の産物」であり、「吉田以来の保守本流の安全保障政策が論理的一貫性を欠き、色こく両義性をもつことじたいが、吉田ドクトリンの卓越性をしめすもの」と述べている。[49] 永井の意図は戦後史を論じることではなく、当時の政界や論壇の動向に対する牽制にあった。[50] 批判の対象となったのは、当時の中曽根康弘首相の「戦後政治の総決算」とその理論づけをしていた岡崎久彦らの戦略論であった。一九八一年に登場したアメリカのレーガン（Ronald Reagan）大統領はソ連を「邪悪の帝国」と声高に非難し、大規模な軍備の拡張と攻勢的な軍事戦略を進めていた。そのレーガン政権と歩調を合わせようとする中曽根、岡崎らの態度を永井は「軍事的リアリズム」と呼び、自らの「政治的リアリズム」と区別した。このような当時の政治情勢の中で、永井は吉田以来の路線を「吉田ドクトリン」と呼び、それこそが戦後日本の成功の鍵であったとして、その継続を唱えたのである。だからこそ「現代と戦略」なのであった。

高坂の「宰相吉田茂」論と同様、永井の「吉田ドクトリン」論も大きな成功を収めた。その成功はいささか行き過ぎたのではないかと思えるほどである。確かに防衛予算は国民経済の規模に比して決して大きかったとはいえない。しかしながら、高坂が定式化したように、「そうして得られた余力を経済活動にあて」ることが経済成長に不可欠であったとはいえないのではないか。経済規模に比して日本よりも大きな割合を防衛に割いてきた西ドイツやイタリアでも、やはり「奇跡的」と評されるほどの高度経済成長を遂げている。防衛費の相対的な抑制が経済の成長にとって好条件の一つであったことは否定できないにしても、それが高度成長の直接的な要因であったわけではない。もっとも注意深く見れば、高坂は「低く抑える」のは「防衛力」だと言っている。より多くの人的資源を防衛にではなく経済活動に割くという意味もここにはあろう。しかし、陸上自衛隊が一九五四年の創設以来、一度も定員を満たしたことがないという募集の困難ぶりが示しているように、そもそも大規模な防衛力の整備はほとんど不可能であった。そのようなものを国民は望んでいなかった。

ともあれ「吉田ドクトリン」論は一九八〇年代以降、今日に至るまで、戦後日本の外交や安全保障を語る上で通説の座にある。そのため、その後の政治外交史に関する研究書の多くが「吉田ドクトリン」論を下敷きに書かれているとさえいえる。たとえば、吉田の安全保障政策を包括的に論じた楠綾子（関西学院大学）は、戦後日本の外交および安全保障政策を論ずることは「吉田ドクトリン」を論ずることであるとの前提のもとに「吉田の決定がなぜ『ドクトリン』化されるに至ったのか」と「『吉田ドクトリン』の起源を探る試み」をしている(51)。戦後防衛政策の形成過程の解明に取り組んだ中島信吾（防衛研究所）は「池田政権期において『吉田路線』は吉田の手を離れ、あるいは池田個人の意識を越えて、『吉田ドクトリン』へと昇華していった」と、吉田自身が提示したものではないとしながらも、池田勇人の時代に至って「吉田ドクトリン」が成立したとしている(52)。波多野澄雄（筑波大学名誉教授）と佐藤晋（二松学舎大学）は、「吉田茂自身の意図とは別に『吉田路線』の忠実な後継者としての道を歩んだ」池田勇人と佐藤栄作の時代において、戦後日本の「成功体験」のモデル化がなされたと主張する(53)。池田は「軍備に振り向ける資金を抑えて経済繁栄した日本を、東南アジア諸国の模範例であるとの自負を抱いて」おり、佐藤栄作も「軍事的な道には踏み込まずに、経済的スーパーパワー」であることに大きな意義を見出していたという(54)。また、渡辺昭夫（東京大学名誉教授）も「吉田ドクトリン」を「冷戦期の国家戦略」と捉え、中曽根政権以降、そこからの「脱却」が論じられるようになったと見ている(55)。

これほどまでに大きな成功を収めた「吉田ドクトリン」論であるが、戦後日本の「成功体験」に基づく物語であるが故に陥った落とし穴があるように思われる。それが先に述べたように、アメリカ軍の駐留を不可欠な要素と見るために、個々の軍事基地やそこに駐留する部隊の役割を問わないということである。日米安保体制は、成功モデルとしての経済優先・軽武装を支える前提条件であり、これがあるがために成功物語が成立したのだとすれば、それに異議を差し挟むという発想はそもそも生まれないであろう。渡辺は「日米同盟一本槍で、日米基軸に始まり、日米基軸に終わるような思考法に多くの人々が慣れ切ってしまってはいないだろうか」と疑問を呈するが(56)、多くの人が認める成功物語であるため、それに異議を唱えることは難しい。小規模の防衛力で済ませることができたのは米軍基地があるおかげという結論がアプリオリに受け容れられているのであれば、基地の機能や部隊の配置を検証する動機も生まれにくい。その結果、在日米軍とその基地は、全面否定の安保廃棄論を除いて、安全保障上の具体的役割はほとんど議論されないままできた。本土で米軍基地が問題となったのは、砂川闘争や内灘闘争など、主として一九五〇年代のことであり、六〇年安保以降は、騒音をはじめとする局地化ないし部分化されたものとなった。

一九六〇年代に沖縄返還運動が本格化したが、六五年に当時の佐藤栄作首相が沖縄を訪問する際の演説原稿にアメリカ政府が異議を唱え、文言が大きく修正された。在東京アメリカ大使館を通じて「沖縄の戦略的・軍事的重要性」に言及するよう求められ、那覇空港に降り立った佐藤の演説には、「極東における平和と安定のために、沖縄が果たしている役割はきわめて重要であります。私は、沖縄の安全がなければ、日本本土の安全はなく、また日本本土の安全がなければ沖縄の安全もないことを確信しております」と、沖縄の米軍基地の貢献を高く評価する文言が追加された[57]。アメリカ政府に押し付けられたこうした基地の位置づけがその後、日本政府の政策に色濃く反映されていくことになる。

施政権が返還され、基地縮小の望みが出てきた一九七〇年代以降は、「吉田ドクトリン」論の登場によって米軍基地そのものを問題とする気運は薄れていった。こうして、本土と沖縄の間の議論のすれ違いがますます大きくなることになった。永井の「吉田ドクトリン」論の主眼は、レーガン・中曽根軍拡に歯止めをかけるという政治的目的を持ったまさに戦略的議論であったが、同時に、沖縄の基地問題を後景に追いやるという意図せざる役割を果たすことにもなったと考えられる。沖縄返還についての最新の研究においては、中島琢磨（龍谷大学）は沖縄返還を日米両政府間での領土のやりとりとして描き、その意義は「日本政府が同盟国として東アジアの安全保障問題に初めて政策として関与した」ことにあり、その「責任を共有する新たな段階に入った」としている[58]。ここでは沖縄は、あくまでも日米両政府の間に横たわる客体に過ぎず、日米安保体制における米軍基地という役割を両政府から割り当てられるだけの存在でしかない。重い基地負担とその固定化にあえぐ人々の暮らしなどはまるで眼中にないかのようである。[59]

戦後日本を成功物語として描く上で大きな役割を果たした「吉田ドクトリン」論は、その意図とは関係なく、沖縄の基地問題を大方の国民の目からそらせる役割を果たしたといえる。「よく効くクスリなのだから少々の副作用があってもたいした問題ではない」ということになる。その「副作用」対策の意味も込めて多額の予算が投じられた。それに納得するか、そうでなくとも泣き寝入りしてきた沖縄県民は決して少なくない。日本政府のそうした扱いに納得せず、声を上げる人の数は、時に多数に見えながらも、全体として見れば、多数派を形成することには成功しなかった。それがここ数年、変わりつつあり、二〇一四年の選挙結果に出ているのではないか。[60]

沖縄を冷静に見つめつつ厳しい批判も展開してきた高良倉吉は、大城常夫、真栄城守定という二人の琉球大学の同僚とともに、「沖縄イニシアティブ」を提唱したことがある。「アジア太平洋地域のなかで沖縄が果たすべき可能性を探ろうとするこの試みは、「日米安全保障条約によって日本政府が提供義務を負うアメリカ軍基地の約七五パーセントが沖縄に偏在するという現実は、この島々に住む住民にとって大きな負担となっており、政治的な反基地感情も根強い」ことを認めながらも、「国際社会の一員としての日本の安全保障のあり方をどう考えるか」を意識し、米軍基地も「その効果的な運用と住民生活の安定をいかに矛盾なく調整できるかという課題」として位置付けた。[61]

日米安全保障体制そのものを全面的に否定するのでない以上、アメリカ軍基地のすべてが日本から撤退することは現実的には考えにくい。となれば、沖縄の基地の全面撤去も難しい。しかし、アメリカ軍のどの部隊を日本に配備し、どこにどのような基地を置くのかは、政策の問題である。安保容認がすなわちアメリカの言いなりというわけではないはずである。日米安保体制を肯定する渡辺も「アメリカによる安全保障への依存」には「常軌を逸していた面もある」と認めている。[62] 特に冷戦後はそうした視点から見直しがなされてしかるべきであったが、日本側から積極的にそのような行動に出たことはない。二〇〇〇年代の「米軍再編」の過程においても、終始、アメリカの都合が最優先であった。高良が唱えた「効果的な運用と住民生活の安定をいかに矛盾なく調整できるかという課題」は沖縄だけの問題ではないはずである。もっとも、「沖縄イニシアティブ」以後、高良らによってこの課題についての研究や政策提言などがあったかどうか寡聞にして知らない。高良自身は二〇一三年四月から仲井真知事のもとで副知事を務めた。同年一二月に仲井真知事は政府の辺野古埋め立て申請を承認し、多くの県民の反発を買ったが、辺野古の埋め立てがアメリカ軍と沖縄住民の生活を「矛盾なく調整」するものといえるかは大いに疑問である。

安全保障に関する論議は、国家を一体のものと捉える国家安全保障の観点からなされてきた。しかし、安全保障政策は同時に、一国内の国家と社会、言い換えれば政府と国民という問題を鋭く提起するものとなる。そのとき、沖縄の基地という問題も表面化する。つまり、国家の安全保障を論ずるだけでなく、国民の安全保障という観点からも論ずる必要がある。「吉田ドクトリン」論は国家の政策を論ずるものであり、国内で生起する社会問題はその射程に入らない。したがって沖縄に押し付けられた基地の過重負担という問題も議論の外に置かれてきた。

おわりに

アメリカ軍専用施設の七四パーセント（面積）が沖縄に集中しているという状態は、一九七〇年代の全国的な基地の整理・縮小の過程で出来上がった。本土では主として空軍施設の整理・統合が進んだ半面、沖縄では海兵隊の抵抗などにより基地の返還が進まなかった。アメリカ国防省内部に海兵隊撤退論があったにもかかわらず、海兵隊の撤退に反対する声が日本側（防衛庁、当時）から上がったこともあり、その機会を逃してしまった(63)。こうして今日に至る状態が生まれたわけであるが、その誕生の後、しばらくして登場した「吉田ドクトリン」論は、レーガン・中曽根流の軍備拡張に反対するという意図を持ちながらも、基地問題を視野から遠ざけるという意図せざる結果をもたらした。

その一方、七四パーセントという数字は、沖縄の過重な負担を示すものではあるが、基地面積はそのまま安全保障への貢献の割合ではない。また、自衛隊との共同使用が進めば、この数字は低下しうる。沖縄の米軍基地という独立した問題があるのではない。七〇年代の整理によって面積が縮小したからといって、本土の基地機能が低下したわけではないことは述べた通りである。また、「横田空域」と呼ばれる一都八県に及ぶ広大な空域（横田管制進入区）は、今もアメリカ軍の航空管制下にある。有り体に言えば、首都圏の空の半分はいまだにアメリカ軍に〝占領〟されたままである。独立国の首都としては世界にも稀な状態にある。今日まで続くこうした状態の意味が今こそ問われなければならないであろう(64)。

「キャッチフレーズやキャッチコピーのレベルで自己主張しないこと」を沖縄に求めた高良倉吉は、自己主張には「それを支えるしっかりした論理、根拠を準備して欲しい」と注文をつけている(65)。知事選で翁長が前面に打ち出した「イデオロギーよりもアイデンティティー」がそれを超えるものになるかどうかはこれから試される。

「吉田ドクトリン」論も、永井が批判の対象とした軍事的リアリズムも、ともに米軍基地の実情・実態を射程に入れた議論ではない。米軍基地の全面撤去を当然に含む日米安保条約廃棄論も、アメリカに頼らない「自主防衛」論も、ともに国民の支持を得られなかった。つまり、駐留米軍とその基地の機能と運用は、これまでのいずれの立場においても政策的な議論の対象とならなかった。すでに述べたように、高良らの「沖縄イニシアティブ」論は、基地の運用と住民の生活の調整が必要だと論じた。日米安保体制を肯定しつつも、沖縄の現実をよしとしないという高良らの立場は、今や沖縄を含む国民の多数が求めるものなのではなかろうか。しかし、そうした議論は、いまだ始まってさえいない。

注

（1）翁長雄志が約三六万票、仲井真弘多が約二六万票であり、他の候補者も合わせた全投票（七万四〇〇〇票余、投票率六四・一三パーセント）の五一パーセント余りを翁長が獲得した。『沖縄タイムス』二〇一四年一一月一七日。

（2）同年一二月一四日に行われた衆議院議員選挙において、自民党公認候補は四選挙区のすべてで敗れ、自民党を離党した仲里利信（無所属、元自民党県連会長）から赤嶺政賢（共産党）まで全選挙区で非自民候補が当選を果たした。四人はいずれも辺野古への基地建設反対を掲げ、安倍政権との対決姿勢を鮮明にしていた。『沖縄タイムス』二〇一四年一二月一五日。

（3）『東京新聞』二〇一四年一一月二一日。

（4）筆者自身も投票日の前日と前々日の二度、那覇市内での街頭演説を聞いたが、いずれでも翁長はこれを最も強調していた。

（5）本土の米軍基地の大半はもともと旧日本軍の基地などであり、厚木飛行場のように深刻な被害をもたらしているケースもあるが、多くの場合、そうした地域は限定されており、全体として見れば、沖縄ほど深刻なわけではない。

（6）より正確に言えば、この種の日米合意には米軍のために常に抜け穴が用意されている。住民からすれば「合意違反」であっても、日本政府は「違反していない」と強弁できる仕組みになっている。また、米軍関係者の犯罪が適切に裁かれないことも周知の事実である。

（7）高良倉吉『「沖縄」批判序説』（ひるぎ社、二〇〇〇年）、一〇一頁。

（8）大田昌秀・新川明・稲嶺恵一・新崎盛暉『沖縄の自立と日本──「復帰」四〇年の問いかけ』（岩波書店、二〇一三年）、一三五頁。

（9）同前、二頁。

（10）同前、五頁。

（11）『沖縄タイムス』二〇一四年一二月九日。

（12）大田他、前掲『沖縄の自立と日本』六三──六四頁。

(13) 同前、一五頁。
(14) 新崎盛暉『新崎盛暉が説く構造的沖縄差別』(高文研、二〇一二年)、一二頁。
(15) 目取真俊『沖縄「戦後」ゼロ年』(日本放送出版協会、二〇〇五年)、一一九、三六、一七三頁。
(16) 山田文比古『オール沖縄 vs.ヤマト』(青灯社、二〇一四年)、六四頁。
(17) 同前、二四頁。
(18) 同前、一五五頁。
(19) 大田他、前掲『沖縄の自立と日本』一五四頁。
(20) 独立論の高まりを象徴するのが「琉球の島々に民族的ルーツを持つ琉球民族の琉球民族による琉球民族のための学会」をうたう「琉球民族独立総合研究学会」(二〇一三年五月設立)である。独立をめぐる議論はこれまでも『うるまネシア』をはじめ地元で出版されている雑誌などで展開されてきたが、それがいよいよ学会というかたちを取るようになった。この学会でいう「民族」について理事の一人である友知政樹(沖縄国際大学)に尋ねたところ、それは「血」だという。とはいうものの、それは客観的には確定しようがないため、結局は「自己申告」だとのことである(筆者によるインタビュー、二〇一四年一月二九日)。同学会の設立趣意書によれば、例の「〇・六パーセントの沖縄に米軍基地の七四パーセント」や米軍の新型輸送機MV—22「オスプレイ」の強行配備などは「明らかな琉球差別であり、植民地支配」とされている。同学会ウェブサイト参照。〈http://www.acsils.org〉
(21) 新崎盛暉「現代日本社会における構造的差別としての日米安保」栗原彬編『講座・差別の社会学』第二巻「日本社会の差別構造」(弘文堂、一九九六年)所収。
(22) 同前、一三八、一四五頁。
(23) 同前、一五一頁。
(24) 中野好夫・新崎盛暉『沖縄・七〇年前後』(岩波書店、一九七〇年)、一九六頁。
(25) 同前、一九七頁。
(26) 同前、二〇〇頁。

(27) 新崎、前掲『新崎盛暉が説く構造的沖縄差別』一二、一七頁。
(28) 拙著『「戦後」と安保の六十年』(日本経済評論社、二〇一三年)。
(29) NSC 6008/1, "U.S. Policy toward Japan", June 11, 1960, Paul Kesaris ed., *Documents of the National Security Council*, 6 th supplement (Bethesda MD：University Publications of America, 1993).
(30) 林博史『暴力と差別としての米軍基地　沖縄と植民地――基地形成史の共通性』(かもがわ出版、二〇一四年)、三六頁。
(31) 小山高司「『関東計画』の成り立ちについて」『戦史研究年報』第一一号(二〇〇八年三月)。
(32) 野添文彬「沖縄米軍基地の整理縮小をめぐる日米協議一九七〇―一九七四年」『国際安全保障』第四一巻第二号(二〇一三年九月)、一〇三、一〇五頁。
(33) 国防省内では、普天間飛行場の閉鎖も含めた海兵隊撤退も検討されていた。川名晋史「在日米軍基地再編を巡る米国の認識とその過程―起点としての一九六八年―」『国際安全保障』第四二巻第三号(二〇一四年一二月)、一七頁。
(34) 一九六九年五月三〇日に決定され、七二年一〇月三一日に一部改訂された新全国総合開発計画においても、「開発を進めるうえで、沖縄の米軍施設、区域は、できるだけ早期に整理縮小されるべきであり、とくに、那覇市およびその周辺に広がる米軍施設、区域については、那覇圏の形成の見地から、その整理縮小を図る必要がある」とされていた。〈http：//www.kokudokeikaku.go.jp/document_archives/ayumi/23.pdf〉
(35) 新崎、前掲『新崎盛暉が説く構造的沖縄差別』一二頁。
(36) 山田、前掲『オール沖縄vs.ヤマト』三三頁。
(37) 大田他、前掲『沖縄の自立と日本』一六八頁。
(38) 琉球民族独立総合研究学会理事の友知政樹の発言。大田他、前掲『沖縄の自立と日本』七九頁より再引用。
(39) こうした発言は政治家や知識人だけではない。地元紙の「社説」でも「(本土は)安保の負担で、沖縄に「おんぶに抱っこ」と甘え続けている」としている。『沖縄タイムス』二〇一四年一二月二八日。
(40) 高良、前掲『「沖縄」批判序説』一〇二頁。

(41) 山田、前掲『オール沖縄vs.ヤマト』七二頁。
(42) 高良、前掲『「沖縄」批判序説』二〇頁。
(43) 同前、一一四頁。
(44) 本土復帰時に県民総所得の一五パーセントを占めていた基地関係収入は近年では五パーセント程度にまで低下している。県知事選で翁長が「基地は経済発展の阻害要因」と繰り返し訴えていたのは、このような経済事情を反映したものである。
(45) イラク戦争に至るその後の経緯を見ても、基本的な認識は今日でも変わらない。拙著『「戦後」と安保の六十年』第七章。なお、いわゆる米軍再編の中で、二〇〇六年五月の「ロードマップ」において司令部要員約八〇〇〇人がグアムに移転するとされたが、その後、二〇一二年になって戦闘部隊を中心に約九〇〇〇人が移転することになったことを見ても、海兵隊の沖縄駐留が日本の安全に不可欠であるわけではないことは明らかである。
(46) 五百旗頭真編『戦後日本外交史(第三版)』(有斐閣、二〇一一年)、二九〇―二九一頁。
(47) 高坂正尭「日本外交の弁証」有賀貞他編『講座国際政治』第四巻(東京大学出版会、一九八九年)、二九九頁。
(48) Masashi Nishihara, "How Much Longer the Fruits of the 'Yoshida Doctrine'?". 添谷芳秀「吉田路線と吉田ドクトリン―序に代えて」日本国際政治学会編『国際政治』第一五一号、八頁。
(49) 永井陽之助『現代と戦略』(文藝春秋、一九八五年)、四四、四五頁。
(50) 前掲、拙著『「戦後」安保の六十年』七七頁。
(51) 楠綾子『吉田茂と安全保障政策の形成―日米の構想とその相互作用 一九四三～一九五二年―』(ミネルヴァ書房、二〇〇九年)、七頁。
(52) 中島信吾『戦後日本の防衛政策』(慶応義塾大学出版会、二〇〇六年)、二一〇頁。
(53) 波多野澄雄・佐藤晋「アジア・モデルとしての『吉田ドクトリン』」軍事史学会『軍事史学』第三九巻第四号(二〇〇四年三月)、四頁。
(54) 同前、一五、一四頁。

(55)　渡辺昭夫「〈書評論文〉吉田ドクトリンとその後」日本国際政治学会『国際政治』第一五五号（二〇〇九年三月）、一四九頁。
(56)　同前、一五五頁。
(57)　『朝日新聞』二〇一五年一月一五日。
(58)　中島琢磨『沖縄返還と日米安保体制』（有斐閣、二〇一二年）、三五二頁。
(59)　こうした著作が「沖縄返還によって、日本は米国の同盟国として東アジアの安全保障問題に初めて関与し、米政府と責任を共有することになった。沖縄返還は、戦後の日本の地域安全保障政策をはからずも誕生させたのである。本書は、そこに至る過程とその相互連関を細密画を描くように緻密に叙述、分析している」と高い評価を受けている（サントリー学芸賞の選評。〈http://www.suntory.co.jp/sfnd/prize_ssah/detail/201302.html〉）。こうした評価そのものに異論があるわけではないが、ここからは沖縄の現状は少しも見えてこない。これに対して、平良好利『戦後沖縄と米軍基地―「受容」と「拒絶」のはざまで―一九四五～一九七二年』（法政大学出版局、二〇一二年）は、「戦後半世紀以上にわたって米軍基地と向き合いながら生きてきた」沖縄を日米関係の客体としてではなく主体として論じている。拙稿「〈書評〉沖縄は誰のものかを問う」『レヴァイアサン』第五四号（二〇一四年四月）参照。
(60)　マスメディアなどによる世論調査と選挙結果の間にはずれが見られた。この点については拙著『暮らして見た普天間（仮題）』（吉田書店、近刊）第八章参照。
(61)　大城常夫・高良倉吉・真栄城守定『沖縄イニシアティブ―沖縄発・知的戦略』（ひるぎ社、二〇〇〇年）。
(62)　渡辺、前掲「〈書評論文〉吉田ドクトリンとその後」一五三頁。
(63)　野添、前掲「沖縄米軍基地の整理縮小をめぐる日米協議一九七〇―一九七四年」。
(64)　七四パーセントという数字は、その意味が問われないまま一人歩きをし、それが沖縄の「民族独立」派の拠り所のひとつとなっている。「民族」派はしばしば、「日本政府は、全国土の〇・六％しかない琉球に在日米軍基地の七四％を押し付け」、「米軍によって日本は守ってほしいが、基地は琉球においても構わないと大部分の日本人が考えている」と語るが、問題の一面しか見ていない。松島泰勝『琉球独立論―琉球民族のマニフェスト』（バジリコ、二〇一四年）、一〇二一一〇三頁。
(65) 高良、前掲『「沖縄」批判序説』五九頁。

Ⅴ　戦後七〇年の日本とアジア

宮城　大蔵

はじめに

第二次世界大戦後、今日に至る日本とアジアの七〇年を一言でいえば、「アジアと日本」から「アジアの中の日本」という変化だということができよう。戦後のある時期までは、「日本はアジアか」という問いは、論壇における主要な論点の一つでもあった。確かにアジアが出口の見えない戦乱と貧困に沈む中、日本が一人経済成長にいそしむという一九六〇年代までの状況にあっては、明治以降、アジアで日本のみが順調に近代化を遂げたという記憶も相まって、「日本はアジアか」と議論が交わされたのも自然なことだったのかもしれない。しかし二一世紀の今日、急速に進む域内の経済的相互依存を背景に、「東アジア共同体」が議論の俎上にのることすらある状況では、そのような問いは、もはや意味あるものとは見なされないであろう。

それでは「アジアと日本」から、「アジアの中の日本」へという変化はどのようにして起きたのか。それはこの七〇年余りの日本とアジアの関係の変化について、その全体像を捉えるということに他ならない。しかし、この七〇年を包括的に捉えるという作業は、これまで必ずしも十分には行われてこなかったように思われる。筆者が考えるに、戦後アジアと日本の関係をどう捉えるかについては、おおよそ次の三つの観点が併存してきたようにみえる。(1) 一つ目は、戦前の日本が朝鮮半島や中国大陸に向けて行った膨張や侵略の記憶と、それを償う戦後日本の取り組みの不十分さがアジアとの和解を妨げてきたという観点である。しかしそれは基本的には戦争被害の補償や認識をめぐる摩擦であって、すでに七〇年に及ぶ戦後の歴史それ自体を説明するものでは必ずしもない。

二つ目は「アジア冷戦」を中心に据えた観点である。朝鮮戦争、台湾海峡危機、ベトナム戦争から米中接近と、戦後アジアの国際政治は米中を中心に展開したとみるのがオーソドックスな理解であろう。そしてこの構図の中では日本の存在感や主体性は希薄である。独立回復後の日本がアメリカの意向に沿って台湾に逃れた蔣介石政権を「中国」として国交を結び、一九七〇年代には米中接近に触発されて日中国交回復を急いだことなど、その事例として理解されよう（ただし米中の国交回復は一九八〇年であり、対中国交回復では日本が先んじたことを忘れるべきではない）。

三つ目の観点は、戦後日本のアジアへの経済進出に着目する観点である。この観点からすれば、戦後日本のアジアへの関与は、一九五〇年代後半に妥結し、支払いが始まった戦争賠償を端緒とし、一九七〇年代以降の経済進出の本格化、さらにはプラザ合意（一九八五年）以降の日本企業の進出ラッシュと展開し、今日に至る日本とアジアの深い経済的結びつきを作り出すことになった。

第二と第三の観点を併せるならば、戦後アジアにおける日本とは、政治的には不在同然であり、経済的関心によってのみアジアと繋がれた存在であったということになる。

このように拡散した日本像が「戦後日本とアジア」について明瞭なイメージを持ちにくい理由だとすれば、もう一方の理由は戦後アジアの変化の大きさということであろう。「アジア的貧困」という言葉すらあった戦後初期のアジアと、世界の経済成長センターと目される今日のアジアとでは、全く別の地域のようであり、戦後これだけ極端な変化を遂げた地域は他にはない。

このように戦後アジアと日本の関係について、その包括的な見取り図を提示することは容易ではないが、本稿ではこれを五つの局面・時期に区分し、それぞれの局面・時期の特徴を把握することによって、戦後日本とアジアをめぐる変化の構図を探ることにしたい。

五つの局面・時期区分

右記の五つの局面・時期区分とは具体的には、①サンフランシスコ講和前後、②一九五〇年代、③一九六五年〜七五年、④一九八〇年代、⑤一九九七年以降、である。以下、順を追ってその内容と意味づけを説明する。

① サンフランシスコ講和前後——アジアの不在

戦後日本とアジアをめぐる第一の局面はサンフランシスコ講和であり、そこにおける「アジアの不在」という問題である。一般的にサンフランシスコ講和（講和会議と講和条約）における日本の選択は、吉田茂首相による「単独講和」と、これとセットになった日米安保条約の締結、そしてこれに批判的な「全面講和論」という図式で整理されることが多い。東西冷戦下における日本の選択という点ではその通りであろう。しかしアジアとの関係からすれば、この講和に、アジア諸国の多くが不参加であったことに注意を払うべきであろう。

具体的にいえば、サンフランシスコ講和条約に調印した四九カ国のうち、アジアからの参加国はフィリピン、インドネシア、旧宗主国フランスの後押しで招請されたインドシナ三国、それにパキスタン、セイロンなどに限られた。

朝鮮戦争中であった朝鮮半島からは南北いずれも招かれず、中国についても共産党政権、国民政府のいずれも招かれなかった。インド、ビルマなどは、講和が日本を冷戦下で米側ブロックに組み込むことと事実上セットになっていると批判して参加しなかった。

講和会議は米英主導で進み、条約の修正案が認められなかったソ連は、ポーランド、チェコスロバキアとともに調印せず、共産圏との講和は実現しなかった。一方、米英は冷戦対立の深刻化や、第一次世界大戦後のベルサイユ講和がドイツに課した巨額の賠償が、その後のドイツを不安定化させたことなどに鑑み、対日無賠償を原則としたが、これに反発したのが数少ないアジアからの参加国であるフィリピンであった。結局フィリピンの主張を容れて戦時中に日本軍に占領された国は賠償請求できるとされたが、それも日本に過度の負担をかけない範囲の役務賠償とされた。インドネシアなどは、これに反発した議会が講和条約を批准せず、講和が成立しなかった。

サンフランシスコ講和は、一般的に「寛大な講和」であったとされる。「寛大な講和」が、戦後日本の復興とその政治的安定をもたらしたことは確かであろう。日本の経済水準をアジアの戦争被害国よりも低いものに抑えるといった、戦後初期に構想されていたような懲罰的な対日講和が遂行されていれば、日本の復興は大幅に遅れ、日本国内では戦勝国主導の国際秩序打破を主張する政治勢力が台頭するといった事態もあり得たかもしれない。

しかしその「寛大さ」は米英、特にアメリカ主導の「冷戦の論理」によるものであり、戦争被害の当事者であるアジア諸国の発意によるものではなかった。サンフランシスコ講和に参加しなかったアジア諸国の多くは、第二次世界大戦後に独立を果たした新興独立国であった。それらの国々は植民地からの独立を果たすことによって、ようやく国際社会に対して自らの声を発することが可能になったのであるが、対日講和ではそのような機会は与えられなかったのである。換言すればそこに、「寛大な講和」が最も被害を受けたアジア諸国ではなくアメリカ主導の「冷戦の論理」によってもたらされるという「ねじれ」が生じることになった。(2) 戦後の出発点に際してこのような「ねじれ」が生じたことは、その後の日本のアジア認識に少なからぬ影響を及ぼした。すなわち、この「ねじれ」の結果として、日本では戦時中にアジアに与えた惨禍について、認識が希薄になったのである。たとえばソ連は、サンフランシスコ講和会議に出席した際、対日賠償とその財源については、中華人民共和国、インドネシア、ビルマ、フィリピンという戦争被害国と日本の五カ国で協議・決定するという修正案を提出した。もしそのような方式がとられていれば、日本は戦争被害をめぐるアジア諸国からの厳しい声に対して、正面から向き合うことを余儀なくされたであろう。

そのようなアジアの声の一端を、サンフランシスコ講和会議におけるフィリピン代表、ロムロ外相の次のような演説に見て取ることができる。「あなた方日本は私どもに大変重大な損害を与えた。言葉でそれを償うことはできないし、あなた方のもっている金や富をもってしても、これを償うことはできないのである。しかし、運命は私たちに隣人としてともに生きなければならないと命じた。だから相互の間から憎悪の目が永遠に追放されることを希望する。しかし、それがためにはわれわれが許しと友情の手を差し伸べる前に、あなた方から心からの反省と、その証拠を示してもらわねばならないのである(3)」。

また「ねじれ」の結果として、「アジア解放」といった日本の戦争目的について、「目的そのものは悪くなかったが、やり方に問題があった」といった認識が日本社会の一部に定着することになった一面も指摘できよう。

その後の賠償問題の展開についていえば、フィリピンと南ベトナムがサンフランシスコ講和条約に基づいて対日賠償を請求し、インドネシアやビルマは個別の二国間協定で賠償を請求、中華民国やインドは対日賠償を放棄した。東南アジア諸国との賠償交渉の過程では、戦場になったのは申し訳なかったとしても東南アジア諸国と戦争したわけではないとして、賠償支払いに消極的なのが政治的立場の左右を問わず、日本国内の雰囲気であった。そのため日本の政治家や当局者は、役務が主体の東南アジアに対する賠償は、日本企業再進出のための橋頭堡となる一種の投資なのだと強調し、交渉相手国の反発を買うこともしばしばであった。

また賠償交渉の過程を見ても、被害のための謝罪や償いといった色彩は薄く、外交技術を駆使した賠償額切り下げ交渉の場となった観は否めない(4)。交渉過程においては請求側と日本側との開きを埋めるため、妥結に際して純賠償に加えて経済協力がセットになることが多かった。そのことによってますます、賠償と経済協力が混在することになった。やがて賠償の支払いが終了すると、賠償によって行われていた事業は政府開発援助（ＯＤＡ）で置き換えられることになり、賠償は日本の対外援助の端緒という意味づけを与えられることになる。

また、日本の場合、敗戦と植民地帝国の解体が同時に起きたことで、戦争とは別個の問題として植民地支配についての認識が定まらないままとなったことも指摘できよう。

②　一九五〇年代──「一九五〇年代モデル」の可能性と限界

戦後の出発点であった①の時期につづき、次の局面として重要なのが、アジア諸国が独立と相互の結束を全面に押し出し、国際政治において存在感を有した一九五〇年代である。

日本の言論空間においては、日本とアジアとの関係緊密化は、しばしば「対米自主」と表裏で論じられる傾向がある。近年でも鳩山由紀夫政権の「対等な日米関係」は「東アジア共同体」とセットであった。もし「対米自主」の方途としてのアジアというものがあり得たとすれば、それは一九五〇年代であったと思われる。すなわち、一九五〇年代半ばに生じた東西冷戦の緊張緩和傾向の下、中ソ陣営は「平和共存」路線を打ち出し、一方で中国とインドという戦後アジアにおける二大新興独立国は、「平和五原則」（主権尊重、相互不可侵、相互内政不干渉、平等互恵、平和共存）によって両国関係の安定化を図った。その延長線上に開催されたのが一九五五年のアジア・アフリカ会議（バンドン会議）であった。会議を主催したインドやインドネシアなどアジアの中立主義諸国にとっては、アジアに冷戦を持ち込むアメリカの冷戦戦略とともに共産主義の浸透も大きな脅威であった。この双方に加えて植民地主義を排したところに安定した独立が達成しうると考えられたのである。しかしそれには新興国一国ではあまりに脆弱である。同じ立場にあるアジア・アフリカの国々が団結して声を発し、独立を脅かすものに対抗する。これがバンドン会議の発想であった。

この文脈をより具体的にいえば、一九五四年にアメリカ主導で結成したＳＥＡＴＯ（東南アジア条約機構）は、インドネシアやインドなどアジアの中立主義諸国にとっては、自国の足元まで冷戦が持ち込まれることを意味した。一方、中印間で打ち出された「平和五原則」には、「内政不干渉」などが盛り込まれているが、これは中国がそれまで行っていた近隣諸国に対する革命輸出政策を止めるという意味が込められていた。インドのネルー首相などは、バンドン会議で中立主義諸国を中心に結束を固めて冷戦のアジアへの波及を拒むとともに、中国には会議への参加を求め、広くアジア諸国の指導者と接することで中国の指導者が穏健化することを期待したのであった(5)。そこには中国に対する「友好による封じ込め」という側面もあったのである(6)。

実際にバンドン会議が始まると、東西冷戦の代理戦争的な対立も顕在化するなど困難も生じたが、最終的にはバンドン宣言の採択にこぎつけ、「アジア・アフリカの団結」を世界に示すことができた。のちの非同盟運動の一つの源流もここにある。

バンドン会議開催当時、日本では鳩山一郎政権が発足したばかりであり、政敵であった吉田への批判も込めた「対米自主」を掲げた鳩山政権にとって、バンドン会議への参加は魅力的であるかにもみえた。しかし、アメリカは当初、中立主義・共産主義諸国が主導権を握るバンドン会議を警戒し、やがて会議開催は不可避とみると日本も含めたアジアの自由主義諸国に対してバンドン会議に積極的に参加し、反共姿勢を貫徹するよう求めた。鳩山政権内では、世界の趨勢はデタントにあるとみて、バンドン会議にも「アジア復帰の場」として臨もうという鳩山首相と、反共と対米協調でバンドン会議に参加すべきだという重光葵外相との間で意見がまとまらず、最終的には高碕達之助経済審議庁長官を首席代表として送った。高碕は「平和五原則」の是非など微妙な政治案件では積極的意見表明を避け、経済協力を掲げることで広くアジア諸国と関係再構築を図ろうと試みた。しかし当時の日本にそれだけの経済力はなく、また依然として旧宗主国との経済関係が色濃いアジア各国もそのような環境にはなかった。

しかし、バンドンにおいてアジア諸国が中立主義諸国を軸として団結を示した意味は大きかった。また当時、計画経済の要素を取り入れた経済運営を試みたインドが世界的な「期待の星」として注目を浴びており、日本のインドに対する経済的関心も高かった。外交における中立主義や「平和共存」路線、社会主義的要素も取り込んだ経済運営など、「一九五〇年代モデル」ともいうべきインドの国家運営が魅力を放ったのがこの時期だったといえよう。ことに当時の日本ではネルー率いるインドの声望はひときわ高いものがあった(7)。

この時期の日本国内での世論調査をみても、日本がとるべき外交路線として、「中立主義」を支持する割合が大きかった。NHK放送世論調査所の世論調査によれば、日本の外交方針として一九五三年には『親自由主義陣営」三五%への支持が、「中立」三八%、一九五九年には「親自由主義陣営」二六%、「中立」五〇%と、一九五〇年代には「中立」が優勢である(その後、一九六〇年以降は「親自由主義」が「中立」を上回る傾向が定着することになる(8))。日本におけるネルー人気も、ネルーがこのような「中立主義」を具現する存在と見えたからであろう。

しかし「一九五〇年代モデル」は、一九六〇年代に入ると急速に力を失っていく。ネルー率いるインドは深刻な経済的停滞に陥る一方で、中国と紛争状態となり(中印紛争(一九六二年))、アメリカの軍事支援を受けるなど、往事の輝きは失われた。またアジア諸国の間からもバンドンで出現したかにみえた「アジアの団結」は失われ、後述するような「分極化」へ傾いていくのである。

そしてバンドン会議に共鳴したかにみえる鳩山首相であったが、アメリカからは「中立主義者」ではないかという疑いの目で見られ、在日米軍経費の一部を日本側が分担する防衛分担金の削減交渉をめぐってアメリカとの深刻な軋轢に直面するなど、円滑さを欠く対米関係が政権運営に深刻な影響を及ぼすことになった。鳩山のデタント志向は、吉田への対抗意識とも相まって対中接近の模索となって現れたが、いささか「気分先行」で具体的な戦略を欠く鳩山はすぐに行き詰まった。バンドンでは高碕が日本の閣僚クラスとしては初めて周恩来中国首相との会談を行ったものの、台湾の扱いという日中政治問題の核心部分に話が及びそうになると、アメリカの圧力によって両者の更なる会談は中止に追い込まれたのであった(9)。そして鳩山政権はアジアではなく、日ソ国交回復にエネルギーを集中させていくのである。しかしその過程でも、自民党内の吉田派と歩調を揃えたアメリカの影響力への対処に追われた。「対米自主」の難しさを具現するかのような鳩山政権の外交であった。

しかしその一方で、鳩山首相の言動や社会党の勢力拡大に見られるようなこの時期の日本の「中立志向」は、アメリカを大いに不安にさせるものであった。その不安を背景にアメリカは、日本をつなぎ止める方途として日本側に不満の強かった日米安保条約の改定応諾に向かうことになったのである(10)。

③　一九六五年〜七五年——「転換の一〇年」

戦後アジアの七〇年余りを振り返ったとき、戦後前半期の「混乱と停滞のアジア」と、今日に至る世界の経済成長センターとしてのアジアと、前者から後者への転換点は果たしていつ頃なのか。筆者は政治史の文脈においては、それを一九六五年から七五年に至る「転換の一〇年」に求めることができると考える。すなわち、一九六五年に発生したインドネシアにおけるクーデター未遂事件、九・三〇事件に始まり(11)、七〇年代初頭の米中接近を経て、一九七五年のサイゴン陥落によるベトナム戦争終結までの「一〇年間」である。

その詳細については別途論じているのでここで深くは立ち入らないが、概略を述べておけば、「転換の一〇年」の入り口にあたる一九六五年のアジアは以下のような状況であった。非共産圏最大規模を誇るインドネシア共産党を支柱の一つとするスカルノ政権下のインドネシアが、急進化路線をとる中国と「北京＝ジャカルタ枢軸」を結び、その一方でスカルノは隣接して成立したマレーシアは旧宗主国イギリスによる「新植民地主義」の産物だとして、この粉砕を目指すマレーシア紛争に乗り出していた。中国とインドネシアというアジアにおける南北二大国の「枢軸」によって挟み込まれる中で、アメリカはベトナム戦争、イギリスはマレーシア紛争を戦わざるを得なかったのである。もしこの状況のままサイゴンが陥落していたら、「ドミノ理論」も絵空事ではないと見える状況であった。

一九六五年には第二回アジア・アフリカ会議がアルジェリアの首都・アルジェで開催予定であったが、参加国は中国・インドネシアをはじめとする急進的な「AA会議派」と、インドなど穏健路線の「非同盟諸国派」に二分され、激しく対立していた。従って開催されたとしてもおそらく会議は頓挫したかもしれないが、開催直前にアルジェリアで起きたクーデターによって会議は流会となった。一九五五年には対立を内包しつつも結束を確保し得たアジア・アフリカ諸国は、一〇年後にはこのように二極化していた。その一方の極である中国の急進的外交姿勢の背後には、中国がソ連を「修正主義者」と批判し、自らの正当性を主張しようとしていたことがあった。(12)

このような緊迫した状況が一九六五年だったのである。これを一変させたのが九・三〇事件であり、これを契機にスカルノは失脚してインドネシア共産党は壊滅、クーデター未遂を鎮圧する過程でスカルノにとって代わったスハルト将軍は、「北京＝ジャカルタ枢軸」を一変させて日米など自由主義陣営と緊密に連携し、反共と開発を二大主柱とする体制を構築した。そして一九六七年にASEAN（東南アジア諸国連合）が結成されると、スハルト政権下のインドネシアは中心的地位を占めることになった。

そして「転換の一〇年」の終わりにあたる一九七五年、サイゴンが陥落しベトナム戦争が終結したとき、アジアにおける冷戦対立の中心であった米中はすでに和解しており、また最大の植民地勢力であったイギリスは「スエズ以東からの撤退」に踏み切っていた。冷戦や植民地主義、そして独立と絡んだ大規模な戦乱はアジアから姿を消していたのである。それが、この地域を経済成長を至上命題とする政治経済体制（＝「開発体制」）が覆う前提となったのである。

それではこの「転換の一〇年」に、日本はどのように関わったのであろうか。「転換の一〇年」の入り口にあたる一九六五年当時、スカルノ政権下のインドネシアと「特殊関係」とも称された緊密な関係を築いていた日本は、スカルノを「北京＝ジャカルタ枢軸」から引き戻そうと政治的働きかけと、その手段としての援助を継続していた。米英がスカルノの急進化に伴って援助の削減・停止に踏み切る中でのことであった。また日本は池田勇人政権期からスカルノの穏健化を期待して、マレーシア紛争の仲介を試みていた。六五年には自民党副総裁であった川島正次郎が仲介の試みを継続していた(13)。

しかし結局スカルノは仲介に応じることのないまま九・三〇事件を迎えることとなった。事件当初、長年「国父」として君臨してきたスカルノが権力を保持するのか、あるいはクーデター鎮圧の立役者であったスハルト中将（のちに大統領）が実権を掌握するのか、日本の判断は揺れたが、一九六六年前半にはスハルト支援にはっきりと舵を切る。そしてスハルトの実権掌握が確立する中、スカルノ体制末期に破綻状態に陥ったインドネシア経済再建のための債権国会議（インドネシア債権国会議）が構想されると、日本は東京でこれを開催するなど重要な役割を担うことに踏み出す。「誇張はあるが米国がヴィエトナムを抱えているのに対しわが国はインドネシアを抱えているの観があり、又その意義がある(14)」という当時の日本外務省の文書には、当時の日本政府内の高揚感とでもいうべきものを見て取ることができる。その後、日本はスハルト体制下で構築された「開発体制」を、多額の援助で下支えすることになる。スハルト政権下のインドネシアが受け取った援助のうち、日本の援助は概ね半分を占めている。約言すれば、スカルノ政権下のインドネシアに影響力を築いていた日本は、九・三〇事件を契機としたスカルノ体制の崩壊と反共を掲げるスハルトの台頭をアメリカとともに容認かつ後押しし、インドネシアが「開発体制」に移行する上で少なからぬ役割を担ったといえよう。

また一九六五年には朴正熙政権下の韓国と日韓国交正常化が実現するが、この際に日本から無償・有償あわせて五億ドルの経済協力が実施された。当時、年間の国家予算が約三・五億ドルの韓国にとっては、巨額の援助といってよかろう。朴正熙はスハルト同様にクーデターをきっかけとして権力を掌握し、反共と経済成長を正統性の根拠とする「開発体制」を構築しようとしていた。国交正常化に伴う日本からの経済援助は、これを下支えするという意味では対インドネシア援助と同様であり、そこにはアジアにおける冷戦体制強化を目指すアメリカの意向、あるいは日米の共同歩調があったといって差し支えあるまい。

しかし日本がアメリカとの共同歩調の下、アジアの反共軍事政権に対する支援体制を固めていった傍らで、アジア冷戦は「終わりの始まり」を迎えつつあったともいえる。すなわち、アメリカは泥沼化したベトナム戦争から「足抜け」するための助力を中国に期待し、それが一九七〇年代初頭の対中接近の一要因となった。一方で中国は「北京＝ジャカルタ枢軸」の下、階級闘争的な世界戦略のパートナーであったスカルノを失い、結果として米ソ両超大国と対峙する状況に追い込まれていた。その重みに耐えかねて、「不倶戴天の敵」であったはずのアメリカとの接近に踏み切ったのが中国にとっての米中接近であった。すなわち米中接近とは、アメリカが「冷戦の論理」、中国が「革命の論理」をそれぞれ脇において踏み切った、あるいは踏み切らざるを得なかった「手打ち」だったのである(15)。

その中国がやがて鄧小平の下、一九七〇年代後半に「改革開放」に踏み切ると、アジア各地の反共軍事政権と共産主義の中国はともに「経済成長」という共通の流れに乗ることになる。そのような潮流は、日本にとってアジアに対する関与の幅と深さを大きく広げるものであった。

④　一九八〇年代——安定と成長の時代

その後、経済を中心とした日本のアジアへの関与が「黄金期」を迎えたのが一九八〇年代だといえよう。一九五〇年代の朝鮮戦争以来、アジア冷戦における一方の主役であった中国が、アメリカよりもソ連を主たる脅威だと見なして対米接近に踏み切ったことで、アジアでは日米中による対ソ「疑似同盟」ともいうべき関係が生じることになった。

ソ連が一九七九年にアフガニスタンに軍事侵攻したことを端緒とする「新冷戦」と言われた東西間の緊張状態が、この「疑似同盟」をより強固なものとした。東南アジアにおいては、カンボジア内戦がこの新冷戦による緊張の代理戦争という色彩を帯びることになった。ソ連を後ろ盾とするベトナムに支えられたヘンサムリン政権と、これに対抗し、日米中、ＡＳＥＡＮ諸国からの支援を受けるシアヌーク派などが対峙する状況が生まれたのである。

しかし北東アジア、東南アジア全域という観点からすれば、ソ連という共通の脅威を前に日米中が安定した関係を築いたことはこの地域における安定を生み出し、また中国が「改革開放政策」をとったことで、経済成長を重視する流れがアジアの勢いを強めることになった。

アジアにおいてこのような状況が定着する上で重要な意味を持った日本の関与といえば、中国に対する経済援助であろう。その中心となる対中円借款は大平正芳首相の下、一九七九年に合意された。日本国内ではプラント輸出などを念頭に経済界が期待を示す一方、自民党内には共産主義国家かつ核保有国である中国に対する巨額の支援に違和感を表明する声も強かったし、中国は「懲罰」と称して同じ共産主義国であるベトナムに軍事侵攻をしたばかりでもあった（中越戦争）。また過去に失脚を繰り返してきた鄧小平が本当にこの先も安定的に実権を掌握していけるのか、疑問視する声も少なくなかった。これらの慎重論を押し切って大平が対中円借款供与に踏み切った背景には、過去の戦争に関わる中国への贖罪意識や、国交正常化に際して中国が賠償を放棄したことへの埋め合わせという意識もあったと指摘される(16)。また、大平には田中角栄政権で外相として日中国交正常化を支えて以来、政治的、経済的観点からも中国を地域秩序安定のためのパートナーとして迎え入れようという発想があったが、中国が改革開放に舵を切ったことで、年来の構想が現実味を帯びたのである。[17] また大平首相は「環太平洋連帯構想」を打ち出したが、ここには将来的に中国を引き込むことも念頭にあったといわれる。

一方で中国側にとっても、かつてソ連からの借款を受けたことはあったが、日本のような西側先進国からは初めてであり、しかも政府借款である。戦前の「半植民地状態」の記憶を考えれば中国側にとっても大きな決断であったが、それを主導したのは日本訪問時に新幹線や先進的工場に強い印象を受けたと言われる鄧小平であり、また日本側からの働きかけも大きな要因であった。[18]

一方で日中以外の国々からは、円借款供与を通じて日中というアジアの二大国が緊密化することに対する警戒感も見られた。例えば欧米諸国は、破竹の勢いの日本経済が円借款をテコに中国市場を独占するのではないかと懸念し、アメリカには中国への軍事的な警戒感もなかったわけではない。またASEAN諸国の間には、これまでASEANに向けられていた日本からの援助や投資が、中国に流れてしまうのではないかとの懸念があった。

これら各国の不安を払拭するため、日本政府は対中円借款の供与開始に際して、「大平三原則」と呼ばれる方針を明らかにした。すなわち、①軍事面での協力は行わない、②日中の関係は排他的なものではない、③ASEAN諸国との関係を犠牲にしない、というものである。①は日本が経済的利益優先で軍事的な観点を考慮しないのではないかというアメリカへの配慮、②は円借款をテコに日本が中国市場を独占するようなことはしないという欧米の警戒心への配慮、③はASEAN諸国への配慮であり、当面、対中経済援助は、ASEAN諸国で最大の援助供与先であるインドネシアへの援助を上回らない範囲とする方針が定められた。

いずれにせよ、経済発展を最優先のものとして志向する潮流が日本、中国、ASEAN諸国を覆い、その中心に日本が位置しているかにも見えた一九八〇年代であった。その様相を示すものとして「雁行型発展」という言葉も用いられた。すなわち、雁の群れは一羽が先頭に立つ形で群れの残りを率いて飛ぶ。雁行の先頭は日本であり、これに当時NIES（新興工業経済地域）、「四匹の虎」などと言われた韓国、台湾、香港、シンガポール、その後にASEAN諸国、そして中国という形で域内各国が次々と経済発展に向けた飛行を開始しているという構図である。かつて発展途上国とされたNIESの勃興はソ連指導部に衝撃を与え、社会主義経済の改革に踏み出すことが不可避だという認識を固めることになったとも言われる。

しかし、このような中でも日本とアジアの関係を不安定化させる要素が見え隠れしていた。その一つが一九八五年に中曽根康弘首相が行った靖国神社への公式参拝である。それまでにも靖国参拝を行った首相はいたが、中曽根の場合は「戦後政治の総決算」を掲げ、首相による公式参拝を前面に出しての参拝であった。当時、中曽根は中国の胡耀邦共産党総書記と盟友関係ともいうべき親密な関係を築いていた。胡耀邦から見れば、その「盟友」である中曽根の靖国参拝は、中国指導部内における自らの立場に大きな打撃となるものであった。参拝から時をおかずして中曽根の下に、「（靖国参拝は）中国の内政に大きな影響を与え、胡耀邦総書記といえども何もいうことはできず、私たちも困った立場に立たされる」として「ぜひとも参拝を中止してくれるよう」にという胡耀邦に近い筋からのメッセージが届けられた。これを受けて中曽根は、「かれ（胡耀邦）[19]のような開明的で親日的な政治家が失脚するのは、世界と日本にとって甚大な損害」だと考え、以降の参拝を自制した。しかし結局、胡耀邦は保守派の巻き返しで失脚し、その際には中曽根との家族ぐるみの付き合いなど、無原則な日本への接近も「罪状」に挙げられたと言われる[20]。また胡耀邦自身も首相の靖国参拝に理解を示していたわけではなく、懇意にしていた作家の山崎豊子に「中日戦争からはまだ四〇年しか経っていない。あと四、五〇年ぐらい経たなければ、淡淡とした気持になれないことを考えてほしい」と心情を吐露している[21]。

戦後の出発点に際して生じた「ねじれ」の結果、戦争に関わるアジアからの厳しい声に直面することを相対的に免れてきた日本にとって、過去の戦争に関わる安易な自己肯定がアジアとの関係でリスクになるという問題は、この後もつづき、冷戦後には一層顕在化することになる。

振り返ってみれば、日本が「日中友好」を掲げた「中国ブーム」で覆われた一九七二年の日中国交正常化前後にあっても、中国側には日本に対する強い警戒心があった。一九七二年二月のニクソン訪中に先立って、キッシンジャー大統領補佐官が極秘裏に訪中し、周恩来首相との間で米中接近に向けた会談を行ったが、その際も周恩来の日本に対する警戒感は「日本の翼には羽が生え、今にも飛び立とうとしています……日本がひとたび軍事的膨張の道を歩み始めたら、それがどこまで行くのか、今予見することは困難です」「日本はアメリカの制御がなければ暴れ馬です」と、生々しいまでに根強い(22)。

そのような中国のアジアの対日警戒感を封じたのが、中ソ対立の重圧を背景に、アメリカ、そして日本との接近に踏み切った毛沢東の決断であり、改革開放政策には日本の経済力が不可欠だと捉えた鄧小平であった。そしてそれを全面的な対日友好にまで高めたのが胡耀邦であったが、その失脚は中国の指導者にとっての対日関係の難しさをうかがわせるものだとも言えよう。

その後、一九八〇年代末にはこのようなアジアの「安定と経済成長」の時代が置きざりにした「民主化」という課題が問われる局面が到来する一九八九年前後、ソ連ではゴルバチョフ最高会議議長が経済を中心とする国内の立て直しに注力し、もはやソ連の介入はないとみた東欧諸国では次々に共産主義政権が瓦解し、東欧革命と呼ばれた。このような中、ブッシュ米大統領とゴルバチョフは同年一二月、マルタ島で冷戦の終結を宣言した。

一方でアジアでもこの前後に大きな政治的変動が生じたが、その結果はヨーロッパとはむしろ逆であった。すなわち、冷戦構造の弛緩を受けて体制が倒壊・変容したのはフィリピンのマルコス政権や、韓国の軍事政権などアメリカの影響下にある自由主義圏の国々であった。これに対して中国では、ゴルバチョフ訪中に刺激された学生による改革を求めるデモに始まった民主化運動に対して、最高実力者・鄧小平は武力鎮圧を命じ、少なからぬ犠牲者が出る事態となった（第二次天安門事件）。またビルマでも大規模な民主化運動が起きたが、こちらも軍事政権に鎮圧され、運動の指導者となっていたアウンサンスーチーはこの後、長期にわたって軟禁されることになった。

アジアの経済発展に対しては援助を惜しまなかった日本政府だが、このような民主化の動きへの対応は微妙なものであった。日本政府首脳は民主化を促進するような言動をとることには慎重で、天安門事件後の西側諸国による対中経済制裁に際しても、厳しい制裁は中国政府を孤立させ、強硬化させるだけだとして穏健な対応を主張した。そのような姿勢の背後に、戦争という過去を背負う日本が、アジアの民主化や人権に対して声高にものを言うのは控えるべきではないかという議論や、欧米諸国による原理原則的な民主化の主張に違和感を感じ取る向きもあった。一部のアジアの国々の指導者は、アジアではまず人々を飢えさせないことが人権であるといった主張や「アジア的価値」、すなわちアジアでは個人の政治的自由よりも共同体の利益を重んじるのだといった議論を展開したが、日本の指導者にとってもその政治的価値観が問われた局面であった。

換言すれば一九八〇年代という「安定と成長の時代」は、民主化の進展とは必ずしも軌を一にするものではなかった。アジアの民主化をどう捉えるのか。それは歴史認識とともに、戦後日本のアジア関与が置き去りにした問題であったと言えるかもしれない。

一九八九年はまた、日本においては「昭和」が終わりを告げた年でもあった。同年二月に行われた昭和天皇の「大喪の礼」は五五人の元首をはじめ、世界一六四カ国の代表が集まる史上最大規模の葬儀となった。それは「経済大国」として世界に冠たる地位を築くに至った戦後日本の国力と世界における存在感の大きさを示すものであった。しかしそれから時をおかずして日本経済はバブル崩壊によって「失われた二〇年」に沈み、政治外交面でも湾岸戦争（一九九一年）という従来の「戦後外交」では対応しきれない事態に直面し、呻吟することになる。

⑤ 一九九七年とその後──政治と経済の「ズレ」

一方で一九八〇年代末には、アジア太平洋地域の経済的活性化を後追いするように、いくつかの地域的な枠組みが登場する。その一つが実質的に日本とオーストラリアが主導して一九八九年に発足したＡＰＥＣ（アジア太平洋経済協力）である。ＡＰＥＣはアジア太平洋地域の自由貿易促進を目指して創設されたが、これが域外に対して閉鎖的な経済ブロックになるのではないかという警戒感への配慮もあって、「開かれた地域主義」を掲げ、またその仕組みも貿易・投資の自由化に向けて加盟国の自主的努力を重んじるもので、強制力には欠けるものであった（逆にそのような緩やかな枠組みだったので、多くの国が参加し得たともいえる）。

同じ時期に構想されたのが、マレーシアのマハティール首相が提唱したＥＡＥＣ（東アジア経済協議体）である。これは当初、ＥＡＥＧ（東アジア経済グループ）とされたが、その範囲がＡＳＥＡＮ諸国と日中韓に限定され、アメリカは除外されていたため、これに猛反発したアメリカの姿勢を和らげるために、より緩やかな含みを持つ「協議体（caucus）」に置き換えられたという経緯があった。しかしマハティールが長年にわたってアメリカに対して歯に衣着せぬ批判を展開していたこともあり、アメリカは反対姿勢を変えず、日本に対しても、これに賛同しないように求めたのであった。日本でも通産省などの若手・中堅には、アメリカが北米でＮＡＦＴＡ（北米自由貿易協定）、西欧諸国が欧州統合を進める中、なぜ東アジアで同様の枠組みを作ることに問題があるのかと、参加を求める声も少なくなかったというが、日本政府はオーストラリアやニュージーランドが加入するなら日本も参加するという姿勢をとった。[23] 結局、同構想は日の目をみないままに終わった。

このような状況を大きく変えたのが一九九七年に始まったアジア通貨危機であった。タイのバーツ暴落に始まった危機は、韓国やインドネシアへと広がった。この間、アメリカの強い影響下にあるＩＭＦ（国際通貨基金）は構造調整を前面に出すアプローチをとり、結果として経済的混乱が増幅されることになったインドネシアでは三〇年余に及んだスハルト体制の瓦解に至った。日本では大蔵省の一部を中心にアジア版IMFとしてAMF（アジア通貨基金）を発足させようという動きもあったが、やや早急な手法がとられたこともあってアメリカや中国などの賛同を得られず、実現することなく終わった(24)。

一方で深刻化する危機への対処も念頭に、一九九八年八月のASEAN首脳会合に日中韓の首脳が招かれた。かつてマハティールが提唱したEAECの構成国が結果として顔を揃えた形であった。この席で小渕恵三首相はアジア各国への大規模な経済支援策である「新宮澤構想」（最初に同構想を提唱した宮澤喜一蔵相の名がつけられた）の早期具体化を打ち出し、胡錦濤・中国国家副主席は日中韓の金融当局者による会合を、そして金大中・韓国大統領は有識者が地域の未来像を検討する「東アジア・ビジョン・グループ」の創設を提唱した。またASEAN＋3会合の定例化も合意された。翌九九年一一月には、ASEAN＋3会合に合わせて、史上初となる日中韓の三カ国首脳会談が開催された。

金融危機というアジア共通の危機を前に、ASEAN＋日中韓、そして日中韓というそれまで実現しなかった枠組みが次々と実現したのである。金融危機への対処という専門性が高く、また利害の共有が見えやすい問題が主たる課題であったことも、これらの枠組みが比較的スムースに実現した要因であったと言えよう。ASEAN＋3の枠組みではその後、外貨危機に際して互いの外貨準備を融通し合うスワップ協定である「チェンマイ・イニシアチブ」など、実効性を伴う地域協力が展開されることになる。

このアジア通貨危機の政治的な意味を一つ加えておくならば、それはASEANの存在感の低下ということであろう。通貨危機はASEAN諸国の国内政治経済体制を激しく揺さぶり、「ASEANの盟主」を自認したインドネシアはスハルト退陣後、一時は国家分裂の危機もささやかれるような混迷期を経験することになる。ASEAN各国とも自国の立て直しで手一杯となり、一体となって国際的存在感を示す機会は減少し、代わってＡＳＥＡＮ＋３など、日中韓に「お座敷」を提供する役割で注目されるようになったことは否めない。その一方で相対的に対外閉鎖的な体制をとっていた中国は通貨危機の直撃を免れた。クリントン米政権が中国の人民元切り下げ回避を賞賛する一方で日本政府の経済政策が機能していないと批判するなど、中国はアジアにおける存在感を大いに高めることになったが、ＡＳＥＡＮが存在感を失ったことは、中国の姿をより一層大きなものに見せる効果を伴ったのである。

冷戦後の世界においては、このアジア通貨危機の後も、アメリカを震源地とする二〇〇八年のリーマン・ショックなど、大規模な金融危機が続発することになる。これらはグローバル化の進展に伴い、膨大な資金が世界中を駆け巡る状況を背景とした二一世紀型の危機だといえよう。その一方でアジアにおいては、国家間の伝統的な安全保障をめぐってもいくつかの危機が発生したが、それは主に日本が位置する北東アジアを舞台とするものであった。すなわち一九九四年に顕在化する北朝鮮核危機であり、一九九六年の台湾海峡危機である。

一九九四年の北朝鮮核危機に際して、当時の細川護煕・非自民連立政権は、北朝鮮の核開発阻止のため武力行使も検討したアメリカ政府から有事の際の協力を求められたものの、当時の法体系の下ではほぼ何もできないという状況であった。この危機は訪朝したカーター元米大統領と金日成国家主席との直談判で回避されたが、この危機がその後日本でガイドライン関連法案などの整備が進められる契機となった(25)。

また一九九六年の台湾海峡危機は、台湾で初めて完全に民主的な形で総統選挙が行われることに対して、これを台湾独立に向けた動きと見なす中国が台湾沖合にミサイルを発射して威嚇を試みたものであった。これに対してアメリカは、第七艦隊を台湾海峡に派遣するなどして中国の威嚇を封じる動きに出た(26)。当時の橋本龍太郎政権にとって、表だった対応を検討すること自体がはばかられる緊迫した事態であった。

冷戦下の日本にとって「危機」とは、ベルリン危機やキューバ危機など、一歩間違えば世界を巻き込む核戦争という事態を、固唾を呑んで見守るしかないものであった。それが冷戦後には、日本の関与のあり方が問われた湾岸危機に始まり、北朝鮮核危機、台湾海峡危機と「危機」の連続であり、しかも「危機」の多くは日本自体の安全保障に直結する北東アジアで発生している。

そのことは日本の政治に大きな影響を及ぼすことになった。冷戦下、特に六〇年安保以降は「棚上げ」されてきた安全保障問題が国政の表舞台に浮上してきたのである。ＰＫＯや北朝鮮核危機といった新たな事態への対応をめぐって、「護憲平和」を金看板としてきた社会党は対応に苦慮し、結局、自民党の政略で担ぎ上げられた形の村山富市首相が一人で決断を背負って日米安保条約の容認に踏み切った。「自分にとっても非常につらい話だ。しかし、この国の総理をおおせつかった以上は、国のためにどういう選択が大事かを選択せにゃいかん」という村山であった。[27]しかし一方で拠り所を失った社会党は新党立ち上げ問題も絡んで急速に小政党へと転落し、その結果、日本の政治風景、特に安全保障問題をめぐる光景を一変させることになった。

経済面における域内相互依存の高まりと、その一方での政治、特に安全保障面における緊張という冷戦後アジアの状況は、二〇〇〇年代に入ると一層顕著なものとなっていった。その中核にあるのは「中国台頭」である。改革開放を経てさらに高度成長を持続させた中国は、その経済力を国力に転化させ、アジアにおける存在感をいやが上にも高めている。一方、かつて日米中にとって共通の脅威であったソ連はもはや存在しない。

この状況を日本から見れば、二〇〇四年にはそれまで最大の貿易相手であったアメリカとの貿易額を対中貿易が上回った。当時は小泉純一郎政権下であり、世の耳目は靖国参拝をめぐる日中間の軋轢に集まっていたが、その背後で日中の経済関係は緊密さの度合いを深めていたのである。結果として日本にとって最大の貿易相手は中国である一方、同盟国はアメリカという状況が生じることになった。同盟も貿易相手もアメリカという冷戦下の状況に慣れた観点からすれば新奇な状況と見えるかもしれないが、逆に冷戦下では対共産圏の貿易統制によって、政治と経済を無理矢理一致させていたとも言える。このような二一世紀における経済と外交安保との「ズレ」は、アジア全域にわたるものであり、その中心にあるのは「中国台頭」という一大事象である。「経済」と「政治」の間の「ズレ」を破断に至らせぬよう、種々の努力で状況の管理に努めるというのが二一世紀アジア秩序の要点ということになるであろう。

おわりに

本稿では、時期区分という観点に着目しつつ戦後アジアと日本の関係の変遷を辿ることを試みた。明治以降の日本においてアジアに対する認識は、「脱亜入欧」か、「アジアの連帯」かと、方向性は様々であっても「感情過多」を一つの特徴としているように思われ、その傾向は今日の日本の言論空間においても相当程度、顕著である。本稿で試みた戦後日本とアジアの七〇年をめぐる時期区分は、そのような「感情過多」から距離をおき、いわば鳥瞰図的にこのテーマを見る際の一つの手がかりになるものと考える。

米英主導の「冷戦の論理」によって「寛大な講和」がもたらされ、それが「アジアの不在」と重なったサンフランシスコ講和をめぐる局面、「アジアの団結」が可能であるかにも見えた一九五〇年代、今日に至る世界の経済成長センターとしてのアジアへの転換をもたらした「転換の一〇年」、「安定と成長」の一九八〇年代、そしてアジアの地域協力展開の節目となった一九九七年を経て、「経済」と「政治」の「ズレ」を特徴とする二一世紀へと、戦後アジアと日本の七〇年はダイナミックな変貌を遂げてきた。戦後日本がアジアに対して抱いてきた認識やイメージの変遷は、本稿で示した五つの時期区分とそれに伴う時代ごとの特徴に立脚している場合が多いと思われる。

振り返ってみれば戦後日本とアジアの関係をめぐっては、かつて朝鮮戦争をめぐる「南進論」（北朝鮮による「南進」が戦争の端緒であったとする説。今日ではこれがほぼ妥当だとされている）をめぐって一大論争が展開されたように、資料へのアクセスが困難であったこと以外にも、イデオロギーや日本国内における政治的立場なども絡んで実証的研究が容易ではない面もあった。戦後日本とアジアの関係を「歴史」として構築する作業は、冷戦終結から二〇年を経た今日、より本格的に展開する上での好機を迎えているのかもしれない。

注

(1) 宮城大蔵「戦後日本とアジア」松浦正孝編『アジア主義は何を語るのか』(ミネルヴァ書房、二〇一三年)第二八章。
(2) 宮城大蔵「サンフランシスコ講和と吉田路線の選択」『国際問題』六三八、二〇一四年一・二月合併号、一二―一四頁。
(3) 外務省編『日本外交文書　平和条約の締結に関する文書　第四冊』外務省／厳南堂書店、二〇〇二年、一一三頁。
(4) 賠償交渉を俯瞰するものとして、北岡伸一「賠償問題の政治力学」北岡伸一・御厨貴編『戦争・復興・発展』(東京大学出版会、二〇〇〇年)。
(5) 宮城大蔵『バンドン会議と日本のアジア復帰』(草思社、二〇〇一年)二六―三一頁。
(6) George Mc Turnan Kahin, *The Asian-African Conference, Bandung, Indonesia, April, 1955*, Ithaca: Cornell University Press: Oxford University Press, 1956, p. 8.
(7) 宮城大蔵「願望としてのもう一つの日本―P・J・ネルーへの敬愛」『国際交流』第一〇〇号、二〇〇三年。
(8) NHK放送世論調査所『図説・戦後世論史』(日本放送出版協会、一九八二年)一六六―一六七頁。
(9) 岡田晃『水鳥外交秘話』(中央公論社、一九八三年)第二章。
(10) 石井修『冷戦と日米関係』(ジャパンタイムズ、一九八九年)。
(11) 宮城大蔵「戦後アジア国際政治史」日本国際政治学会編『日本の国際政治4　歴史の中の国際政治』(有斐閣、二〇〇九年)。
(12) 宮城大蔵「ふたつのアジア・アフリカ会議と日本」『中国21』一四巻、二〇〇二年一〇月。

(13) 宮城大蔵『戦後アジア秩序の模索と日本』（創文社、二〇〇四年）第四章。
(14) 「わが国の対インドネシア援助方針」外務省アジア局、一九六六年四月二六日、外務省外交記録（外務省外交史料館蔵）、E'0054。
(15) 宮城大蔵『「海洋国家」日本の戦後史』（ちくま新書、二〇〇八年）第五章。
(16) 森田一『心の一燈』（第一法規、二〇一〇年）二〇四—二〇五頁。
(17) 高原明生・服部龍二『日中関係史一九七二—二〇一二 Ⅰ政治』（東京大学出版会、二〇一二年）一一三頁。
(18) 同前、一二一—一二二頁。
(19) 中曽根康弘『天地有情』（文藝春秋、一九九六年）四六二—四六三頁。
(20) 清水美和『中国はなぜ「反日」になったか』（文春新書、二〇〇三年）一一七頁。
(21) 山崎豊子『山崎豊子自作を語る 一』（新潮社、二〇〇九年）・八二頁。
(22) 毛利和子・増田弘監訳『周恩来キッシンジャー機密会談録』（岩波書店、二〇〇〇年）一九四—二〇〇頁。
(23) 船橋洋一『アジア太平洋フュージョン』（中央公論社、一九九五年）第一一章。
(24) 当事者による回顧として、榊原英資『日本と世界が震えた日』（角川文庫、二〇〇五年）第一二章。
(25) 細川護熙『内訟録 細川護熙総理大臣日記』（日本経済新聞出版社、二〇一〇年）三八〇—三八二頁。渡辺昭夫・御厨貴『首相官邸の決断 内閣官房副長官石原信雄の二六〇〇日』（中央公論社、一九九七年）一四〇—一四五頁。
(26) 船橋洋一『同盟漂流』（岩波書店、一九九七年）第一六章—一八章。五百旗頭真・宮城大蔵編『橋本龍太郎外交回顧録』（岩波書店、二〇一三年）一四八—一五三、一九三—一九四頁。
(27) 渡辺・御厨前掲『首相官邸の決断 内閣官房副長官石原信雄の二六〇〇日』一七七頁。

Ⅵ　ドイツ連邦共和国における戦後システムと歴史認識
――自由主義コンセンサスとポストフォーディズム――

中田　潤

一　はじめに

時代区分を設定するという営みは、歴史学という学問が目指す最終的な目標なのかも知れない。歴史学という学問の営みの主たるエネルギーは、過去の社会の再構成に向けられている。その過去の社会の再構成に際して、歴史的事実の取捨選択が行われ、採用されることになった多くの歴史的事実が特定のロジックに従って意味付けられていく。またその意味付けに際して、一定の価値判断が介在していることを否定する者もいないであろう。この価値判断を行う主体が、まさに歴史の語り手（研究者）なのであり、この語り手は、意識するか否かにかかわらず、自ら生きている社会から何らかの影響を受けていることにも議論の余地がない。そうだとすれば、過去の社会の再構成（＝歴史叙述）というものは、常にその認識主体が生きた時代を何らかの形で反映するものとなる。「歴史とは過去と現在の対話である」というE・H・カーのあまりに有名な言葉は、こうした歴史叙述と認識主体の間にある関係性を意識的に述べたものである[1]。

時代区分を設定するという営みは、こうした認識に立つならば、歴史的事実の取捨選択ならびにその意味付けの体系をメタレベルで示すものに他ならない。その意味で歴史学にとって最終的な目標であると考えられるのである。「戦後」という本稿が議論の俎上に載せようとしている時代区分の妥当性、またそれによって必然的に設定されている「戦前・戦時期」という時期概念の意味内容の妥当性に疑問を投げかける議論が聞かれるようになって久しい。ただしそれが敗戦から七〇年という、単なる歳月の経過がその妥当性を失わせてしまったという議論は、あまりに時流論的であり、学問的にも無意味であろう。むしろ前述の認識に立つならば、メタレベルでの議論の説得力、本稿の議論では戦後（史）という枠組みの説得力の喪失は、認識主体が生きる社会の全体構造が変化していることに求められるのである。もはや戦後として括り続けることが不可能なほど社会構造は変化しているにもかかわらず、認識主体がその変化に即した語りのあり方や、その結果としての新たな時代区分概念を提起できていない状況が、前述のような説得力の喪失という状況を引き起こしているのである[2]。さらには歴史学という学問体系全体がこうした新たな挑戦に対応できないとき、ないしはできていないと人々に感じられるとき、学問全体に対する社会の側からの不信感の表明といった現象へ行き着く[3]。

またこうした認識を前提に「戦後」という時代区分を再検討しようとしたとき、それは必然的に現代日本社会が抱える問題と、それを主体的に解決すべき可能性のあり方という視座から導き出されたツールを分析概念として用い、そこからいわゆる「戦後」とされてきた空間を眺めてみたときに何を読み取ることができるのか、という議論になるであろう。

こうした戦後空間を分析するに際して、例えば雨宮は「協同主義」と「自由主義」という二つの社会秩序概念を設定し、さらに両者の関係を段階論的に捉えるのではなく、共時的に存在するという視座を提起している[4]。本稿ではこうした議論に影響を受け、ドイツ連邦共和国史をこの協同主義と自由主義のせめぎ合いという視点から俯瞰してみる。

それに先だって議論を整理するために、本稿の概念装置の鍵となる協同主義と自由主義について簡単に定義を行っておきたい。双方とも、国家と資本と社会の関係性に着目した社会秩序の理念型であり、両者はその三者の関係のあり方の相違によって区別される。協同主義は、労働組合・宗教勢力・地域社会における様々なアソシエーション等の社会的諸勢力間の競合・協調によって歴史的に形成されてきた社会的合意を軸に、それが立法等の措置によって主として国家によって体系化されていく社会秩序を指す。またそれは社会的確実性を望む多くの人々の願望に重点を置く社会秩序でもある。その結果として、自律的かつ相対的に強い「社会」と社会によって正統性を与えられた「大きな政府（国家）」、そしてその社会に埋め込まれた「経済（資本）」という三者の関係性が特徴となる。それに対して自由主義（ここでは主として経済自由主義を念頭に置いている）社会秩序においては、市場の原理つまり資本の論理によって資本と国家・社会の関係性が調整される。協同主義との比較において、強い資本と小さな政府（国家）、そして資本の論理に従属する社会という特徴を持つ。

結論を先取りしておくならば、一九三〇年代にその起源を持つ協同主義的社会秩序は、その時代との強い連続性を有しつつ、第二次世界大戦後には、協同のバックボーンとして政治的自由主義という理念を獲得して「自由主義コンセンサス」というドイツ連邦共和国の社会秩序を形成するに至る。この自由主義コンセンサスは、その発展の内在的プロセスから一九七〇年代に入ると、新しい社会運動を生み出し、彼らが唱える新たな協同主義によって乗り越えられていく可能性を示した。しかしながら他方一九七〇年代は、こうした変化よりも激しい形で、グローバルな次元での資本の活動の活発化を主たる要因とした自由主義社会秩序への移行の局面が開始した時期としても特徴づけられる。以下、連邦共和国史における政治、経済、社会、文化、宗教といったサブカテゴリーにおける非連続性や構造変化に着目しつつ、その相互作用をメタなレベルで把握することによって時代概念を導き出すことを目指してみたい。

二　自由主義コンセンサス：国内的・国際的な枠組みとその前提

西側連合国占領地域（後のドイツ連邦共和国）では、一九四八年四月に開始されたマーシャルプランによる援助、そして同年六月に実施された通貨改革の頃から経済成長率の急激な伸びが見られた。その後一〇年近くに亘り、年平均で六―一二％の成長が続き、当時の人々によっても「経済の奇跡」として認識される経済状況が出現した。こうした状況の中で、ドイツ連邦共和国の戦後社会を特徴づけることになる「自由主義コンセンサス」あるいはその経済秩序的側面に重点を置いた表現をするならば、「コンセンサス資本主義」(5)とよばれる社会経済秩序モデルが確立していくことになる。ここで言う自由主義コンセンサスとは、企業家、労働組合、政府そして例えばキリスト教会といった社会の各階層の代表者が、政治的な意味における自由主義に基づいたコンセンサスの枠内で協同していく社会経済秩序概念を表現している。(6)

構造機能主義的な議論からすれば、自由主義コンセンサスとはシステム社会が成立している状況下での社会経済秩序の一形態である。システム社会とは、山之内の議論に従えば、階級社会としての性格を強く帯びた古典的近代との比較において、社会、国家そして資本の相互の関係性が階級社会とは異質な次元に到達した社会として性格づけられる。こうしたシステム社会においては、一．階級対立は国家を仲介とする労使交渉の場に移され、社会的に制度化される。それゆえに従来の社会運動は、国民国家内に統合されてしまう。二．国家の介入を通して（とりわけ教育制度を通して）社会的に上昇ルートが設定され、階級を超えた社会的流動性が制度化される。三．国家と市民社会、家族と市民社会の境界線が曖昧化し、相互滲透する。また私的空間の公共化、公的空間の私的空間化が生じる。これは福祉国家の成立という概念でも置き換え可能である。(7) こうした自由主義コンセンサスのシステム社会という側面に着目するならば、第二次大戦中の戦時体制ならびにそれ以前の体制と自由主義コンセンサスの間にある連続性が見えてくる。(8)

二―一　出発点としての一九三〇年代

国家と資本、そして社会との間に成立するコンセンサスという視点からドイツ社会を眺めてみたとき、そのコンセンサスを成り立たせる「理念」の相違という点に注意を払う必要はあるものの、その起源は明確に第一次世界大戦時の総力戦体制にまで遡ることができる。(9)

一九一六年八月末に成立した第三次最高司令部、ならびにその主導によって成立した「愛国的労働奉仕法」を基礎とする戦時動員体制は、一般的にドイツにおける総力戦体制の成立と考えられている。総力戦を戦い抜くという要請（敵対する戦争当事国の側も同じ論理で行動するとき、この要請は無限に高まっていく可能性をはらんでいたのであったが）に従う限り、社会が持つ「資源」を極限まで動員するシステムが構築されていくことになった。こうした状況の下で、「城内平和」と呼ばれる社会民主党によって統制された労働者勢力と国家と産業界の間である種のコーポラティズム的体制が成立することになった。

またこうした戦時体制への国民各層の強制的な動員は、とりわけ労働者階層における「義務の平等と権利の不平等」という現状の是正を求めた動きを引き起こしていくこととなった。こうした国民参加型国家、大衆参加型社会の実現という要請、換言するならばシステム社会への移行という問題は一九三〇年代になると、世界恐慌への対応という経済政策の次元と密接に関わり合いつつ、ドイツにおいてはナチズムという「解決策」にたどり着く。こうした二〇世紀初頭における国家と資本そして社会の関係の変化をシーヴェルブッシュは、端的に以下のように述べている。

「一九一四年に始まった国家と経済の接近、第一次世界大戦における国家経済の全体的動員、世界経済危機を通してほぼ絶対的な権力を再び得るに至った国家、これらは自由主義的資本主義の大敗北と国家による復讐に他ならなかった」[10]。

また世界恐慌によって顕在化することになった自由主義的資本主義の危機への対応という課題は、資本のグローバルなレベルでの相互関連という状況が恐慌発生の一つのメカニズムを成していただけに、ドイツに限られた問題ではなかった。この一九三〇年代という時代に共通する国際的危機への対応において、ニューディールとファシズム（ナチズム）、さらにはスターリニズムとして理解されてきた政治体制の間には、システム社会的な対応という観点からすれば、極めて高い親和性が存在した[11]。

しかしながら一九三〇年代からの連続性を強調するあまり、こうした秩序モデルが単線的かつ無批判に連邦共和国社会に受容されていったというイメージは正しくない。とりわけ建国期においては、ナチス期の四カ年計画についての記憶は鮮明であり、またドイツ民主共和国（東ドイツ）の国是ともいえる計画経済社会への対抗上、コンセンサスが内包する「計画される社会」という理念への拒絶感は極めて強いものがあった。しかしながら一九五〇年代末までには、こうした「計画」に対する拒絶感は徐々に克服されていった。その際に「計画」とは、本来「ヨーロッパ的・西側的・大西洋的」伝統に根ざすものである、という読み替えが行われた[12]。

三　ブームの時代：長い一九六〇年代（一九五七／五八―一九七三／七四）

三―一　国内的要因

自由主義コンセンサスが戦後ドイツの社会経済秩序システムとして受け入れられるに至った背景には、いくつかの構造的な要因を指摘することができる。

その第一は、ヨーロッパの戦後復興が、マーシャルプランを基礎としていたという事実である。この一九四八年から一九五二年度を計画期間とした、総額一〇二億六〇〇〇万ドル相当の援助は、アメリカ合衆国内のニューディーラーの強い影響の下で構想されたものであった。彼らは、資本に対して強い調整能力を持つ国家によって社会的な調和を図るという、ニューディーラー的社会経済秩序理念を、マーシャルプランによる援助の形態を通してヨーロッパ社会で実現しようとした。(13) 彼らが重視したのは、ヨーロッパ経済の近代化、インフラ投資、工業生産の向上、経済成長そして「労使協調」であった。(14) さらにこのマーシャルプランにおいて、アメリカ側の希望は当然のことながら語られるものの、通貨の交換性の回復、対労組関係の改善、均衡予算、貿易の自由化の程度といった点については、ドイツ側が自ら決めることができたし、また彼らは当然自ら決定することを望んだ。結果としてニューディーラー以上に社会におけるコンセンサスを重視していたドイツでは、マーシャルプランはこのコンセンサスを強化する手段として機能することになった。(15)

その第二は、コンセンサス形成に際してドイツの二大政党が果たした役割である。建国期から一九五〇年代中頃まで多党制と呼べる状況が存在していたが、その中で圧倒的な影響力を行使していたのは、一九世紀以来の長い伝統を持つドイツ社会民主党とドイツの近代政治史上初めてプロテスタント勢力とカトリック勢力の協力関係が実現したことによって成立したキリスト教民主／社会同盟（ＣＤＵ／ＣＳＵ）の二大政党であった。

社会民主党に関して言えば、社会的諸勢力による市場原理主義的傾向の抑制・調和という自由主義コンセンサスが持つ理念は、むしろ社会民主主義の理念そのものであった。大戦終結後、ドイツの社会民主主義者は、急進的な社会革命を通して社会改革を行うという一九世紀の思想家たちのビジョンから次第に決別し、すべての階級が置かれている状態の本格的な改善は、漸進的・平和的に達成されるという立場をとるに至る。そして資本主義は不可避的に機能不全に陥るものであり、それに対し、社会主義こそ道徳的にも経済的にも優れている、という心情は堅持しつつも、自分たちが行うべきは、資本主義的生産形態と市場経済の無制限な働きにつきものの社会病理を取り除くために、国家の資源を活用することと考えた[16]。社会民主党にとってむしろ問題であったのは、資本とのコンセンサス形成の問題であったが、一九五九年のゴーデスベルク綱領採択以降、この問題も事実上解決されることになった。こうしたドイツ社会民主党ならびにドイツ労働総同盟のコンセンサス志向は、戦後においても資本・労働の双方の陣営が対立を抱えたままであったイギリス、フランスそしてイタリアとの比較において際立つものであった。

それに対して、より興味深いのは、連邦共和国の建国期に政党政治の舞台において主導権を握ったキリスト教民主主義勢力の方であった。大戦前の主としてカトリック政治家との対比において、戦後登場してきたキリスト教民主主義勢力は、自らの政治目標実現に際して、国家を関与させることに対して躊躇感がなかった。また彼らは「左翼集産主義よりも経済自由主義を主要な敵と見なしていた」のであり、また「国家が、善意の非社会主義的介入者となりえることを示そう」と努力した[17]。

このCDUの社会経済秩序理念は、一九四九年の連邦議会選挙綱領（デュッセルドルフ綱領）の中で「社会的市場経済（Soziale Marktwirtschaft）」という名称を与えられ、有権者に向けて広く発信された。この社会的市場経済という概念は、一九四六年に経済学者アルフレート・ミュラー＝アルマック（Alfred Müller-Armack）によって「自由主義市場経済と国家による統制経済の間にある第三の経済秩序」として提起されたものであり、この経済秩序の中で市場は、社会的公正と調和する形で社会の中に埋め込まれるべきものであった[18]。CDUはこの社会経済秩序理念を前面に打ち出し、一九四九年の連邦議会選挙で大勝するが、この社会的市場経済とは、まさに自由主義コンセンサスの別名に他ならなかった。当時におけるその具体的な政策上の意図は、労働争議や経済紛争の政治化にまつわるリスクの軽減であった。その具体化の一つと考えられる一九五一年の共同決定法では、石炭・鉄鋼の重工業部門の大企業は、その最高経営会議に被雇用者の代表を参加させなくてはならなかったし、この慣行は後に他の部門や小規模経営にも広がった。国家による独占には反対しつつも、連邦政府と州は多くの経済部門に進出し、石炭・鉄鋼の生産量の四〇％、発電所の三分の二、アルミニウム生産の四分の三、そして数多くの銀行を所有・管理するに至る。こうした直接ないし持ち株会社を経由した間接的な経済に対する連邦・州政府の影響力の行使は、自由主義コンセンサスの安定につながるような諸政策・諸慣行を促進する機能を持つことになった。ジャットは「一九五〇年代後半には、ドイツ経済の大部分がそれ以前の数十年間に存在した巨大なトラストやカルテルと同様の方法で運営された」とまで述べている。こうした事実上のコーポラティズムは、後見人たるアメリカ合衆国が新たなドイツにふさわしいものとして思い描いていたものとは異なるものであったろうが、市場の規制と政府と企業間の密接な関係とは、一般的な社会原理とプラグマティックな計算の両面で、キリスト教民主党が描くシェーマに収まった。また労働組合と企業グループはほぼ全面的な協力関係にあった(19)。

ＣＤＵの選挙戦術上考案された「社会的市場経済」は、まさにそうした意図ゆえに社会民主党の側からは拒否された。社会民主党の側は「民主的社会主義（demokratischer Sozialismus）」という対抗概念でこれに競合することを試みるが、前述した社会民主党内において共有されていた社会経済秩序理念と、この社会的市場経済との間にある本質的な類似性は、こうした戦術的視点からの対抗関係の維持を困難なものとしていった。一九五〇年代末以降、社会民主党も社会的市場経済という概念に対して次第に肯定的姿勢をとるようになり、その後今日に至るまで、政権交代を経ても社会的市場経済は、ドイツ連邦共和国の社会経済秩序の原則と見なされている。こうしてドイツにおける二大政党は、双方ともコンセンサス形成に積極的役割を果たしていくことになる。

比較的小さな地理的な空間に多くの国がひしめき、文化的・政治的・経済的な次元での相互交流の度合いが高いヨーロッパという空間で、国際問題・国内問題を区分する議論は、ある種の恣意性を免れない。しかしながら、あえてドイツ連邦共和国をとりまく国際関係と自由主義コンセンサスの関係について検討してみる。

第二次世界大戦以前の社会との比較において、ドイツ連邦共和国の社会は明確に国内の凝集性が高まった社会であった。これは経済的な次元のみならず、階級対立や民族対立といった次元においても当てはまった。こうした国内社会の凝集性の高まりは、コンセンサス形成に有利に働いたと考えられる。そこには大きく三つの要因が働いていた。

その第一は、戦間期のヨーロッパ社会の経験とその記憶である。戦間期のヨーロッパ社会は、民族的・階級的対立が極めて暴力的に展開した社会でもあった。オーストリアの保守主義勢力と社会主義勢力の恒常的な対立状況、ドイツ・ポーランド間の国境紛争、スペインでの内戦など、枚挙にいとまがないし、その最も極端な形態として、各国で行われたジェノサイドならびにナチス・ドイツによるユダヤ人の大虐殺を挙げることができるであろう。その反省から、イデオロギー的対立を政治的分極化や不安定化に至らせないという、コンセンサスを志向する傾向が、ドイツ連邦共和国に限らず大戦後のヨーロッパ諸国において著しく強まった。(20) 例えばイタリアでは、戦後の政治空間において主導権を握ったキリスト教民主党が「愛顧（パトロネージュ）」と情実の保護―被保護のシステムを構築していったが、程なくして他の政党もこれに従い、イタリアの国政を総体として特徴づけるようになる状況が出現してくることになる。(21) これは社会諸勢力間のある種のコンセンサスに基づく政治運営と理解することも可能であろう。またオーストリアでは、戦前の国を分裂させたイデオロギー的対立を回避する必要性が社会各層に共有されており、こうした意識は、国政を国民党と社会民主党の二頭立てで運営する「国全体の均衡を支えるコンセンサス」を成立させることになった。結果的にオーストリアでは、労働争議は対決よりも調停で処理されることになる。オランダではカトリック教徒とプロテスタント教徒がそれぞれ高い自立性を持った文化共同社会を形成していたが、オランダの戦後政治空間は、まさに「自立的な文化共同社会と左右の中道派改革主義諸政党との戦後的混合」と呼べる状態であった。ベルギーにおいても状況はほぼ同様であった。オランダとの相違点は、ベルギーにおいては共同体間の分断線がワロン地域とフランデレン地域の間に存在していることであった。(22)

第二次世界大戦の終結は、ヨーロッパ中心の時代の終焉でもあり、またそれを支えていた植民地主義の終焉の始まりであった。これが第二の要因である。マーシャルプランは、比較的凝集性の高いネーションステートが統合されたヨーロッパ経済という枠組みの中で経済復興することを目指していたが、ヨーロッパ諸国の脱植民地化の傾向は、こうした流れに好都合に働いた。またドイツについて言えば、ナチス体制による東ヨーロッパ地域における「生存圏」構想の破綻と東部地域の喪失は、ユンカー経営の消滅とプロテスタントのヘゲモニー状況の終焉をもたらし、コンセンサス形成にポジティブに作用した。またナチズム体制による「民族浄化」・強制移住は、意図せざる結果であるものの、本国社会の民族的同質性を高めることになり、同様の作用を持つに至った。

他方で植民地帝国としての自己理解に固執した国ほど、こうしたヨーロッパ統合という理念に消極的であったという点も興味深い。(23) こうした例としてオランダ（〜一九四九）、フランス（〜一九六二）そしてイギリスを挙げることができるであろう。

第二次世界大戦後の世界は、ヨーロッパを主体から冷戦という国際環境の客体の立場へと変化させた。この冷戦と東側ブロックの存在が第三の要因である。東側ブロックとの対峙の最前線に位置する連邦共和国の地理的状況は、国内における反共主義的政治文化と城内平和への圧力を、他の西側諸国以上に強いものとしていた。一定程度以上の急進左翼主義者に対して、「民主共和国への移住」が勧められるような政治文化の下では、急進的な左派勢力が国内に地歩を占める余地は極めて少なかった。こうして社会民主主義ないし労働組合の資本との協力姿勢、および労働者勢力の階級闘争史観からの離脱が促進された。またこうした傾向は、連邦共和国のみならず、北西ヨーロッパにおいて決定的に進行した(24)。

こうして自由主義コンセンサスを基礎とするいわゆるブームの時代が展開していくことになるが、以下その政治文化的・社会的な特徴について四点に絞って指摘していきたい。

三―二 「計画」への信頼

自由主義コンセンサスとは、社会・経済・国家間の協同に重きを置く社会秩序理念であった。新自由主義的社会秩序がその三者間の調整の要に市場原理を位置させるのに対して、自由主義コンセンサスにおいてその位置を占めたのは「計画」に対する信頼であり、その計画の実行主体である国家への信頼であった。

計画に対する信頼とは、学術的政策に基づく計画と操作によって社会を近代化できるという社会工学的な信念と言い換えることも可能であろうが(25)、この信念も一九三〇年代に遡ることが可能であった。例えばポーランドの「四カ年投資計画」（一九三六）はそのようなものとして理解することができるであろうし(26)、資本主義経済を計画化（**Planification**）するという構想はフランスでは一九三〇年代に成立し、ヴィシー体制下で進展していくことになった。しかしながらこの計画という発想は、戦間期の社会において反自由主義的な思想と認識され、左右両陣営から拒否されることになった。こうした状況はドイツのみならず、イギリス、ベルギー、イタリアなどにおいても似通っていた。そこで失意の経済計画提唱者たちは、しばしば急進右翼の独裁主義政党に引き寄せられていった。なぜならこうした政党の方がこうした理念に明確に親近感を示していたからであった。具体例として、オズワルド・モーズリーその他のイギリス労働党員がファシズム陣営に走ったこと、ベルギーのヘンドリク・デ・マンがより独裁主義的な解決法を提起したこと、フランスで社会党の指導者が新しい運動を結成すべく離党したこと、そしてイタリアのファシスト党、ナチスとシュペーアの関係等を挙げることができるであろう。しかしながらこの計画の理念は、一九四五年以降モネ(Jean Monnet)の影響により、自由主義的・民主主義的なものへと意味合いが変化し、社会的に受容されていくこととなった。(27)

「国家による計画化や国有化は、一九四五―一九五一年の時期には、労働党政府による社会主義原理の実現の結果と考えられていたが、実はかなりの程度まで、総力戦を戦い抜くために組織された国家の遺産であった」とイギリス史家ケニス・ハリス(Kenneth Harris)が述べているように、戦間期には異端的・周辺的であり、またしばしば論争を呼んだ経済の計画化という概念は、ファシズムと戦争によって戦後経済の主流へと橋渡しされることになったのである。(28)

また戦後の「計画化」の提唱者の多くは、計画を実践する経験を戦時占領体制下の若手官僚や企業経営者として積んでいたという意味において、この戦後の計画の理念は、強い人的な連続性を有していた。(29)

ともかくドイツの戦後社会において、大恐慌、大量失業は社会の組織化に失敗したことに原因があり、民主主義を機能させようとするなら、そしてその魅力を取り戻そうとするならば、計画化が必要である、という信念が主流となった。(30)一九四五年世代にとっては、政治的自由の諸権利と行政国家による合理的で公平な再配分機能との間の実行可能な均衡こそ、混沌からの唯一の脱出路と思われたのだった。(31)

こうした社会の計画化・近代化、国家の万能性に対する信頼は福祉国家建設の進展につれて、より強固なものとなっていった。一九六九年の連邦議会選挙においてドイツ社会民主党が掲げた選挙スローガンは「我々はモダンなドイツを作り上げる！(Wir schaffen das moderne Deutschland)」であったし、(32)またその選挙で勝利した社会民主党は一九七〇年代に入ると「総合政策（Gesamtpolitik）」という理念を掲げ、計画化の主体と見なされた国家の活動を教育、健康、都市計画、空間整備、交通、エネルギーおよび環境といった領域で飛躍的に拡大させていった[33]。またこうした計画・近代化とその担い手である国家に対する信頼は、全社会的に共有され、ほとんどすべての政治的境界線を横断することになった。自由主義コンセンサスが全社会的共有項となったという意味において、ドイツ社会はこの長い六〇年代に「脱イデオロギー」化したといえた。

三―四　政治文化の西ヨーロッパ化

冷戦の産物として成立した分断国家である連邦共和国は、国際政治的には西側陣営ないしＮＡＴＯ体制に組み込まれる以外の選択肢はあり得なかった。しかしながらこうした政治学的・国際関係論的な視点からの西側統合ではなく、連邦共和国の政治文化のレベルでの西欧化と呼べるような変化について注目しておく必要がある。

連邦共和国の政治文化は、戦後初期においてはなお国民保守的傾向が強く、とりわけ大学、言論界、法曹界においてその傾向は著しかった。そこでは西欧とは異なる価値世界としての「ドイツ」という思考の枠組みが強く意識されていた。こうした傾向に対して、一九四五年から一九七〇年にかけて政治文化的なレベルにおいて、連邦共和国の社会はイギリス・アメリカ的なモデルへと漸進的に接近していった。このドイツ社会の西欧化は、とりわけ左派的な政治・知識エリート層によって推し進められていくことになった。中でも注目すべきは、亡命社会主義者・社会民主主義者の果たした役割であった。彼らは、大戦中にイギリスやアメリカ合衆国そしてスカンジナヴィア諸国に亡命していたが、その亡命先でドイツとは異なる西欧的な政治文化に触れることになった。彼らが戦後連邦共和国に帰還し、社会主義ないし社会民主主義勢力の政治的理念レベルでの社会自由主義化（＝西欧化）に寄与することになる。その代表的人物として、ノルウェーに亡命していたヴィリー・ブラント（Willy Brandt）をはじめとして、ブルーノ・クライスキー（Bruno Kreisky）、フランツ・ノイマン（Franz L. Neumann）などを挙げることができる。一九五九年の社会民主党のゴーデスベルク綱領の採択、そして一九六三年のドイツ労働総同盟のデュッセルドルフ綱領の採択も、こうした西欧化の帰結と見なすことができた。(34)

また同じ時期に始まったドイツの第一次世界大戦の戦争責任をめぐる、いわゆるフィッシャー論争は、こうした文脈で解釈するならば、国民保守的かつナショナルな枠組みが支配的であった当時の歴史叙述に対する、フィッシャーによるドイツ近現代史の西欧的視点からの解釈の挑戦と理解することができた。当時ドイツ外務省をも巻き込み政治問題にまで発展したフィッシャーの学説が、メタレベルの枠組みという次元においては定説となっている現状は、まさに政治文化の西欧化を示す象徴的な例である。

またこの西欧化したドイツ連邦共和国の政治文化は、一方でナチズム的ないし国民保守的な政治文化に対抗し、他方で東欧圏の共産主義イデオロギーにも対抗する連邦共和国社会のアイデンティティーの核を形成し、それによって自由主義コンセンサスならびにヨーロッパ統合のプロセスを政治文化面から支えていくことに大きな役割を果たした。

三―五　大衆消費社会の成立と階層の平準化の進展

大衆消費社会の成立という点も自由主義コンセンサスの時代の大きな特徴の一つであった。連邦共和国では一九五〇年を基準とするとき、一九五六年にすでにGDPは二倍に、そして一九六〇年には三倍に増大した。また一九五〇年から一九六五年の一五年間で実質所得は二倍に上昇し、一九五〇年代末には事実上の完全雇用状態が出現した。(35)日本における「高度経済成長」に対応する概念として、連邦共和国ではこの時期を「経済の奇跡（Wirtschaftswunder）」と呼ぶ。こうして「大衆消費」の前提が成立し、長い六〇年代に戦後社会（Nachkriegsgesellschaft）から高生活水準社会（Wohlstandsgesellschaft）への移行が生じた。(36)

完全雇用・大量生産、ならびに大衆消費という形で実現した経済の循環という、いわゆるフォーディズム型経済体制は、一九六五年頃から人々の意識の中で永続的な社会秩序であるとさえ認識されるようになってくる。それと同時に将来への安定性と確実性という意識がひろまっていった。またこの時期は、終戦時の記憶の風化ということが議論され始めた時期でもあった。一九六五年一一月一〇日に連邦首相エアハルトは、所信表明演説の中で「もはや戦後ではない（Ende der Nachkriegszeit）」と発言していた(37)。

政治文化の西ヨーロッパ化という文脈とも関連して、この時期、社会民主主義勢力もこの豊かさをもたらした社会的市場経済・自由主義コンセンサスの枠組みに同調していき、彼らにとっての主要な関心事は「今後の豊かさの増大において、いかにその再分配と統制に関与しえるかであった(38)」。

労働者層の経済的上昇と市民層の脱階級化によって、経済的次元にとどまらず、社会的・文化的な次元における「階級社会の「融解」」（Theodor Geiger）もしくは「平準化された中間層社会」の成立（Helmut Schelsky）と呼ばれるような事態もこの時期に進展した。システム社会論との関連において、こうした傾向の力点をドイツ現代史のどこに置くのかという点をめぐってこれまで議論が戦わされてきたが、その「最も急激な展開」の局面がこの自由主義コンセンサスの時期であるという点では、見解の一致を見ているといえる(39)。

三―六　社会国家の成立

長い六〇年代の第四の特徴として指摘しておきたいのは「社会国家」の実現であった。社会国家の一般的な特徴である、国家の社会領域への滲透傾向、換言するならば社会領域と国家領域の境界の不明確化は、確かにドイツにおいては総力戦としての第一次世界大戦期に劇的に進展した。またこうした傾向はヴァイマル体制期・ナチズム期にも確実に進行していたが、これが社会国家として実質を伴った形で本格的に実現していくのは、連邦共和国に入ってからであった[40]。例えば連邦共和国において一九六五年から一九七〇年の時期に社会保障関係予算は、予算総額に対して二四・六％から三三・七％へと増大している[41]。しかしながらより詳細に観察するならば、この社会国家実現に向けた諸政策は、一九五〇年代から実施に移されるが、それが最も急速に拡張していったのは、一九七〇年代後半に入ってからであった。つまり社会政策の拡張は、ヨーロッパの「近代化」「進歩」の機運の時代の最後の局面であり、皮肉なことにブームがすでに終了していた時点で実行に移された。またこうして一九七〇年代に建設された社会国家は、その後の景気の変化と経済システムの構造変化によって、羽をむしられるように縮小していったが、それでもなお秩序モデルとしては、その後の三〇年間持続することになった[42]。

四　転換点：ポストフォーディズムへの移行の始まりとしての一九七〇年代

一九七〇年代に入ると、主として国際的な経済秩序の枠組みの変化に影響される形で、国の社会環境・労働環境が徐々に変化し始める。この一九七〇年代初頭に始まる約三〇年間は、自由主義コンセンサスを社会秩序の核としていた「長い六〇年代」が徐々に解体する移行の局面として理解される。

この長い六〇年代の終焉を象徴的に示していたのは、国際通貨基金・国際復興開発銀行の設立等によって国際通貨秩序の安定に寄与していたブレトン・ウッズ体制が一九七一／七二年に事実上崩壊したことであった。一九七三／七四年には第一次石油危機がそれに続き、その両者は、低成長と景気変動に特徴付けられた経済の時代の幕開けを示していた。石油危機は、経済における危機的な現象をさらに先鋭化させた一要因に過ぎなかったのであるが、他方、社会の進歩・近代化を促進する構造変化、経済成長、福祉国家の発展が永続的なものではあり得ないという事実を人々に強く意識させることになった[43]。こうした変化は二つの異なった、そしてお互いに矛盾する形でこの移行の時代に顕在化してくることになる。

自由主義コンセンサスが立脚する経済政策上の基本理念は、ケインズ主義であった。このケインズのモデルに従った国家による政治経済的な制御能力が限界に達したと人々が感じるようになるにつれ、マネタリストの理念が説得力を獲得していく。こうしてケインズ主義に代わって、後にネオリベラリズムと呼ばれることになる経済イデオロギーが台頭してくる。このイデオロギーによれば、資本を所有する人々の「個人の利害」が、非自営による収入によって生活し、社会的な確実性を望む多くの人々のコンセンサスに基づく利害に優先されるべきであった。そして自由主義コンセンサスないしコンセンサス資本主義は、業績原則に敵対的であり、「怠け」を助長し、「社会主義的」でさえあるとされた(44)。

四―一　マネタリズム的社会秩序への移行の始まり

こうした経済イデオロギーの変化は、F・ハイエク（Friedrich August von Hayek）、W・オイケン（Walter Eucken）、M・フリードマン（Milton Friedman）、G・スティグラー（Georg Stigler）などが属していた経済自由主義の普及・拡大を目指すモンペルラン協会（一九四七年設立）が、この時期になり注目を浴び始めたことにもその一端を読み取ることができるであろう(45)。またその主要なメンバーであったハイエクが一九七四年に、フリードマンが一九七六年に、そしてスティグラーが一九八二年になってノーベル経済学賞を受賞した事実は、こうしたトレンドの変化を物語っているであろうし、ネオリベラリズムの立場を前面に打ち出したマーガレット・サッチャー（一九七九年）、ロナルド・レーガン（一九八〇年）、中曽根康弘（一九八二年）そしてヘルムート・コール（一九八二年）の首相（大統領）就任も同様のトレンドの変化といえた。

このケインズ主義からマネタリズムへの移行とは、別な言い方をするならば経済と国家の関係が国家の影響力が減少する形で重点が移動したことであり、通貨政策上の責任が政府から中央銀行へ移動したことを意味していた。

四―二　デジタル化された金融市場資本主義の出現

こうしたマネタリズム的な社会経済秩序への移行という状況は、実は資本のグローバル化とそれにともなう国家の資本を統制する力の減退に起因していた[46]。これは裏を返せば、長い六〇年代において、国家は強い力を持っており、またそれが資本・労働とのコンセンサスによって裏付けられて、受容されていたということ意味していた。

資本のグローバルな次元の移動が飛躍的に増大した結果として、マントイフェルがデジタル化された金融市場資本主義（digitaler Finanzmarkit-Kapitalismus）と呼ぶ新たな生産・経済システムが徐々に姿を現し始める[47]。こうして、グローバルな次元の論理で自己展開する資本のロジックに対して、基本的にナショナルな次元で成立していた資本・労働・国家間のコンセンサスは、とりわけその調整機能の核を担っていた国家による資本を統制する能力の減退によって解体し始める。こうした事態の進展に関してジャットは以下のように述べている。「国家には約束を実行する能力がもはやなくなった。（中略）国際資本市場や現代的なエレクトロニクス通信分野での構造変化は、政府による国内経済政策の立案・施行を妨げた。（中略）また介入国家それ自体の正統性に疑念が生じた[48]」。

こうした金融資本のグローバル化と手を携え、またそれを補強していった要素として無視できないものとして、マイクロチップテクノロジーの進展があった。そもそも人類史上かつてなかったような速度で国境を越えていく資本移動は、マイクロチップテクノロジーなしには不可能であった。またこの時期に急速に進展し始める生産の現場・事務管理業務へのマイクロチップテクノジーの滲透は、産業用ロボットの導入という形で典型的に示されるマニュアル労働を無人化・低コスト化していく大きな推進力となっていった[49]。

またこうしたマイクロチップテクノロジーは、一般的に少量多品種型の生産・流通と親和性が高いと言われている。自由主義コンセンサスシステムの下で進展した大衆消費社会は、消費者のニーズの多様化を引き起こし、まさにこうした少量多品種型の生産・流通を必要とする消費構造を成立させていった。こうした生産・消費システムの変化への適合に失敗した経営は、この時期に衰退し始めていくのであるが、実はその最も劇的な事例が、東欧諸国であった。その指導者たちは、この時期においても基本的には生産財優先の産業構造に固執し、また消費財部門に対して関心を払うことがあっても、西側世界で展開し始めていたこうした少量多品種型の生産・流通構造の変化には頓着しなかった。軍事部門などの例外はあるものの、東側世界においてはマイクロチップテクノロジーの生産・事務管理分野への滲透は、西欧諸国との比較において決定的に遅れをとり、それは八〇年代末からの体制の崩壊に少なからず影響を与えることになった。

四―三　労働の場の変化：セグメント化された労働空間の出現と高失業社会

資本のグローバルな流動性の高まりによって成立してきたデジタル化された金融市場資本主義は、これまでの一国単位の経済政策装置によって統制し得ない国際的な産業システムを生み出していくことになる。こうした構造変化は、経済的・社会的に主流な考え方、国民的な福祉システム、職業生活における日常そして西ヨーロッパ的な労働空間をも変化させ始める。(50)

自由主義コンセンサスシステムの下で「ナショナルな次元」での社会的合意に基づいた経営の採算性は、新自由主義的な「国際的次元」での採算性のロジックの下では「成り立たず」、多くの経営が閉鎖に追い込まれた。こうしてコンセンサスに基づくケインズ主義的・フォード主義的な「伝統的な」労働市場（ないし労働の世界）は崩壊し始める。マネタリズム的な社会経済秩序においては、ケインズ主義的な社会の安定的な維持を目指した「調整」は二次的な問題であり、その直撃を受けたのは非熟練の若い労働者、そして、その多くを占めていた移民系労働者の子供世代であった。こうして連邦共和国はもとより、多くの西ヨーロッパ諸国は、高失業社会という局面に入っていくことになる。例えば連邦共和国の失業率は一九七〇年には〇・七％であったものが、一九七五年には四・八％、そして一九八五年には九・三％、数にして二三〇万人の失業者を抱えることになる。また一九八四〜八九年という比較的好景気の時期においても、西ヨーロッパ諸国（北欧諸国は除く）の平均失業率は八―一二％で推移することになる。また自由主義コンセンサスの一つの特徴であった労働争議の数の少なさも、そのコンセンサスの解体傾向を象徴するように一九七〇年代には激増することになった。(51)

またこの新しい資本主義の形態は新たなタイプの雇用を生み出していったが、その主流は、労働法的に保護の弱い、半ないし非合法な雇用、そして任期付きないしパートタイム雇用であり、地域社会との結びつきを剥奪され、国境すら超えて配置されていくセグメント化された労働であった。

総じて言うならば、このポストフォーディズムへの移行期において、社会は新たに構造化され、自由主義コンセンサスの時期との比較において社会的不平等はより増大し、また明確化していった。それにより貧困の社会的な排除が新たな形で形成されていくことになった。また人々の労働のあり方は、よりフレキシブルなものとなり、かつ分断されたものとなった。

ただし労働の世界の構造変化は、これまでの自由主義コンセンサスの中で副次的ないし周辺的な役割を担わされていた人々にとって、新たなチャンスの到来でもあった点に注目しておく必要がある。自由主義コンセンサスが成立していた空間は、男性八時間労働・正規雇用が優越する空間であったが、この構造の変化は、これまでの様々な社会空間における性役割分業の変化、フルタイム労働が主流の労働構造の変化を引き起こした。

またその要因は、デジタル化された金融市場資本主義の成立に求められるのか、それとも自由主義コンセンサスの時期に進展してきた社会国家化への傾向に求められるのかは、一概に断定することは困難であるが―恐らくは双方の要素が関連した結果というのが妥当な解釈であろうが――、この時期の連邦共和国では全就業人口に占める第三次産業部門従事者の割合の増大が著しかった。第三次産業を便宜的に（一）運輸・通信、（二）企業職員層、（三）社会・公共セクター職員層（教員、ソーシャルワーカー、行政部門等）、（四）サーヴィス産業従事者という四つの部門に分類したとき、一九六〇―九〇年代の連邦共和国では社会・公共セクター職員層の増大が最も著しかった。連邦共和国において一九八五年時点では、全就業者のほぼ二〇％（一九六〇年は九・四％）が「社会・公共セクター職員」であった。この数は第二次産業部門の全就業者数の半分にあたる。またその増大は、一九七〇―八五年の時期に特に著しかった。さらにこの部門に雇用された職員層のかなりの部分は女性であり、この部門の拡大は連邦共和国における女性の社会進出と手を携えて進展することになった。後述する「新しい」社会運動の担い手の多くが、まさにこうした職業集団に属していたことはよく知られている。その意味でこの突出した社会・公共セクター職員層の厚さが、ドイツにおける「新しい」社会運動ないしオルタナティブミリューが他国との比較において発展の度合いが高かった要因を形成していたのかも知れない。これに対して運輸・通信部門の伸びはわずかであり、また企業職員層は銀行・保険業などで伸びが大きかったが、西ヨーロッパ諸国の平均は、全職業従事者の三―七％程度であった(52)。

石油危機によって人々の意識に上り始めたマネタリズム的社会秩序への転換は、西ヨーロッパ諸国の経済成長という観点から見るならば、低成長社会への移行であった。こうした評価は、確かにこの時期に急速な経済成長を遂げた日本との比較において妥当性を持つが、より厳密に観察するならば、ヨーロッパ内における地域間格差・産業間格差が増大していった時期としても特徴付けられる。工業生産のグローバルな世界の展開に直面して、連邦共和国は、新旧の双方の基幹産業の立地として踏みとどまった一方で、イギリスおよびイタリアは工業セクターが事実上意味を失っていった。イギリス、イタリアでは古い工業ないし大規模な伝統的企業は生き残りに失敗し、そうした産業に立脚してきた地域全体が崩壊したが、他方で中小の別な地域の産業が発展していったケースも多く見られた。ベルギーでは、フランデレン地域で新しい産業が発展した一方で、ワロン地域の鉱山業は危機に見舞われることになる。

こうしたマネタリズム的社会秩序への反発から、有権者の自由主義コンセンサス再構築への期待を担って、イギリス労働党・ドイツ社会民主党など歴史的に協同主義的志向が強かった政党が政権に復帰するという現象が一九九〇年代に入ると見られた。しかしながら国家による経済領域での調整能力が大幅に削減された状況での彼らの政権運営は、もはや自由主義コンセンサスの再構築ではあり得なかった。ブレアの「ニュー・レイバー」、シュレーダーによる政策運営は、西欧左派勢力によるケインズ主義からの最終的な決別と理解される。(53)

五　おわりに　「新しい」社会運動をどのように捉えるか?

自由主義コンセンサスの解体は人々のメンタリティーにも変化を与えることになった。しかしながらこの変化は他の諸現象の変化に遅れて生じてくることになった。またこの変化の向かった方向性は極めて多様であり、その一つ一つを観察するとき、それぞれは相互に矛盾するものでさえあった。しかしながらその中でも新たな社会経済秩序形成の可能性を内在しているという意味で重要と考えられる、いわゆる「新しい」社会運動として具現化していくことになった知的潮流について最後に取り上げてみたい。ドイツ連邦共和国においてこの運動は他のヨーロッパ諸国と比べると、遅れて成立してきたにもかかわらず、比較的急速に緑の党の結成という形でハイポリティクスの次元へと展開していくことになる。その際に、ほとんど理念的に共存不可能と見えるほどの相互の相違をかなり戦略的に架橋することに成功したことが新たな展開の一因をなしていた。(54)

いわゆる新しい社会運動は、一九七〇年代中頃から成立してくるのであるが、この運動はそれに先立ついわゆる一九六八年運動との複雑な関係の上に成り立っていた。

自由主義コンセンサスに対する反発、ないしは前述したような国民国家内に統合された社会運動の枠組みに飽き足らない勢力として成立してきたという意味で、両者には共通点が存在していた。しかしながらこのコンセンサスのどのような側面に対する反発であったのかという点に注意してみると両者の間の本質的な相違が見えてくる。一九六八年運動を主として担った新左翼勢力は、「進歩と近代化」信仰（＝「進歩」を実現できるという信念を永続的なものと見なす）を自由主義コンセンサスと強く共有していた。彼らが反発していたのは「自由主義コンセンサス」が持つ反共主義に端的に示された、政治的に許容される思考の枠の狭さであり、とりわけ社会民主党によって積極的に受容されていたコンセンサス資本主義の「資本主義」の側面に対してであった。また彼らは、コンセンサスをサブシステム的に支える、社会の様々な領域での権威主義に対しても反発した。それは具体的には年長者の若者に対する権威であり、上司の部下に対する権威であり、教授の学生に対する権威であり、また男性の女性に対する権威であった。一九六八年運動の展開の中で、ナチズムの過去の問題が激しく議論の俎上に載せられたのは、この問題が年長者世代の「権威」によるタブー化の例として象徴的なものであったという事情に由来していた。

これに対して時期的にやや遅れて展開し始めた新しい社会運動の反発の矛先は、別な点に向けられていた。新しい社会運動と総称される一九七〇年代に成立してきた市民運動は、実は環境運動、反原発運動、女性解放運動、平和運動そして保守的世界観を持つ自然保護アクティビストから六八年運動の主流をなしていた新左翼さえを含む、極めて雑多な思想・運動潮流が複雑に入り組んだものであった。彼らの直接的な運動の目的は、その運動の名称が示すように環境保護、原子力発電所の稼働・増設の阻止、女性解放などであった。しかしながら、こうした雑多な運動が、後に緑の党の設立というハイポリティクスのレベルでの結集に成功したという事実は、単なる選挙での議席獲得を目的とした戦略にとどまるものではなく、自由主義コンセンサスが持つ一定の特徴に対して、彼らが共通に反発したことを意味していた。彼らの反発は、端的に言うならば、国家が包括的な秩序形成の主体として自らを理解し、市民社会が持つ自律的な調整能力について関心を寄せないことに向けられていた。自由主義コンセンサスが内包するテクノロジーに立脚した社会工学的手法とそれを司る専門家の優位、そしてそれを具現化する「テクノクラート的中央集権的な近代化のエージェント」としての国家が、すべての政治的決定を行っていく現状に対して反発していたのであった。(55)彼らは、経済成長・科学技術の発展を進歩と同列視し、この進歩に対して全面的に肯定的な価値を置き、かつそれを永続的と見なす「コンセンサス」に反発したのであり、また自然環境と人間社会の持続的共存という観点を欠如させた「コンセンサス」が持つ「産業至上主義」に反発したのであった。

この新しい社会運動はその意味で、自由主義コンセンサスに代わる新たな協同主義的社会秩序構築の試みとして解釈することが可能であろう。その際に注目しておくべきは、こうした社会運動は、社会秩序形成に際して市民社会が果たす自律的な調整能力に大きな価値を置くがゆえに、こうした自律的調整がより効果的に機能し得る政治空間形成という理念に基づき、地域主権的志向を持つという点である。さらに同様の動機から「小さな政府」への志向も示す。しかしながらこの小さな政府への志向は、市場原理の最大化というネオリベラリスト的理念に基づくものではなく、市民社会の自律的調整能力を最大限に機能させるという目標から導きだされているのである。また彼らの議論は、国民国家の枠組みと福祉国家的秩序によって、その安定性や凝集性が維持されていることを意識しているという点も注目しておく必要がある。(56)彼らは、議会と政府という政治アリーナの中でのＳＰＤ―ＦＤＰの改革コンセンサスの文脈を原則として受け入れた形で新たな社会秩序構築を目指していたのであった。

現代ドイツのシステムの変化

成立時期	1920年代前半	1930年代前半（ナチス体制成立後）	1950年代	1960年代後半	1970年代中頃	1980年代初頭	1990年代後半以降
体制 / サブシステム	ヴァイマル体制	ナチズム体制	自由主義的コンセンサス or コンセンサス資本主義	第二の建国期	ポスト「自由主義コンセンサス」体制		
国際秩序	ヴェルサイユ－ワシントン体制（≒ソ連・ドイツの孤立化）	ファシズム陣営・社会主義陣営・民主主義陣営の三つ巴の対立	ヤルタ体制（戦勝国体制）西欧・大西洋連合（NATO 体制）	→	→	→	ヤルタ体制崩壊 西欧・大西洋連合の拡大
			冷戦	デタント	→	新冷戦	冷戦後体制
政治（ハイポリティクス）	議会制民主主義	全体主義	保守・自由主義連合（自由主義＝政治的リベラル）	社会民主・自由主義連合	→	保守・自由主義連合（自由主義＝経済的リバタリアン）	大連立（マネタリズム化した社会民主主義）＊6
法	ヴァイマル憲法	授権法体制	ボン基本法	→	→	→	→
地方分権・中央集権	地方分権	中央集権	地方分権	→	→	→	→
経済	自由主義 ＊1	ケインズ主義	→	→	ケインズ主義 ∨ マネタリズム（新自由主義）	ケインズ主義 ∧ マネタリズム	→
社会経済秩序モデル	自由主義	全体主義的コーポラティズム	自由主義的コーポラティズム	→	自由主義的コーポラティズム ∨ 市場全体主義 ＊3	自由主義的コーポラティズム ‖ 市場全体主義	自由主義的コーポラティズム ∧ 市場全体主義
社会	階級社会状況と民衆の国民化・平準化・平等化への圧力	「正常な時代」感覚 平準化・平等化 福祉国家化のはじまり ＊2	→	→ 福祉国家の拡大	平準化・平等化の揺らぎ 高失業社会 福祉国家の拡大・	不安定雇用の増大 高失業社会 福祉国家の縮小	→

					完成		
生活様式			フォード主義的生産・雇用・消費システムの成立	フォード主義的生産・雇用・消費システムの定着 生活スタイルの規格化	フォード主義的「消費システム」の定着 フォード主義的「生産・雇用システム」の揺らぎ 生活スタイルの規格化	→	→
政治文化			国民保守主義の優位	脱権威化 社会のリベラル化の進展　＊4 「未完の」国民国家と多文化社会 ナチズムの過去との積極的な取り組みの開始	個性化・多様化 脱消費社会 →	→	国民国家の復活と多文化社会への反発（ナショナリズム）の噴出 VS 多文化社会
行政権力と市民社会間の協同のあり方	政府と名望家層の地域自治空間での協同の度合いの大きさ（プロイセン改革以来の伝統）	市民セクターの党・国家による吸収（強制的同質化）	市民社会の再生（国家セクターとの協同）	→	新しい社会運動の台頭 （自由主義コンセンサスへの市民社会の側からの反発）＊5	→	新しい社会運動を取り込んだ新たなコンセンサス （脱原発等）

＊1　総力戦体制を経験した自由主義労働者組織・使用者組織の中央集権化の時期
＊2　「正常な時代」感覚は大戦により中断
＊3　資本所有者を優遇する形での平準・平等社会の崩壊
＊4　中絶、未婚の男女の同棲、同性愛の禁止条項の廃止等
＊5　この時期の新しい社会運動の拡大は、非営利セクター従事者の拡大と密接に関連
＊6　大政党間での社会秩序モデルビジョンの相違の消滅？

注

（1）E・H・カー、清水幾太郎訳『歴史とは何か』（岩波新書、一九六二年）。

（2）雨宮昭一『戦後の越え方　歴史・地域・政治・思考』（日本経済評論社、二〇一三年）九三頁。

（3）こうした議論については、以下の拙稿を参照。中田潤「ポスト戦後体制と社会認識のパラダイムシフト」『社会科学論集（茨城大学人文学部紀要）』四四号（二〇〇七年）三九―四九頁。

（4）雨宮前掲『戦後の越え方』二一二頁。

（5）コンセンサス資本主義については以下の文献を参照。Angster, Julia: Konsenskapitalismus und Sozialdemokratie. Die Westernisierung von SPD und DGB, München 2003.

（6）Doering-Manteuffel, Anselm; Raphael, Lutz: Nach dem Boom. Perspektiven auf die Zeitgeschichte seit 1970, Göttingen 2012, S. 33.

（7）山之内靖、ヴィクター・コシュマン、成田龍一『総力戦と現代化』（柏書房、一九九五年）。

（8）こうした視点の提起は、ドイツ史においては必然的にナチズム体制と戦後体制との連続性の問題を取り扱わざるを得ないため、激しい論争を引き起こすこととなった。論争は具体的にはナチズム体制が戦後体制に続く社会の近代化にいかなる役割を果たし得たのか、という点をめぐって争われ、圧倒的な論調がナチズムの近代化効果について批判的な評価を下した。こうした論争の決着にもかかわらず、その後の連邦共和国の歴史研究の多くは、二〇世紀の歴史の長期的な構造の中でナチズムを理解しようとする立場に立っている。その意味でこの論争に敗北したいわゆる修正主義派の提起した枠組みが、今日の連邦共和国の歴史研究においては主流派となっている。ナチズムの近代化効果に関する論争に関しては以下の文献を参照。Prinz, Michael; Zitelmann, Rainer: Nationalsozialismus und Modernisierung, Darmstadt 1991; Frei, Norbert, „Wie modern war der Nationalsozialismus?“, in: Geschichte und Gesellschaft, 19. Jg.（1993）, H. 3, S. 367-387; Mommsen, Hans, „Noch einmal: Nationalsozialismus und Modernisierung“, in: Geschichte und Gesellschaft, 21. Jg.（1995）, H. 3, S. 391-402. 川瀬泰史「ナチス近代化論争」『立教経済学研究』第五〇巻第四号（一九九七年）三九―六一頁。

（9）ヴィンクラーやコッカ、そして元々はヒルファーディングによって唱えられた、いわゆる「組織された資本主義」論は、一九世紀末以降のドイツ社会はすでに古典的な経済自由主義から変質していたことを主張している。しかしながらこの議論はあくまでも「資本」の組織化に重点を置いており、ここで焦点となっているシステム社会化という現象とは異なった次元の議論であることに注意しておきたい。H・A・ヴィンクラー、保住敏彦訳『組織された資本主義』（名古屋大学出版会、一九八九年）。

（10）Schivelbusch, Wolfgang : Entfernte Verwandtschaft. Faschismus, Nationalsozialismus, New Deal 1933–1939, Frankfurt a. M. 2008, S. 10.

（11）Schivelbusch : Entfernte Verwandtschaft, S. 15f. ; Garraty, John A. : "The New Deal, National Socialism and the Great Depression", in : The American Historical Review, Vol. 78（1973）, No. 4, pp. 907–944. シーヴェルブッシュは、全体主義論研究の新たな傾向として、ファシズム、ナチズムそしてスターリニズムを、モラル的に断罪するという視点にとどまらず、それぞれの経済的・社会的・心理的・文化的その他のサブ構造に基づいて分析する研究スタイルの出現を指摘している。彼によれば、そこで発見されたのは、抑圧的・犯罪的な側面と並んで、ファシズムやナチズムが社会同質的な側面をも有していたこと、そして両体制の成功ないし民衆からの支持は、前者ではなく、後者の側面に基づくということであった。ナチズムの中に「社会主義な」要素を見出すこと、また民族至上主義という看過してはならない要素を含んでいるものの、「国民の同権の実現」を見出すことは、ナチズムの側は当然のことと考えていたし、またドイツの大衆にもそのように考えられ、受け入れられていた。こうした事実は、一九四五年以降の研究においては背景に退いていたという。

（12）Doering-Manteuffel : Nach dem Boom, S. 37f.

（13）Brinkley, Alan : "The New Deal and the Idea of the State", in : Fraser, Steve ; Gerstle, Gary : The rise and fall of the New Deal order 1930–1980, Princeton 1989, pp. 85–121. ここでは88―89頁。

（14）Judt, Tony : Postwar. A history of Europe since 1945, New York 2005, p. 93.

（15）占領当局と被占領国側の経済秩序原則をめぐるせめぎ合いのあり方の日独比較という視点では、以下の研究が参考となる。浅井良夫「ドッジ・ラインと経済復興　マーシャル・プランとの比較検討」油井大三郎他編『占領改革の国際比較　日本・アジア・ヨーロッパ』（三省堂、一九九四年）一六二―一九二頁。Judt: Postwar, p. 236.

（16）Judt: Postwar, p. 363.

（17）Judt: Postwar, p. 81.

（18）彼はその後、エアハルトの下で経済省基本政策局長ならびに事務次官を務めた。

（19）Judt: Postwar, p. 266.

（20）それは多くの場合、改革志向のキリスト教民主党と議会勢力としての左派の間で形成されることになった。

（21）Judt: Postwar, p. 259.

（22）Judt: Postwar, p. 263–264.

（23）Doering-Manteuffel: Nach dem Boom, S. 37f. また植民地帝国の維持の試みとは、まさに戦勝国体制の一部を成していたという点も指摘しておきたい。

（24）Doering-Manteuffel: Nach dem Boom, S. 35.

（25）これについては以下の文献を参照。Etzemüller, Thomas: Die Ordnung der Moderne. Social Engineering im 20. Jahrhundert, Bielefeld 2009.

（26）Judt: Postwar, p. 70–71.

（27）Gosewinkel, Dieter: „Zwischen Diktatur und Demokratie. Wirtschaftliches Planungsdenken in Deutschland und Frankreich. Vom Ersten Weltkrieg bis zur Mitte der 1970er Jahre", in: Geschichte und Gesellschaft, Jg. 34（2008）, H. 3, S. 327–359.

（28）Judt: Postwar, p. 68–69.

（29）Judt: Postwar, p. 365. また前述のミュラー＝アルマックのキャリアは、その典型的な例と言える。注（18）参照。

（30）さらにジャットは以下のようにさえ述べている。「（社会的結束やモラルの維持、そして文化の活力といったものを）開明的な利己心、商品・思想の自由市場の働きに委ねる方が良いという観念は、ヨーロッパにおける政界や学界の（当時の）主流では、ケインズ以前の時代の風変わりな遺物と見なされた。こうした観念は大恐慌の教訓を学ばない姿勢と見なされ、さらに悪意を持つ人によっては、闘争を引き起こそうとする、ないしは野蛮な人間の本能に暗黙に訴えかける行為と見なされた」。Judt：Postwar, p. 361.

（31）Judt：Postwar, p. 77.

（32）Doering-Manteuffel：Nach dem Boom, S. 41.

（33）Wolfrum, Edgar：Die 70er Jahre. Republik im Aufbruch, Darmstadt 2007, S. 11. ブラント政権は一九七〇年に首相府に「計画スタッフ」という部局を設置した。当時の政府が計画していた約三〇〇のプロジェクトについてのコスト、意図、実施期間、効果予測等を集計し、その全体像を国民政府に明示するという任務を担うことを期待された。こうした部局の設置は、当時の連邦政府が「計画」という理念をいかに重要視していたかを示している。„Kabinetts-Planung. Alles aufgelistet“, in：Der Spiegel Nr. 6 vom 2.2.1970；„Planungsstab. Vision von 1985“, in：Der Spiegel Nr. 29 vom 12.7.1971；Rödder, Andreas：Die Bundesrepublik Deutschland 1969–1990, München 2004, S. 43f.

（34）Doering-Manteuffel, Anselm：„Amerikanisierung und Westernisierung“, in：Docupedia-Zeitgeschichte, 13（Dez. 2010）. またドイツ社会の西欧化・アメリカ化についての議論は以下も参照。Doering-Manteuffel, Anselm：Wie westlich sind die Deutschen? Amerikanisierung und Westernisierung im 20. Jahrhundert, Göttingen 1999.

（35）Wolfrum, Edgar：Die geglückte Demokratie. Geschichte der Bundesrepublik Deutschland von ihren Anfängen bis zur Gegenwart, Stuttgart 2006, S. 85.

（36）Doering-Manteuffel：Nach dem Boom, S. 39；Jarausch, Konrad：Die Umkehr. Deutsche Wandlungen 1945-1995, Bonn 2004；Frese, Matthias；Paulus, Julia；Teppe, Karl；Westfälisches Institut für Regionalgeschichte：Demokratisierung und gesellschaftlicher Aufbruch. Die sechziger Jahre als Wendezeit der Bundesrepublik, Paderborn 2003；Schildt, Axel；Siegfried, Detlef；Forschungsstelle für Zeitgeschichte：Dynamische Zeiten. Die 60er Jahre in den beiden deutschen Gesellschaften, Hamburg 2000.

（37）Nützenadel, Alexander：Stunde der Ökonomen. Wissenschaft, Politik und Expertenkultur in der Bundesrepublik 1949

–1974, Göttingen 2005, S. 279f.

(38) Linse, Ulrich: Ökopax und Anarchie. Eine Geschichte der ökologischen Bewegungen in Deutschland, München 1986（内田俊一他訳『生態平和とアナーキー　ドイツにおけるエコロジー運動の歴史』法政大学出版局、一九九〇年）三頁。ただしリンゼがここで指摘しているのは、コンセンサスにエコロジー的視点が欠如していたという点である。

(39) Stöver, Bernd: Die Bundesrepublik Deutschland, Darmstadt 2002, S. 90.

(40) ドイツ社会の社会国家化の傾向に関しては以下の研究を参照。川越修『社会国家の生成　二〇世紀社会とナチズム』（岩波書店　二〇〇四年）。

(41) Rödder: Die Bundesrepublik Deutschland, S. 46.

(42) Doering-Manteuffel: Nach dem Boom, S. 48.

(43) ヤラウシュは例えばこの変化を「見通しの利かない時代の始まり」と性格付けている。これに関しては以下の文献を参照。Jarausch, Konrad H.（Hrsg.）: Das Ende der Zuversicht? Die siebziger Jahre als Geschichte, Göttingen 2008.

(44) Doering-Manteuffel: Nach dem Boom, S. 10 und 20.

(45) Doering-Manteuffel: Nach dem Boom, S. 50.

(46) Judt: Postwar, p. 360–363.

(47) Doering-Manteuffel: Nach dem Boom, S. 26f.

(48) Judt: Postwar, p. 360–361.

(49) この議論に関してはさしあたって以下の文献を参照。Cowen, Tyler: Average is over. Powering America beyond the age of the great stagnation, New York 2013（池村千秋・若田部昌澄訳『大格差　機械の知能は仕事と所得をどう変えるか』ＮＴＴ出版、二〇一四年）。Brynjolfsson, Erik; McAfee, Andrew: Race against the machine. How the digital revolution is accelerating innovation, driving productivity, and irreversibly transforming employment and the economy, Lexington, Mass. Digital Frontier Press 2011（村井章子訳『機械との競争』日経ＢＰ社、二〇一三年）。

(50) Doering-Manteuffel: Nach dem Boom, S. 26 und 48.

(51) Doering-Manteuffel: Nach dem Boom, S. 54f.

(52) Doering-Manteuffel: Nach dem Boom, S. 57f.

(53) この議論については以下の文献を参照。Jenkins, Simon: Thatcher and Sons. A Revolution in Three Acts, London 2007; Micus, Matthias: Die „Enkel" Willy Brandts. Aufstieg und Politikstil einer SPD-Generation, New York/Frankfurt a.M. 2005.

(54) 緑の党成立については、邦語でもいくつかの研究が発表され、その思想的な潮流の多様性に関する指摘がなされている。ここではこれまで注目されてこなかった価値保守主義者の潮流について以下の研究を挙げるにとどめる。中田潤：「新しい社会運動における価値保守主義　H・グルールとB・シュプリングマンを題材に（1）」『社会科学論集（茨城大学人文学部紀要）』五九号（二〇一五年）三五—五六頁。

(55) Doering-Manteuffel: Nach dem Boom, S. 51f.

(56) この時期に新しい社会運動が大きく展開した要因の一つとして、イングルハートが指摘する脱物質主義的価値観が連邦共和国の社会の中で広まっていたこと、そしてそれは大衆消費社会と社会国家という存在が人々の意識の中で自明となることがその前提を成していたということを指摘することができる。しかしながら、社会と資本の間のヘゲモニー状況の分析という本稿の関心からすれば、より重要なのは、こうした脱物質主義的価値観が優勢となった社会空間が資本との関係でどのような社会秩序を形成していくのかという問題である。イングルハートは自らの社会分析モデルをより精緻なものとするために「世俗的・合理的価値観」対「伝統的価値」という分析軸を追加するが、ヴェーバーの古典的な議論を指摘するまでもなく、その社会の伝統的価値体系が、資本の論理の貫徹を抑制する方向に働くのか、それを促進する方向に働くのかという点は、当該の社会の伝統的価値体系のあり方によってどちらでもあり得る。システム社会化した現代世界においてより本質的な問いは、フランクフルト学派が指摘するような、資本による生活世界の植民化の傾向に対して生活世界の側が自らの自立性を維持するために、伝統的価値体系がどのような役割を果たすことができるのかという点であろう。その意味で、イングルハートの分析は、本稿の関心からすれば物足りなさを感じる。Inglehart, Ronald; Christian Welzel: Modernization, Cultural Change, and Democracy. The Human Development Sequence, Cam-

bridge 2005；Inglehart, Ronald：The Silent Revolution：Changing Values and Political Styles among Western Publics, Princeton 1977.（三宅一郎他訳『静かなる革命　政治意識と行動様式の変化』東洋経済新報社、一九七八年）。生活世界の植民地化については Habermas, Jürgen：Strukturwandel der Öffentlichkeit. Untersuchungen zu einer Kategorie der bürgerlichen Gesellschaft, Frankfurt a. M. 1990（細谷貞雄他訳『公共性の構造転換』未來社、一九九四年）を参照。

参考文献

„Kabinetts-Planung. Alles aufgelistet“, in：Der Spiegel Nr. 6 vom 2.2.1970.

„Planungsstab. Vision von 1985“, in：Der Spiegel Nr. 29 vom 12.7.1971.

浅井良夫「ドッジ・ラインと経済復興　マーシャル・プランとの比較検討」油井大三郎他編『占領改革の国際比較　日本・アジア・ヨーロッパ』（三省堂、一九九四年）一六二―一九二頁。

雨宮昭一『戦後の越え方　歴史・地域・政治・思考』（日本経済評論社、二〇一三年）。

川越修『社会国家の生成　二〇世紀社会とナチズム』（岩波書店、二〇〇四年）。

川瀬泰史「ナチス近代化論争」『立教経済学研究』第五〇巻第四号（一九九七年）三九―六一頁。

中田潤「新しい社会運動における価値保守主義　H・グルールとB・シュプリングマンを題材に（1）」『社会科学論集（茨城大学人文学部紀要）』五九号（二〇一五年）三五―五六頁。

中田潤「自由主義的市民社会への道　ドイツ連邦共和国史から」『歴史評論』七一六号（二〇〇九年）三一―四二頁。

中田潤「ポスト戦後体制と社会認識のパラダイムシフト」『社会科学論集（茨城大学人文学部紀要）』四四号（二〇〇七年）三九―四九頁。

山之内靖、ヴィクター・コシュマン、成田龍一『総力戦と現代化』（柏書房、一九九五年）。

E・H・カー、清水幾太郎訳『歴史とは何か』（岩波新書、一九六二年）。

H・A・ヴィンクラー、保住敏彦訳『組織された資本主義』（名古屋大学出版会、一九八九年）。

Angster, Julia：Konsenskapitalismus und Sozialdemokratie. Die Westernisierung von SPD und DGB, München 2003.

Brinkley, Alan: "The New Deal and the Idea of the State", in: Fraser, Steve; Gerstle, Gary: The rise and fall of the New Deal order 1930–1980, Princeton 1989, pp. 85–121.

Brynjolfsson, Erik; McAfee, Andrew: Race against the machine. How the digital revolution is accelerating innovation, driving productivity, and irreversibly transforming employment and the economy, Lexington, Mass. Digital Frontier Press 2011（村井章子訳『機械との競争』日経ＢＰ社、二〇一三年）.

Cowen, Tyler: Average is over. Powering America beyond the age of the great stagnation, New York 2013（池村千秋・若田部昌澄訳『大格差　機械の知能は仕事と所得をどう変えるか』ＮＴＴ出版、二〇一四年）.

Doering-Manteuffel, Anselm: Wie westlich sind die Deutschen? Amerikanisierung und Westernisierung im 20. Jahrhundert, Göttingen 1999.

Doering-Manteuffel, Anselm: „Amerikanisierung und Westernisierung", in: Docupedia-Zeitgeschichte, 13（Dez. 2010）.

Doering-Manteuffel, Anselm; Raphael, Lutz: Nach dem Boom. Perspektiven auf die Zeitgeschichte seit 1970, Göttingen 2012.

Etzemüller, Thomas: Die Ordnung der Moderne. Social Engineering im 20. Jahrhundert Bielefeld 2009.

Frei, Norbert, „Wie modern war der Nationalsozialismus? ", in: Geschichte und Gesellschaft, 19. Jg.（1993）, H. 3, S. 367–387.

Frese, Matthias; Paulus, Julia; Teppe, Karl; Westfälisches Institut für Regionalgeschichte; Westfalen-Lippe: Demokratisierung und gesellschaftlicher Aufbruch. Die sechziger Jahre als Wendezeit der Bundesrepublik, Paderborn 2003.

Gosewinkel, Dieter: „Zwischen Diktatur und Demokratie. Wirtschaftliches Planungsdenken in Deutschland und Frankreich. Vom Ersten Weltkrieg bis zur Mitte der 1970er Jahre", in: Geschichte und Gesellschaft, Jg. 34（2008）, H. 3, S. 327–359.

Habermas, Jürgen: Strukturwandel der Öffentlichkeit. Untersuchungen zu einer Kategorie der bürgerlichen Gesellschaft, Frankfurt a. M. 1990（細谷貞雄他訳『公共性の構造転換』未來社、一九九四年）.

Inglehart, Ronald; Christian Welzel: Modernization, Cultural Change, and Democracy. The Human Development Sequence, Cambridge 2005.

Inglehart, Ronald : The Silent Revolution : Changing Values and Political Styles among Western Publics, Princeton 1977（三宅一郎他訳『静かなる革命　政治意識と行動様式の変化』東洋経済新報社、一九七八年）.

Jarausch, Konrad H.（Hrsg.）: Das Ende der Zuversicht? Die siebziger Jahre als Geschichte, Göttingen 2008.

Jarausch, Konrad : Die Umkehr. Deutsche Wandlungen 1945–1995, Bonn 2004.

Jenkins, Simon : Thatcher and Sons. A Revolution in Three Acts, London 2007.

Judt, Tony : Postwar. A history of Europe since 1945, New York 2005.

Linse, Ulrich : Ökopax und Anarchie. Eine Geschichte der ökologischen Bewegungen in Deutschland, München 1986（内田俊一他訳『生態平和とアナーキー　ドイツにおけるエコロジー運動の歴史』法政大学出版局、一九九〇年）.

Micus, Matthias : Die „Enkel“ Willy Brandts. Aufstieg und Politikstil einer SPD-Generation, New York/Frankfurt a.M. 2005.

Mommsen, Hans, „Noch einmal : Nationalsozialismus und Modernisierung“, in : Geschichte und Gesellschaft, 21. Jg.（1995）, H. 3, S. 391–402.

Nakata, Jun : „Korporatismus und Liberalismus in Kriegs-und Nachkriegszeit. Ordnungskonzepte in Japan zwischen den 1930 er und 1950er Jahren“, in : Jonas, Michael u. a.（Hrsg.）: Dynamiken der Gewalt. Krieg im Spannungsfeld von Politik, Ideologie und Gesellschaft, Paderborn 2015, S. 102–112.

Nützenadel, Alexander : Stunde der Ökonomen. Wissenschaft, Politik und Expertenkultur in der Bundesrepublik 1949—1974, Göttingen 2005.

Prinz, Michael ; Zitelmann, Rainer : Nationalsozialismus und Modernisierung, Darmstadt 1991.

Rödder, Andreas : Die Bundesrepublik Deutschland 1969–1990, München 2004.

Schildt, Axel ; Siegfried, Detlef ; Forschungsstelle für Zeitgeschichte : Dynamische Zeiten. Die 60er Jahre in den beiden deutschen Gesellschaften, Hamburg 2000.

Schivelbusch, Wolfgang : Entfernte Verwandtschaft. Faschismus, Nationalsozialismus, New Deal 1933–1939, Frankfurt a. M. 2008.

Stöver, Bernd : Die Bundesrepublik Deutschland, Darmstadt 2002.
Wolfrum, Edgar : Die 70er Jahre. Republik im Aufbruch, Darmstadt 2007.
Wolfrum, Edgar : Die geglückte Demokratie. Geschichte der Bundesrepublik Deutschland von ihren Anfängen bis zur Gegenwart, Stuttgart 2006.

占領史研究とその周辺

天川　晃

「現代史の扉」に執筆することを求められたが、歴史研究の厳しい訓練を受けることもないままに歴史研究のまねごとのようなことをしてきただけの私にとっては荷が重いことである。以下は、私がやってきた占領期の研究が「現代史」の研究だとして、そうした研究の周辺についての思い出すままの話である。

一　占領研究のきっかけ――『日本占領文献目録』――

私が占領の研究をするようになったのは偶然の結果である。東大法学部の研究室に残ったものの所定の期間内に論文を完成させることもできずにウロウロしていた一九六八年のある日、坂本義和先生から電話があった。「日米共同のプロジェクトで占領に関する文献目録を作るのだが、それを手伝ってくれないか」ということだった。私は文章を書くのは得意でないが、文献の整理や分類などは嫌いでなかったので「お手伝いさせていただきます」と答えて文献目録の作成に関わり始めることとなった。自分では一時のアルバイトのつもりで始めたのだが、次第に深入りして結果的には占領の研究が私の仕事の中心の位置を占めるようになってしまったのである。

目録作りは文献カード作りから始まった。一九五三年の『思想』三四八号に「占領と日本」の特集があったのでそれを参考にしたほかは、『全日本出版物総目録』や『雑誌記事索引』などを見て文献カード作りをしていった。この目録は単に文献のタイトルを集めるだけでなく、その文献についての簡単な注記（annotation）も必要だったので実際に文献の内容を確認する必要があった。私は当時annotationという英単語を知らなかったが、この目録作成を手伝ったおかげでいろいろな文献に眼を通すことができ、期せずして占領の「先行研究」調査をしていたのである。

文献集めの作業はいくつかの班に分かれて行われていた。私は当初は統治機構・政治班で政治関係の文献を拾う作業だけをしていたのだが、坂本先生が目録編さんの実質的責任者だったので、次第に各班全体の文献資料を整理する編集主任的な仕事をすることとならざるを得なかった。そうした経緯もありこの目録に関わったいろんな研究分野の方々と知り合うことになった。憲法の芦部信喜、経済史の中村隆英、労働法の松田保彦、マスコミ学の内川芳美などの先生方のほか、同世代では国際法の横田洋三、経済史の原朗さんなどとはその後もお付き合いが続くこととなった。この文献目録は一九七二年八月に日本学術振興会編『日本占領文献目録』（以下、『文献目録』とする）として日本学術振興会から刊行された。

一方、アメリカ側の文献目録はRobert Ward/ Frank Joseph Shulman ed. の*The Allied Occupation of Japan, 1945–1952 An Annotated Bibliography of Western-Language Materials*として一九七四年にAmerican Library Associationから刊行された。アメリカ側の文献目録は、広範な文献を収集しているだけで

なく、各文献のannotation、索引やクロス・レフェレンスの項目も充実しており、目録作りの水準の違いを痛感した。(1)この仕事を通じてアメリカ側の目録作成に関わったフランク・シュルマン氏と知り合いになったが、彼は自らをprofessional bibliographerと称してその後もさまざまな文献目録を作成している。研究者を支える専門家の存在がいかに大きなものかを感じたものである。

二 七〇年代の研究インフラ

現在、私はこの原稿を書くのにパソコンを使い、自宅からインターネットでＣｉＮｉｉや国会図書館のＯＰＡＣなどを使って文献を調べ、内外の研究者や研究機関との連絡にはe-mailを使っている。しかし、文献目録を作っていた一九七〇年前後の時期は、研究のための手段や設備（これを「研究インフラ」としておく）は今とは全然違う状況だった。

当時、原稿は原稿用紙に手書きをしていた。私は２Ｂの鉛筆で手書きをしていたが、力を入れて二〇〇字も書くと指が痛くなって筆が進まなかった。英文は手動のタイプライターを使っていたがカーボンコピーをとるためにはやはり力を入れてキーを叩く必要があった。八〇年にアメリカで知人から「ワードプロセッサ」という言葉を聞いたが何のことかわからなかった。私の周囲にはそんなものはなかったのである。ちなみに、私がワープロを使い始めたのは一九八七年からだ。

文献目録用に一枚一枚手書きで作ったカードはカードボックスに入れて整理をしていた。本の所在確認は主として東大本郷の総合図書館の図書カードを繰って調べていた。総合図書館にないものは法学部、経済学部、文学部、社会科学研究所など各部局の図書館を走り回って文献を確認したが、部局図書館は閉鎖的で「部外者」が利用するのは容易ではなかった。

当時は占領期に関する公文書はほとんど公開されておらず、『文献目録』に収められた公文書関係の情報は少ない。東大法学部には「占領体制研究会」で集められた内外の図書・雑誌のほか関係者とのヒアリング記録や若干の関係資料などがあり、ここに所蔵されているものが原史料に関する僅かな手掛かりだった。

外交史料館で戦後外交記録の公開が始まったのは一九七六年からであるが、総司令部からの来往信綴りとかポツダム宣言関係のいくつかの綴りは見ることができた。外務省顧問の朝海浩一郎氏が『文献目録』の専門委員に入っていたからと思うが、外交記録の目録や外務省調書のリストの一部を入手することができたのでタイトルだけを目録に記載した。また、自治大学校で『戦後自治史』の元になった資料を見せてもらうこともできた。これも一般的には非公開だったのでその旨を記して目録に記載した。このほか国会図書館に保存されていた外務省関係の資料も見せていただいたが、これは目録に記載できなかった。

当時の私は次のように書いている。

「公文書の整理保存に関してのルールと、これの慣行化の確立がのぞまれる。現状は、官庁資料の保存、整理、利用の可能性は、程度の差はあれ、外部のものにはほとんど明らかではない。国立公文書館が建設中のおりでもあり、官公庁の資料の利用可能性の展望が開けてきたが、一定のルールのもとに、資料利用の可能性がもちうるような状況に改善されるよう、官庁の関係者に特に強く要望しておきたい(2)」

一方、アメリカでは六〇年代後半から『米国外交文書集』(Foreign Relations of the United States : FRUS)で占領関連文書が公刊され始めた。『ＦＲＵＳ』の四四年版(六六年刊)には占領政策の準備状況の文書が公表され、四五年版（六九年刊）ではアメリカ本国での占領政策の形成過程やワシントンと東京との資料が収められている。しかし、外国の新刊書や古書をすぐに入手するのも簡単ではなく、『ＦＲＵＳ』を本格的に使い始めるには時間的ずれがあった。また占領軍総司令部（ＧＨＱ／ＳＣＡＰ）の文書がワシントン郊外のスートランドにある Federal Records Center で公開され始めていたが、当時は一ドル＝三六〇円時代で気軽に行けるという状況ではなく、私などは資料収集をした人のみやげ話を聞いているだけだった。

三　占領史研究会の発足

ここで一九七二年一一月に占領史研究会が発足した経緯について触れておきたい。この研究会は天川が竹前栄治、福島鋳郎の両氏に呼びかけて始めたものである。なぜ、このタイミングでこの研究会が発足したのかは『文献目録』が七二年八月に出版されたことと関係がある。

私自身が作業をしていたのでよくわかっていたが、この『文献目録』はいずれ補訂をする必要がありその準備をしておく必要があると考えていた。そうした補訂作業には、占領期の資料に詳しい竹前氏や福島氏のような人の協力が欠かせないと考えていたのである。竹前氏は七〇年に『アメリカ対日労働政策の研究』（日本評論社）を出版しておられ、新しい占領研究を代表する人だと考えていた。七一年に岡山大学での日本政治学会で報告をされたので、その時にお目にかかってこれからは一緒に研究をしていこうという話をしていたのである。もう一人の福島氏は大学や研究機関に所属しない研究者で古雑誌等のコレクターであるが、私は『文献目録』の作業中から名前は知っていた。偶然ではあるが福島氏の『戦後雑誌発掘・焦土時代の精神』（日本エディタースクール出版部）という本が七二年八月に刊行されたので、私は手紙を書いて連絡をとったのである。

　こうして七二年一一月に三人で集まり、研究情報交換をするとともに基礎資料の蓄積をするような趣旨で研究会を発足させることとしたのである。思った通りに話が進んだので私は早速その日の記録を確認の意味で『占領史研究会ニュース』第一号としてお二人に配布した。『文献目録』の補訂を考えていたので関連する文献も載せておいた。(3)

　ここで当時の時代背景について振り返っておけば、七一年の七月にニクソン大統領が訪中を発表し冷戦とベトナム戦争という東西間の緊張が大きく変化する兆しを見せた。その年の八月の第二のニクソン・ショックでそれまでの一ドル＝三六〇円の固定相場制が大きく揺さぶられ経済的にも変化が訪れた。国内に眼を移せば、七二年五月に沖縄の施政権返還が実現したのに続いて長期政権だった佐藤栄作首相が退陣し七月には田中角栄内閣が発足した。このように内外ともにそれまでの戦後の秩序に変化が見られ、あらためて戦後の出発というべき占領期についての関心が向けられた時代だった。

　七〇年代初めの占領期に関する研究状況は、いろいろな研究プロジェクトが動き始めその成果が少しずつ出始めてきた時期だった。まず、「占領は日本人にとって何だったのか」ということを問題とする思想の科学研究会編『共同研究日本占領』（徳間書店）が七二年の一二月に公刊された。竹前氏や私も参加していた東京大学社会科学研究所の「戦後改革」プロジェクトの成果が一九七四年から『戦後改革』（全八巻、東京大学出版会）から刊行された。さらに大蔵省財政史室編『昭和財政史　終戦から講和まで』の第三巻、秦郁彦執筆『アメリカの対日占領政策』（東洋経済新報社）の刊行が一九七六年である。

　一方、三人で始めた占領史研究会がやろうとしていたのは占領研究の基本情報を共有することだった。当時、①福島氏所蔵の昭和二〇年の新聞各紙から軍政関係の記事を抜書きし、占領軍の配備、進駐を跡付ける、②“Stars & Stripes”紙の記事を検討して同様の作業を行う、③米軍内部での軍広報紙があった模様なのでそれを調査する、④“GHQ Telephone Directory”を基礎として占領軍人員のリストを作成する、⑤東京におけるＧＨＱ関係の地図を作成する、などの野心的な計画を考えていたが、具体的に取り組み始めたのがＳＣＡＰＩＮのリスト作りである。

これらの資料収集やリスト作りを行うための資金を調達するため研究会のメンバーを拡大した。「戦後改革」のメンバーだった依田精一（民法）、『文献目録』で一緒だった原朗（経済史）、手塚和彰（労働法）、それに東大大学院の岩本純明（農業経済）の皆さんを加えて七人になり七四年の朝日学術奨励金をもらうことができた。お金もさることながら、こうした研究会があるということを世間に知らせる効果が大きかった。

この年には原朗さんが中心になり中村隆英先生をキャップとして出していた「占領期の経済政策の研究」という科学研究費が取れることとなった。この経済政策研究会メンバーの五十嵐武士、伊藤隆、土屋健治、三和良一氏などと占領史研究会のメンバーが合同して研究会を続けることとなった。東大の科研費が終った後は竹前氏をキャップとして「日本占領と地方政治」というテーマで七七年度から七九年度までの科研費が取れたので、東京経済大学の田村紀雄、古川純、横山弥生氏なども研究会のメンバーに加わってきた。

この時期の成果ともいうべきものが、占領史研究会編『地方における占領史関係文献目録』（占領史研究会、一九七六）で、福島さんが力を入れて公共図書館や大学図書館、行政機関などに照会を行い一二〇機関からの回答を得て作ったものである。また、科研費の経済政策研究会の成果が中村隆英編『占領期日本の経済と政治』（東京大学出版会、一九七九）という論文集で、「地方政治」研究会の成果は占領史研究会編『日本占領と地方政治』（占領史研究会、一九八一）という小冊子にまとめられている。

四　占領史研究と歴史家のまねごと

『文献目録』作りを手伝い始めた頃の私の研究テーマは占領ではなかった。当時の法学部の政治関係では最初は外国のことを研究するという不文律があったので、私は比較政治論に関する議論をフォローするとともにアメリカの二〇世紀初頭の革新主義時代の地方政治改革運動とマックレイキングといわれるジャーナリズムによる腐敗暴露の関係などを調べていた。どうしてこのようなテーマを勉強していたのかの経緯についてはここでは省略しておくが、このテーマで何かを書くにしても理論的にも実証的な歴史研究としても中途半端な状態で思い悩んでいた。

そうした状況の中で占領の目録作りを始め、annotation を書くために実際に文献を見ていると、竹前氏の研究を追いかける形で新しい占領研究ができるのではないかと思うようになってきた。その頃、東大社研の「戦後改革」のプロジェクトに誘われて「地方自治制度の改革」を担当することになった。私は地方自治に特に関心があったわけではないが、既刊の『戦後自治史』などの資料を使えば何とか書くことができるのではないかと思い、このテーマを引き受けたのである。

一九七四年春は私の指導教官の辻清明先生が定年退官される時に当っており、先生の退官に合わせて門下生が記念論文集をお贈りするという話が出ていた。私にとっての問題は何をテーマにした論文を書くかだった。最初はアメリカの革新主義時代のことを書くという提案をしていたもののコンパクトにまとめあげる自信がなかった。そこで思い切って占領関係のテーマで書くことに方向転換をしたので

ある。(4)

こうして書いたものの一つが「戦後政治改革の前提」という論文で、これはアメリカの日本占領の準備過程を『ＦＲＵＳ』などを使って跡づけたものだった。(5) この研究を前史として、「戦後改革」の論文につなげようとしたのだが、自治制度の改革に入る前に当時の改革をめぐる占領当局と内務省の対置状況を「占領初期の政治状況」という形で書いて社研の紀要に発表した。(6) したがって、これら二つの論文は社研の「地方自治制度の改革」論文と一体のものとして書いたものである。(7) その後、思想の科学研究会の共同研究に誘われて「占領政策と官僚の対応」という論文を公開された戦後外交文書などを使いながらまとめたが、これは内務省以外の官僚の対応にまで拡げてみたものである。(8)

これらの論文で書いたことがその後の私の占領観をほぼ形づくった。それは次のようなものである。第一に、アメリカでは一九四二年頃から占領政策の準備を始めていたが、ポツダム宣言の受諾という形で戦争が終結したために最終段階でそれまでの計画とは異なる占領となった。具体的には、それまでは日本に対して「直接軍政」を想定していたのだが「間接統治」方式に変わった。

第二に、四五年八月の終戦はアメリカの想定よりも早い終戦だったので、連合国間で占領統治機構についての合意はなかった。一方、実際に占領の責任者になったマッカーサーが権限を大胆に行使し始めた。したがって占領初期の日本での占領の動きは、アメリカでの占領前の計画よりも、マッカーサー司令部の動きを見る必要がある。

第三に、占領の想定が「直接軍政」であったために、それを担う軍政要員の訓練も行われていた。しかし、「直接軍政」から「間接統治」に変更されたために、この要員の人事計画も変更せざるを得なかった。(9)

第四に、日本政府の側にも戦後の「新日本の建設」のための自主的な改革構想があった。占領司令部の態勢が整うまでの間はそれがそのまま実現する余地があったし、その後の改革でも日本側の改革構想の動きを無視できない。

そうこうしているうちに、『文献目録』の次のステップとして、日米共同で占領に関する研究を行うプロジェクトが坂本教授とロバート・ウォード教授をリーダーとして始まり、私も日本側の事務担当的なメンバーとして参加することとなった。アメリカ側のメンバーは、ウォード教授のほかセオドア・マクネリー、カート・シュタイナー、ハンス・ベアワルド教授らはいずれも直接占領と関わりがあった世代の学者で、若手はT・J・ペンペル、スーザン・ファーの二人だった。日本側のメンバーの琉球大学の大田昌秀教授にはこの時に初めて会った。大田先生から初対面の時に「君は地方自治をやっているそうだが、君の地方自治には沖縄は含まれているのか」と問いかけられて返答に困ったことを思い出す。この言葉はその後も折に触れて思い出し、私の仕事に対する警句となっている。

一九七四年四月から私は横浜国立大学経済学部で仕事をすることとなった。ここでは一般教養の「政治」と学部の「国際関係」の講義を担当したが、「国際関係」はそれまで体系的に勉強していなかったので講義の準備が大変だった。坂野正高先生の『現代外交の分析』を基本にして政策決定過程論と政治外交史を組み合わせるような講義をすることが多かった。この本を手掛かりにして日本の外交官の回想録を読んだり、H・ニコルソンの『外交の発展』を読んだりして、日本や西欧の外交史を少しずつ勉強していった。一方、研究面では専ら占領期を中心にするようになっていったが、『戦後改革』で「地方自治制度」のことを書いたため外部の人には私の専門領域が「地方自治」だと思われるようになってきて必要に応じて地方自治の勉強もせざるを得なかった。(10)

こうした中で「現代史」への関心を強めることとなったのは内政史研究会での旧官僚のヒアリングだった。当時の内政史研究会は升味準之輔先生を中心に運営されていたが、辻門下の先輩の赤木須留喜、高木鉦作先生などから誘われてこの研究会に出席するようになった。旧官僚が自信満々で自らのサクセス・ストーリーを語るこの会は、話の内容だけでなく対象者の語り口を聞くのも面白く、時間の都合がつく限り出席した。私が参加した時は戦前・戦時の経験の話が多かったが、次第に戦後の経験も話の対象になってきたので、私も元外交官の鈴木九萬氏に談話を依頼して占領期の横浜終戦連絡事務局長時代を中心に話を聞くことができた。竹前氏と一緒にジョン・K・エマーソン氏にインタビューをしたのが私の外国人インタビューの最初の経験だった。GHQの地方自治課長だったC・G・ティルトンにも自宅を訪問して話を聞いたが、まとまった話は聞けなかった。日本の官僚機構の実態調査を行ったジョン・マキ教授の話は、その誠実な人柄が印象的だっただけでなく、戦前・戦時の日系人の経験としても興味深いものだった。(11)

「現代史」への関心のもう一つのきっかけは自治体史の仕事だった。ある日、金原左門教授から『神奈川県史』の占領期の部分を担当してくれないかという連絡があった。県史の編集室では基本的な資料収集はほぼ終わっており、それらを利用しながらどのように書くのかという段階だった。私は「戦後改革」で県という自治体が具体的にどのように変化したのかに関心があったので、このチームに加えていただいた。それまで神奈川県や自治体の実態についてはほとんど何も知らなかったが、編集室スタッフの樋口雄一さんの誘導で何とか仕事ができた。私が特に関心を持ったのは外交官から知事となった内山岩太郎氏で、内山知事の伝記や追想録を読むと知事の『日記』があるようだったので樋口氏と一緒に内山氏のご遺族を訪ねてお願いすると、『県史』の記述に必要な部分は見せてもらえることになり利用できた。[12]この「内山日記」は、その後、『横浜市史』の資料編として復刻されて広く利用されることになった。[13]

五　『占領史研究会ニュース』の編集

当初の占領史研究会は共通の資料集作りと科研費の研究会的な色彩があったが、七〇年代後半から八〇年代に入ると会員が増えてきた。一九八一年から毎年年末に公開シンポジウムを開いており、さまざま人との意見交換の場の性格を強めてきた。

ところが、それまで研究会を引っ張ってきた竹前氏が一九八二年末からイギリスに行くことになったので私が研究会の代表を務めることとなった。私は会の運営に対して特に抱負というほどのものはなかったが、『ニュース』の定期刊行は行いたいと考えていた。研究会の活動を継続していれば『ニュース』の記事はできるし、『ニュース』を介すれば増えてきた会員相互の交流も図れるという目論見である。それまでB4縦書きだった形式をB4二つ折りの横書きに変えて二ヵ月に一度の刊行を心がけた。必ずしも定期的な刊行はできなかったが、それでも八三年五月の五〇号から八六年一〇月の七〇号まで出し続けることができた。

私は、研究会の特徴を問われると「学際＋民際＋国際」の研究者が集まる場と答えることにしていた。実際、この会は特定の専門領域の研究者だけでなくさまざまな研究分野の人が集まる研究会だった。一九九三年に袖井林二郎・竹前栄治編で『戦後日本の原点—占領史の現在』という会員を主体とした二冊の対談集が出版された。これは一二のテーマの対談集で、広い分野の会員が集まっていたことがわかる。[14]民際というのは、福島さんのような大学や研究機関に属さない人も会員として一緒に研究をしていたことで、皇室問題の高橋紘さん、原爆問題や靖国問題にも取り組んだ笹本征男さん、労働運動・下山事件の佐藤一さん、戦後租税行政史の井上一郎さんなどが特に印象深い。

国際という点では、外国人、特にアメリカ人研究者との交流が盛んだった。会員の知り合いの研究者が参加したことに加えて、大学院生として留学している人もよく出入りしていた。外国人研究者がこれだけ参加したということは、日本占領の研究が日本国内だけでなく米英においても盛んになってきた時期だったということと関連すると思う。この時期、アメリカではマッカーサー記念館をはじめとしていろんな大学等で占領関係のシンポジウムが開かれており、そうした会議に会員の誰かが参加していた。そうした情報が『ニュース』を通じて流されたので日本国内で研究する人にとっては外国での資料や研究状況を知るための貴重な情報だった。外国にいる研究者からすれば、『ニュース』によって日本の文献や研究者の情報が得られるので日本人が思う以上に有用だったのではないかと思う。このほかにも、チャールズ・ケーディス、ジャスティン・ウイリアムズ、エレノア・ハドレー、ハンス・ベアワルドなどの占領関係者が来日した機会をとらえて研究会のメンバーと会食・懇談をすることもあった。

こうした活動をしていた占領史研究会だったが、創立二〇年を経過した一九九二年末のシンポジウムを機会に「解散」することになった。一つの理由は研究会の「高齢化」とマンネリ化ということがある。会は「占領」を「戦後日本の原点」と考えるような「占領経験者」＝「占中」世代が中心メンバーだったが、他方で「占領を知らない」＝「占後」の若手にとっては「敷居が高い」「感覚が違う」研究会になりつつあった。第二に、アメリカや日本の新資料を使っての研究ということであれば、九〇年代になると「占領期」は鮮度の落ちた史料を使っての研究であり、「占領後」の時期のテーマが最先端の研究になってきた。第三に、私が最も気にしていたことは、研究会は開催されるのに『ニュース』が出なくなったことである。八七年以後は研究会は開いているが『ニュース』は年に一、二号しか出なくなり、研究会の記録や文献情報がなくなった。会に参加できない遠隔の会員に対しては「会費」のタダ取りという状況になっていた。

そうした状況の中で、指導体制を若手中心に刷新して運営をすべきという議論もあったが、私は指導部の「総辞職」よりも「解散」をすべきであると主張した。若手がしがらみにとらわれずに新しい力を発揮して研究を続けるためには、旧憲法の改正よりも新憲法の制定をするようにした方がよいと主張し、結局、その方向で「解散」に至った。

「解散」以後、若手の人は「占領史研究通信」というような形で新たな出発をしていったし、古手は占領史研究会の「同窓会」と称して時々集まっていた。この「同窓会」がその後「占領・戦後史研究会」という形に衣替えして今も活動を続けている。しかし、「解散」後について語るには、私よりも適当な人がいるはずである。

振り返ってみると、占領史研究会は当時の研究インフラの状況の中で狭い意味での専門や研究機関や国境の壁にとらわれず、「学際＋民際＋国際」の研究者間に研究情報を流通させ交流する場（Forum）としての役割は果たせたのではないかと思う。

六　さまざまな共同研究

八〇年代以降の私は、大学の学内雑務に時間を取られることが多く、研究面ではさまざまな研究グループに加えていただいて少しずつ仕事をしたに過ぎない。

その一つが渡邉昭夫・宮里政玄氏を中心とする講和条約研究会である。メンバーはほとんど国際関係の研究者であったが、私は講和と国内体制の問題を中心に取り組んだ。アーネスト・メイの『歴史の教訓』などを念頭に置きながら、外務省の講和対策がどのような「先例」を参考にしながら作成されたのかを公開された外交文書から読み取るという作業はそれなりに楽しいものであった。[15]この延長にあったのが、渡邉氏をキャップとして行われた「戦後日本形成」の特定研究だった。私は「占領改革と戦後政治」のグループリーダーとして雨宮昭一、我部政男、福永文夫氏らと一緒に地方レベルから占領を見るというテーマで取り組んだ。我部氏に加わっていただいたので少しは沖縄に対して目を向けることもできるようになった。[16]地方占領ということでは雨宮昭一氏の誘いで加わった「茨城の占領時代研究会」でさまざまなヒアリングをするとともに神奈川との比較で考えることができた。[17]

もう一つの関心は憲法制定史である。日米共同研究で田中英夫先生がメンバーだったことや憲法の「地方自治」の章の成立過程を調べたりしたことからの関心である。『戦後日本の原点』では古川純氏とこの問題で対談をしたほか、「三つ目の『偶然』」という論文で民政局（ＧＳ）と憲法制定との関わりを書いた。この論文では、憲法制定過程をＧＳの動きだけを見るのでは十分ではないと主張した。また、憲法制定とイギリスの関係も調べたことがある。[18]その後、笹川隆太郎氏や金官正氏らによってより広い文脈からの憲法制定の研究も進められている。

八〇年代には地方自治の国際比較のプロジェクトにも関わった。佐藤誠三郎・大森彌両氏が中心になって日米欧の地方自治、革新自治体の比較をするというプロジェクトで、村松岐夫、寄本勝美さんなども一緒の研究会だった。一九八〇年の初めにイタリアで最初の研究会議があり、私は「占領下の地方制度改革」という簡単な報告をした。このレポートで占領下の制度改革を分権—集権という軸と融合—分離という軸を組み合わせて分析し、日本の地方制度は一貫して融合型であるが占領下で進められた地方制度改革は分権化と分離化の動きを進めたと論じた[19]。その後、八二年に再度イタリアで会議が開かれたが、上述の分析枠組みで日本の道州制論を整理することとした[20]。その後、日本の地方自治制度の歴史を見るためには、「内務省―府県システム」と「内閣―道州制システム」の対抗関係という形で見ることもできるという報告を八七年の日本地方自治学会で発表した[21]。

これと並行していくつかの自治体史にも関わった。一つは『藤沢市議会史』で高木鉦作先生のほかに岡田彰、小原隆治、高野和基、辻隆夫氏と一緒だった。ここでは郷土史に詳しい湯山学さんが事務局としてリードして下さった。さらに『横浜市史Ⅱ』の執筆もすることとなった。これは編集委員長の高村直助先生から本来の編集委員の栗屋憲太郎氏が体調不良で執筆できなくなったからと依頼があった。栗屋氏とは占領史研究会で知っていたし対象時期が占領期だったので引き受けることとした。ところが、その後の飛鳥田時代を書く予定の編集委員が理由不明なまま遁走してしまったので、その分の執筆までが私に回ってくることとなった。私はその委員の無責任さに呆れたが、事務局の曽根妙子、大西比呂志両氏からの協力もあり何とか穴を埋めることができた。

この間、いくつかの資料集にも関わった。外務省が戦後外交文書の公開を始めた時から共同通信社が記事にする際の助言役として手伝ってきた。これは占領の共同研究で一緒だった内田健三さんとの関係からだった。その後、一九七九年頃に江藤淳氏から外務省の公開外交文書を中心とした資料集を作りたいので手伝ってほしいという求めがあった。「無条件降伏論争」の渦中にあった江藤氏を批判する人もいたが、公開外交文書の資料集を編むという趣旨と細谷千博先生や栗原健先生からいろいろ話を聞くことができるので参加した。波多野澄雄さんと私が若手ということでアレンジを進めたが、私は八〇年から不在になったので実質的には波多野さんの尽力で資料集ができた[22]。

その後、国会図書館が集めたＧＨＱ／ＳＣＡＰ関係の資料を出版する動きが出てきた。ある日、柏書房のＨ氏が現れて「トップ・シークレット」の文書を出版するので協力してほしいという話があった。出版準備は既に進んでおり、要するに名前を貸してほしいというようなことだった。それまでのＨ氏との関わりもあって断りきれずに共同監修者として名を連ねることとなった。ところが、これを見た福永文夫氏から資料を精選していない資料集に名前を連ねているとして大いに叱られた。福永氏はＧＳの文書を精選した資料集を作りたいので、国会図書館の星健一氏たちと一緒にやろうといってくれた。私も軽率に名前だけ出したことへの反省もあり、このＧＳの資料集には真剣に取り組んだ。自分の目で一枚一枚史料を確認して編集をしたので時間はかかったが、しっかり仕事ができたと思っている(23)。

一方、小早川光郎氏から明治以後の日本の地方自治に関する史料集を出すので手伝ってほしいとの要請があった。私に割り当てられたのは戦中から戦後までの時期で進藤兵氏の協力を得てまとめることができた。山中永之祐教授の『近代日本地方自治資料集成』(24)のような立派なものではないが、戦時と戦後とをつなげて理解するような視点で史料をまとめたものである。このほか『文献目録』でお世話になった自治大学校に残された『戦後自治史』関係の資料を、福永氏のほかに小坂紀一郎、井川博、稲継裕昭、田口一博、金官正氏などの協力でＤＶＤで刊行できた(25)。

最後に、研究インフラとしてのアーカイブズの役割にも関心を持ち、放送大学でこれに関する講義をしたこともある(26)。大西比呂志、吉良芳恵、櫻井良樹、中武香奈美氏などと国内外の自治体のアーカイブズを訪ねて話を聞いているが、「現代史」研究の資料があるところもあれば、そうでないところもあり、さまざまである。

振り返ってみると私の占領期の研究は『文献目録』の編集に始まり、『占領史研究会ニュース』の編集を経て占領関係の『資料集』の編集に至っている。これらを通じて「現代史の扉」の前までは行ったものの、私自身がその「扉」を開けて研究を前進させたというよりは、研究のための環境整備をしてきたということであろう。そうした過程で研究を支える多くの人々に出会うことができた。「研究インフラ」というのは、単なる道具や設備だけでなく、研究を支える有能で優秀なスタッフが層厚く存在することであり、それなくしては質の高い研究ができない、というのが私の経験的結論である。

注

（1）「『日本占領』研究の展望―ウォード＝シュルマン編『日本占領文献目録』の公刊に寄せて―」『国家学会雑誌』八八巻五・六号（一九七五年）。
（2）「占領行政研究文献目録の編さんについて―日米教育文化協同研究―」『学術月報』vol. 22, no. 8（一九六九年）。
（3）『ニュース』は後に古川純氏の尽力により復刻された。占領史研究会編『占領史研究会ニュース』（柏書房、一九九三年）。
（4）それ以後もアメリカの革新主義に関しては何も発表していないが、二〇一一年七月九日、放送大学のゼミ生を対象にした「最終講義」で「リンカン・ステフェンスの『自治』論について」の話をした。
（5）渓内謙ほか編『現代行政と官僚制』下（東京大学出版会、一九七四年）所収。
（6）『社会科学研究』二六巻二号（一九七五年）。
（7）東京大学社会科学研究所『戦後改革　3政治過程』（東京大学出版会、一九七四年）所収。
（8）思想の科学研究会『共同研究　日本占領軍　上』（現代史出版会、一九七八年）、後に『占領下の議会と官僚』（現代史料出版、二〇一四年）第四章所収。

（9）このテーマは、その後も継続して調べて「占領軍政要員の訓練」として書き直している。『占領下の日本―国際環境と国内体制』（現代史料出版、二〇一四年）第二章所収。

（10）「地方自治と政党」成田頼明編『現代社会と自治制度の変革』（学陽書房、一九七四年）。

（11）「ドン・ブラウンとジョン・マキ」横浜国際関係史研究会・横浜開港資料館編『GHQ情報課長ドン・ブラウンとその時代』（日本経済評論社、二〇〇九年）第七章所収。

（12）『占領下の神奈川県政』（現代史料出版、二〇一二年）。

（13）横浜市総務局市史編集室『横浜市史Ⅱ　資料編3　占領期の地方行政』（横浜市、一九九三年）。

（14）『戦後日本の原点―占領史の現在』上下（悠思社、一九九二年）。

（15）前掲『占領下の日本』第七章所収。

（16）天川晃・増田弘編『地域から見直す占領改革』（山川出版社、二〇〇一年）、前掲『占領下の日本』第三章所収。

（17）茨城の占領時代研究会編『茨城の占領時代』（茨城新聞社、二〇〇一年）。

（18）前掲『占領下の日本』第四章、第五章所収。

（19）「占領下の地方制度改革」占領史研究会編『日本占領と地方政治』（占領史研究会、一九八一年）。

（20）「道州制論の文脈」大森彌・佐藤誠三郎編『日本の地方政府』（東京大学出版会、一九八六年）。

（21）「昭和期における府県制度改革」日本地方自治学会編『日本地方自治の回顧と展望』（敬文社、一九八九年）。

（22）江藤淳責任編集『占領史録』（講談社、一九八一年）、後に講談社学術文庫。

（23）『GHQ民政局資料　占領改革』全一二巻（丸善、一九九七～二〇〇一年）。

（24）『史料　日本の地方自治　2　現代地方自治制度の確立』（学陽書房、一九九九年）。

（25）『戦後自治史関係資料集』DVD版、全五巻（丸善、二〇一一～一二年）。

(26)「情報の保存と利用」柏倉康夫ほか編『情報と社会―ここから未来へ』(放送大学教育振興会、二〇〇六年)。

滕県作戦における日本軍の虐殺記録
――日本軍史料の盲点をつく――

姜　克實

はじめに

「滕県防衛戦」は、中国の抗日戦争史（一九三七―一九四五）を飾る名戦闘の一であり、国民党軍隊の抗戦における初の「大捷」とされる「台児庄会戦」の前哨戦に位置する。期間は一九三八年三月一四日～一八日（滕県城の攻防は一六日～一八日）、山東省南西部の古城滕県周辺を戦場に、中国の国民党第二二集団軍（孫震総司令、別称四川軍）配下の第四一軍（孫震）、四五軍（陳鼎勲）と、日本軍第十師団瀬谷支隊（歩兵第三三旅団を基幹）との戦いであった。二日間の壮絶な攻防の末、滕県城、臨城が陥落し、戦いは日本軍の一方的勝利で幕を閉じたが、国民党軍の抵抗精神は後に顕彰された。それまで日本軍との正面作戦を避けてきた、地元山東省主席・韓復榘（第三集団軍司令・一八九一―一九三八）の退避とは反対に、遠道から抗日に来た四川軍は草履と小銃の劣勢装備でありながら、精鋭師団の侵攻に抵抗し続けた。特に滕県城を守る第一二二師の王銘章（一八九三―一九三八）師長は、最後二〇〇〇余名の部下を率いて城郭を死守し、落城とともに衆多の将兵と殉国した。抗日戦争における国民の戦意高揚を図るため、国民党軍事委員長蔣介石（一八八七―一九七五）は韓復榘の処刑（一月二四日）とともに王銘章の表彰、追悼（五月九日・武漢）を通じてその抗戦殉国の精神を大いに宣伝した。後の台児庄の戦いにおける国民党軍側の初勝利の事実もあり、滕県の戦いもその後、「台児庄大捷」の一コマに組み込まれ、今は政治宣伝や「愛国主義教育」を通じて、海峡両岸の中国で広く知られている。(2)

一方、実際の滕県防衛戦は第四一軍の惨敗で終わったので、その戦いに関する確かな記録は殆どない。現在見られる多くの話、物語は、大半生存者の回想であり、「宣伝」の目的に応える英雄談、武勇談が多い。わずかにある中国軍側の「戦闘詳報」も、記録のずさんさと内容の不確実さで利用価値は低い。その上、数十年に亘る政治宣伝にも彩られ、いま書き立てられている「滕県防衛戦」は等身大のそれと大きな開きがある。特に日本軍の兵力構成及び損失に関して、中国側に記録データは皆無に等しく、殆ど当事者の口承にたよる現状であった。

片や日本では、戦後の侵略戦争への反省と平和教育の結果であろうか、滕県や台児庄の戦いに対する関心がなく、知る人も殆どいないが、貴重な記録史料――戦闘詳報、命令、統計資料、陣中日記など――が無傷のまま多く残されている。殆どは戦闘の間かその直後に記された秘密記録、報告書類で、軍隊の組織編成、作戦命令、行動記録、作戦地図、死傷、消耗統計など、細部まで克明に記されている。これらの戦史資料を活用することによって、上の戦争指導部の作戦意図、指揮方法から、下の戦闘部隊の動き、戦果まで把握でき、立体的に戦闘の詳細過程を復元することができる。こうした日本側の史料研究の展開によって、「滕県防衛戦」だけではなく、「台児庄会戦」全体像の解明にも期待が高まりつつある。

しかしながら、こうした厳密で価値が高い旧日本軍の記録史料にも、「死角」というべき面があった。日常茶飯事のように行われた軍の残虐行為の記録は皆無だったのである。戦場となった地元では、いまなお当時の、民間人に対する虐殺、性暴力の記憶が多く伝わっているが、しかし当時の戦闘詳報や、戦後に書かれた聯隊史類の書籍を見ると、慰安婦のことが書かれるにしても、残虐行為の痕跡はつゆほども見られない。地元の民衆の間で八〇年近く言い伝えられた証言は果たして幻の記憶なのか、本論文はそれを問題にしたい。

戦時中の日本軍による残虐行為は、現在、加害、被害側の国家両方によって政治問題化されてきたため、学問的研究が難しい。日中戦争中の、日本軍による南京虐殺事件のように、タブー視と過度の宣伝という国家の立場対立の図式――いわば、歴史認識の対立――の下で、不確実な数字への拘りが極端な「幻」論からの反発を刺激し、国家も政治家も論争に介入しているため、国民間の不毛な感情対立を激成し、科学的な事実検証を困難にしている。

このような局面を切り開くためには、政治宣伝のバイアスを外して冷静を取り戻す必要があり、かつ調査研究の面においても、感情対立の結果を来しかねない責任追求、悲惨描写、数字陳列の方法を避け、科学的方法によって一つでも多く史料、実例を収集して積み重ねていく、根気のいる作業が必要であろう。学問の目的は、歴史事実の記録であり、民族怨恨の種を播くためではない。

本論は、日本の戦史記録と中国の悲惨記憶の両面から、旧日本軍による人道面の犯罪の事実を明らかにする作業である。また、史料の分析を通じて旧日本軍の、欧米人に対する「権益尊重」と中国軍民の虐殺の二面性を対比し、ジュネーブ条約を無視する、軍の体質の問題も問いたい。

一　北沙河事件にみる日本軍の残虐行為

（1）任世淦調査の価値

まず、本論に多く使われる任世淦資料について紹介しよう。任世淦（一九三六年一月二二日生まれ、郷土史家、現在棗荘市市中区花園西小区在住）は、滕県作戦の二年前、県城内黄宅の教師の家に生まれ、四五年間にわたって教師を務めた。一九九七年、滕州市官橋鎮中心中学副校長を定年退職した後、独自で地元の台児庄、滕県戦闘中における、日本軍による戦争犯罪の事実を調査し始めた。退職金を取り崩して、バス、自転車を乗り継ぎ郷土の戦場を駆けまわり、十数年の間、一五〇〇村を訪れ、聞き取りした経験者、被害者は三〇〇〇人を超える。その間、三〇冊近い調査ノートを書き記し、二〇〇〇枚あまりの写真を撮影した、と本人はいう。また熱意だけではなく、その研究調査の方法にも、学問の試練に耐えうる厳格さがあった。調査の公正を期するため、任は現場取材の場合、必ず日付、相手の氏名、年齢、家族関係、記録の場所などのデータを確認し、聞き取り終了後も、重要な証言について、取材相手の写真を撮り証明の拇印をもらう。これは、行政側も時々おこなう政治目的の統計(3)より、はるかに厳密なものであった。

また任世淦調査のもう一つの特徴は、旧日本軍の聯隊史など、日本側の記録を解読しながら対照的に行うことにある。原史料の収集、解読能力の面に弱点もあると思うが、ピンポイント的に、効果的に調査を進めることができ、双方の資料による史実の還元でその信頼性も格段と高められた。現場調査を重ねているうち、日本軍の作戦史料及び軍内部の事情にも通じるようになり、台児庄の戦いに関して、専門家、専門書以上の知恵、見識を示すことが多かった。今は生涯の大作『一九三八・徐州会戦秘史』の執筆に明け暮れる毎日だ、という。

筆者は二〇一四年三月、滕県作戦研究のための現地調査中、任と知り合い、六月の再対面で、任から滕県作戦に関する一部の調査データの提供を受け、また七九歳になる任とともに残虐行為が行われた北沙河村と滕県東関の現場にはいり、二人の当事者（ともに九一歳）に話を聞いた。この論文に使われた虐殺の資料は、筆者ではなく殆ど任の調査データによる。

滕県作戦を担当した瀬谷支隊の二つの歩兵聯隊（松江第六三、岡山第一〇）は、いずれも筆者在住の日本中国地方の郷土聯隊であり、勤めている岡山大学も、かつて瀬谷支隊の本部（第三三旅団、旧大学本部の建物）と第一〇聯隊の兵舎の跡地にある。現在の美しいキャンパスとのどかな風景から、とても八〇年近く前の戦争時代の狂気は想像できない。それだからこそ、郷土の若者に対して、先人が犯した罪の事実を教え、歴史に書き留める義務を感じる。それは個人の責任、地元の責任を問うのではなく、戦争の装置だった戦前の日本という国の責任を明らかにし、いまなお郷土の誇りとし、顕彰されつつある「お国に殉じた英霊」（図1）の意味をあらためて考え、反省することにある。

図1　旧練兵場の跡に建てられた顕彰碑　筆者撮影

（2）北沙河事件

北沙河事件の調査は、任世淦の代表的仕事の一つである。事件の全容を把握するため、任は一〇回にわたって村に入り、多くの証言を聞き取り、整理を通じて村全体の死亡者数と被害者の姓名（大人のみ）、家族・親族関係、性別を割り出している。この調査を元に、犠牲者八三人を偲ぶ虐殺記念館（二〇〇五年九月）まで建てられている。地元の村に言い伝えられた記憶なので、被害者は戦闘行為と無関係の民間人であることは言うまでもない。

以下ではまず北沙河事件の全容を見てみよう。

北沙河村は滕県から北へ八キロのところにある北沙河（雨季以外殆ど水がない）の北岸に位置し、西方一キロ弱の距離に津浦鉄道（天津／浦口、今の京沪線）が南北に走り、昔の滕県、臨城に通ずる官道（街道）は斜めに村を貫く。当時は一六八戸、人口六八〇人あまりの村である。北沙河南岸から県城に至る地域には、滕県防衛の陣地が幾重にも交錯し、北岸に位置する村は、滕県防衛の前哨、敵情を伝える狼煙台の役割を担ったと思われる。

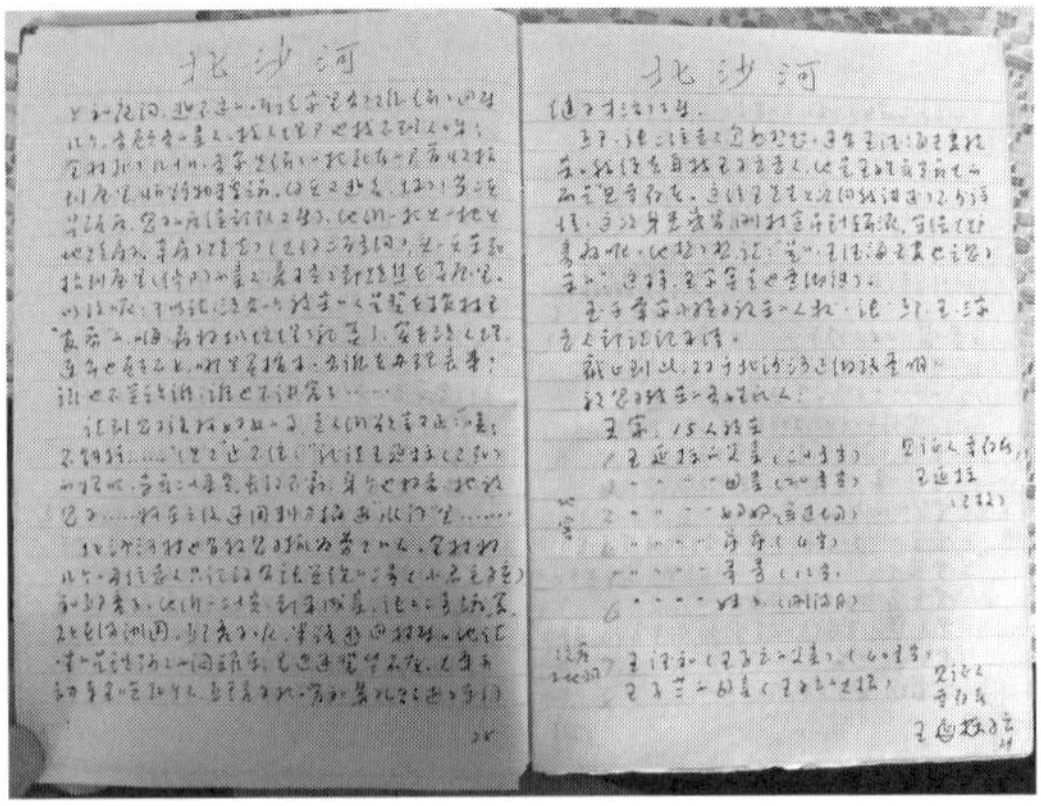

図2　北沙河事件調査ノートの一部　　任世淦氏提供

一九三八年滕県防衛戦前日の三月一五日朝、日本軍が村に押し入り、多くの村民を殺害した話は、村人によって代々言い伝えられてきた。その真相と被害の具体的様子を明らかにするため、任世淦は二〇〇一年ころから四年の間、前後一〇回に及ぶ聞き取り調査を行った。調査の結果のすべては口述書に記され、第三回の調査だけでノート一四頁分になる（図2）。明らかになった被害者は合計八三名にのぼり、以下ではまず実名だけ挙げておく。

羅会元　羅時濱　羅会志　羅会勝　羅運全　羅運源　羅会網　羅斗　羅斗の妻　羅斗の長男　羅斗の娘　羅運生

の妻　羅会喜　羅会忠
常のおばあちゃん　常宝安　常宝安妻　常宝安長男　常宝安次男　常宝安の三男　常宝安の娘　常宝和　常宝和
妻　常宝和次男　常宝和長女　常宝和次女　常宝太　常宝太妻　常宝平
王延齢叔母　王延叔の叔父　王党の父　王党の母　王徳和　王延標祖母　王延標の父　王延標の母　王延標の弟
王延標の兄　王延標の妹　王子田祖母　王興河の父　王興河の母　王興河の弟　王興河の妹　王徳柱の妻　王徳
柱の娘　王徳海　王徳海の妻　王子蘭の母　王子蘭の妹
張金元の母　張金元　張益国の祖母　張秀蘭の母　張興倫の長兄　張興倫の三番目の叔父　張興倫の二番目の叔
父　張興倫の父　張興倫の母　張秀喜の四祖父　張秀喜の三祖父　張秀喜の父　張広法　張広具
侯広喜　侯以貴祖母　侯志茂の祖母
胡之啓　胡之啓の妻　胡之啓の長女　胡之啓の三女　胡之伶　胡之斌　胡之才　胡之茂　胡徳位
邱慶友　邱東田　邱培元　邱丁　邱以柱　邱以元(4)

被害者すべては村落の構成員で、戦闘員、軍人ではないことをまず確認しておきたい。また各被害者家族からの聞き取りなので、死者の名前は不明確の箇所があっても（例えば、某の兄）、数と家族関係の記憶に間違いは少ないと思われる。犠牲者のうち、三二名が女性であり、老人、子供が約三分の一を占める。また、羅姓、常姓、王姓、胡姓、張姓など同じ名字が多いことから、家の壕で、一家皆殺しの例が多いと確認できる。殺害の方法に関しても、無抵抗の村民だったためであろう、銃を使わず銃剣、軍刀による「刺殺し」「斬り殺し」の例が多い。村民の話を総合すると、日本軍はまず村民を各壕から誘き出し、応答しなければ壕内で、あるいは出壕してから殺害する。出たものでも働ける男子を道路の補修などに狩り出し、女子に暴行を加え、服従を拒めば老幼も構わず殺害した、という。複数の生々しい記録から、一家皆殺しの一例だけを示しておく。

(3) 王延標一家の遭難(5)

王延標一九三二生まれ事件当時六才

…当時、私の一家七人は防空壕に身を隠し、お祖母ちゃんは七〇幾つ、父母は三、四十代だったと記憶している。兄十二才、弟四才、妹は生まれたばかりだった。私は六才だった。壕は浅く、王徳和〔親戚と思われる——筆者注〕がいる場所は入り口に近く、まず日本軍に壕から引きずり出された。バーンという発砲音とともに王徳和は倒れた。そのあと一家七人が誘き出され、私は怯えてお祖母ちゃんにすがりついた。お祖母ちゃんは、「命だけは助けて」と土下座して命乞いしたが、聞き入れられず、まず兄が銃剣で刺され、悲鳴を上げ倒れた。悔しさのあまりおばあちゃんは地団駄を踏んで気が狂い、その間、凶暴な日本軍は父と母を相次いで突き殺したあと、お祖母ちゃんを銃で殺し、痩せた死体を壕前の水溜まりに放り込んだ。水溜りのほとりに生き残ったのは三人の幼児だけになった。日本軍……兄弟三人を摑んで一人ずつ水溜まりに投げ込んだ。これで弟も妹も溺死し、私だけお祖母ちゃんの死体に浮かされた形で、溺死せず生き延びた。日本軍が去ったあと、私は水溜まりから這い上がり、家の中に入った。怖くてたまらず、濡れた綿服を脱ぎ捨て、布団に身をくるみ、寝床の下に隠れた。寝床下の土瓶には母が隠した卵があり、私はこの数個の卵で生き延びた。(6)

二　日本側の史料からみる北沙河

（1）「界河附近の戦闘」

暴行を働いたのは日本軍のどの部隊か。本題に入る前に、まず虐殺の背景となった「界河附近の戦闘」（中国側が「界河阻撃戦」という）を紹介しよう。

北支方面軍第二軍第一〇師団は、一九三七年一二月下旬、韓復榘軍の不抵抗政策の隙に乗じ黄河渡河作戦を成功させ、一気に省都の済南を陥落させた。その後、戦線不拡大の指示で、済寧、鄒県、曲阜一線に進出し守備態勢に入った。大本営の陸軍参謀本部は政治的配慮（戦線不拡大の政府方針）と山東省における日本軍の作戦力の弱さから、第二軍の南下作戦の意図を制止しようとしたが、現地では配下の第一〇師団と第五師団側が山東軍、四川軍の抵抗、騒擾を理由に、積極的に南下作戦を主張した。第五師団も早くも二月下旬から警備地の青島付近から南の沂州の方に兵を進め、第一〇師団の瀬谷支隊も南部山東に進撃するため、三月七日、南方にある敵の主力（第五戦区第二二集団軍、孫震司令長官）を撃滅させ「一挙ニ臨城迄追撃スル」作戦計画を立て、(7)三月一三日、第二軍から認可された。これで、東部戦線の第五師団坂本支隊（坂本順少将、兵力約一万二〇〇〇名）による沂州方面の南下進撃（二月二〇日）に続き、西部津浦鉄道沿線では、第一〇師団瀬谷支隊（兵力約一万二〇〇〇名）による臨城、台児庄方面への進撃作戦も開始した。東西の挟み撃ちで一気に四川軍（第二二集団軍）の司令所たる臨城を攻め落とすというのが、作戦（南部山東剿滅作戦＝台児庄作戦）の目的であった。

瀬谷支隊は配下の兵力を左、中、右三つの縦隊に編成し、左縦隊は第六三聯隊主力、右縦隊は第一〇聯隊、中縦隊は六三聯隊の一大隊及び支隊本部、砲兵、輜重などで構成し、津浦鉄道及び官道（街道）に沿って南下する作戦命令を下した。進撃開始の時間は三月一四日払暁に設定し、一日目の目標は「朝行動ヲ起シ先ツ界河附近一帯ノ敵ヲ撃破シ滕県附近敵主力ニ対スル攻撃ヲ準備セントス」であった。[8] 滕県は、臨城進撃に避けて通れぬ戦略の要衝であった。

一四日朝から、右縦隊（第一〇聯隊、赤柴八重蔵大佐）は鄒県南の石墻、両下店駅より、左縦隊（第六三聯隊、福栄真平大佐）は鄒県東南の張家桃園よりそれぞれ南進を始め、東西の両方向から十数キロ先の軍事要地界河鎮を目指した。左縦隊が受けた命令は「主力ヲ以テ鄒県→香城→小山陰→前棗荘道方面ヨリ三十里舗附近ニ向ヒ敵ヲ攻撃スベシ」であった。[9]

こうして左縦隊六三聯隊の主力約五〇〇〇人は、第三大隊（大村省吾中佐）を先遣隊として官道の東側（左方）の香城、虎山、龍山で抵抗する敵（四五軍一二五師）を駆逐しながら南下し、[10] 一八二〇（一八時二〇分、以下同）軍事要地界河鎮を制圧した後、聯隊主力を界河鎮以南二キロの三十里舗、大万家院、皇娘溝、范家荘一線に集結させ、一九〇〇ころ露営の準備に入った。[11]

初日の戦闘では、思ったほど手強い敵の大軍に遇わず、左縦隊の戦果は「敵の遺棄死体」七五〇名に対して「友軍死一、負傷一五」という、上々の戦果であった。[12] 右、両縦隊とも順調に展開していったが、浮き彫りにされた問題もあった。敵情報の不足、不正確である。滕県の北側に敵の防御陣地が縦深数キロに亘って築かれ、一、二万人の四川軍が徹底抗戦の姿勢で構えてあることが分かっているが、[13] 具体的な布陣と兵力の配備状況を摑めず、初日に予測した敵の主力も現れなかった。これまでの敵情報は、殆ど鄒県で密偵や住民の提供によるものであったが、実際、現地に行ってみると、「その陣地施設の実態は既成概念とは雲泥の開きがあり、情報と実際との甚だしい相違には全く唖然たらしめられた。…密偵或いは現住民から得た情報の信憑度には大いに検証審査が必要であることが、…まざまざと実証された」[14] という。

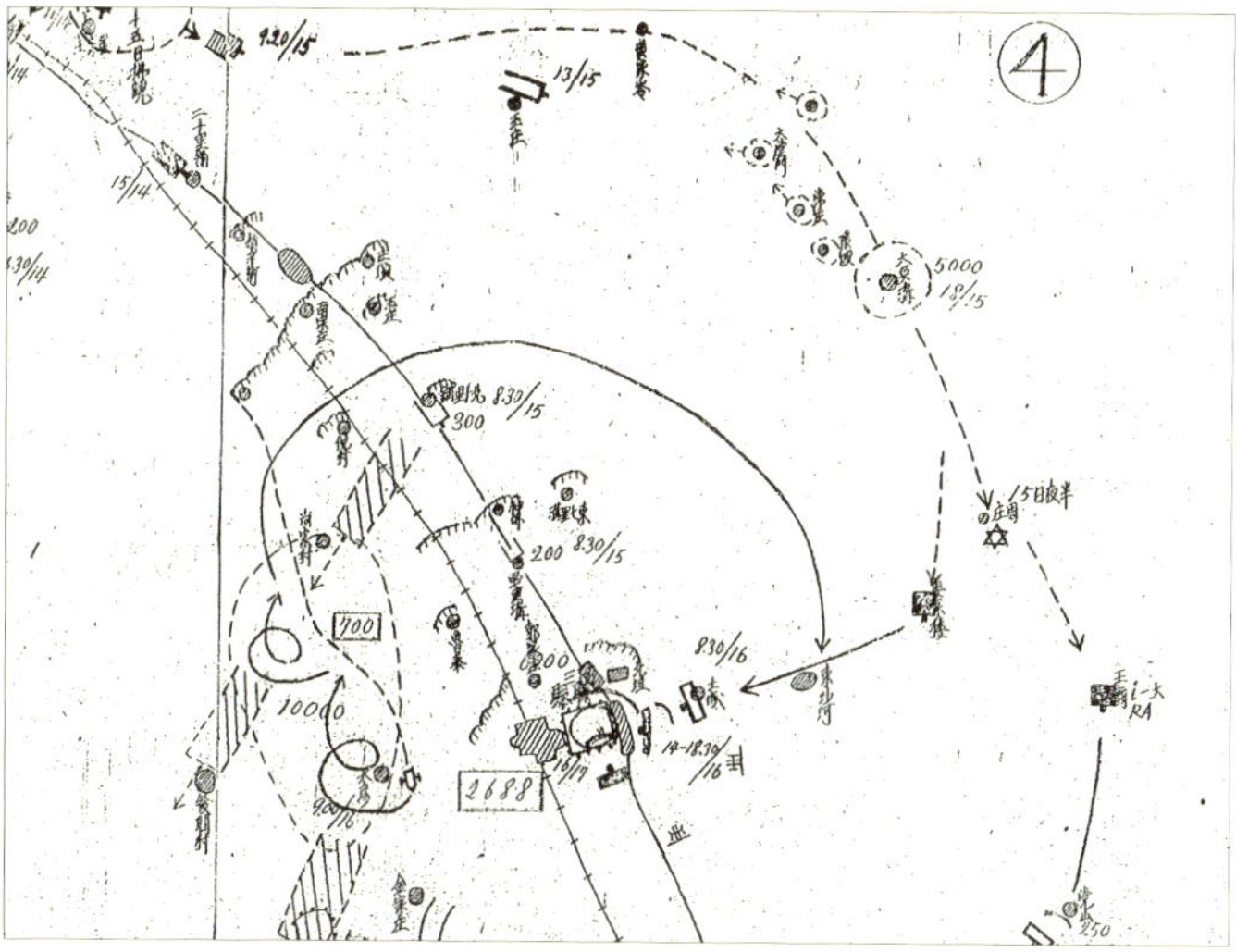

図３　滕県臨城附近瀬谷支隊戦闘経過　礒情第50号、Ref.C11111034700.№974

正確な情報を入手することは、次の行動を決める緊要事になり、敵情不明の中、瀬谷支隊長は、官道に沿って南下する正面進撃をやめ、迂回して東方から滕県に接近する作戦方針に転換した。

（2）偵察命令下される

三月一四日夕方、左縦隊が集結する范家荘、三十里舗一線は、敵の前哨陣地が敷かれている北沙河より約八キロ北に位置し、二一四五、福栄真平聯隊長は、界河北下看舗にある瀬谷支隊長より「可成速ニ砲兵通過ノ目的ヲ以テ界河→東郭→王廟（滕県東方二里）道ヲ偵察スベシ」との命令電報を受け、直ちに「附近住民」の言を徴し「東郭ニ至ル間稍々難路ナルモ諸兵ノ通過ヲ許シ三十里舗→東郭以南地区ハ一般ニ平地ニシテ車両通過ノ為道路良好ナリ」と報告した[15]。このルートは、龍山南麓を通って東へ一五キロの東郭で南に転じ、一二キロ先の王廟を目指す、滕県への迂回路であった（図3）。

福栄聯隊長の報告を受け、瀬谷支隊長は二四〇〇、翌一五日の行動命令を出すが、それは、両縦隊とも迂回路を通り、東方から滕県に接近する内容であった。さらに左縦隊に、出発する

前の深夜を利用し、一、北沙河を始め滕県防衛陣地に対する威力偵察と、二、東進迂回路の道路調査の偵察命令を伝えた。(16)

命令を受け福栄聯隊長はすぐ偵察の任務を部署し、三〇分後の一五日〇〇三〇、次のような左縦隊命令を下達した(摘録)。

一、左縦隊ハ払暁迄ニ態勢ヲ整理シ本道以東北沙河附近ノ敵情地形及ビ遠ク滕県東方ニ向フ迂回路ヲ偵察シ爾後ノ行動ヲ準備セントス

一、……爾余ノ部隊（迂回路偵察及び警備交代の二中隊を除く――引用者）ヲ以テ崔家庄ニ兵力ヲ集結シ本道以東北沙河附近ノ敵情及地形ヲ偵察シ爾後ノ行動ヲ準備スヘシ

一、12〔中隊〕ハ午前七時迄ニⅢ〔大隊〕ノ歩兵一中隊ト現任務ヲ交代シ爾後捜索隊トナリ直ニ出発三十里舗↓東郭↓王廟道ニ前進シ特ニ砲兵通過ノ目的ヲ以テ其景況ヲ偵察スベシ(17)

命令を分析すると、聯隊長は偵察の任務を第三大隊に与えたことが分かる。第三大隊には九～一二の四個中隊があり、迂回路偵察の任務は第一二中隊に与えられ、第一〇中隊は第一二中隊と任務交代して、聯隊本部の警備についた。そして残りの第九と第一一の両中隊に、北沙河村への敵情偵察の任務が委された。なお住民の証言も、四川軍の記録にも「戦車」が村外に来たというので、福栄聯隊に配属した第二軍直属の軽装甲車第一〇中隊（一七輌）も威力偵察に加わったことが分かる。

北沙河村の虐殺事件は、つまり一五日朝方六時ころまでの四、五時間の間、「北沙河附近の敵情地形」を偵察する任務中、第六三聯隊第三大隊第九と一一両中隊によって起こされたのである。

（3）事件場面の還元

戦闘詳報には、これ以上の記録はない。あるのは、任務「完遂」後帰隊の時間と天候の記録だけである。これに補うため、次に任世淦の調査資料などによって、任務遂行の様子を還元してみよう。具体的な記録が少ないので、この部分に筆者の推測が入ることを、先に断っておく。

左縦隊（第六三聯隊）長福栄真平が北沙河方向への威力偵察の命令を下達したのは一四日の〇〇三〇であり、聯隊本部から一キロ離れた三十里舗村にある第三大隊長大村省吾（中佐）が電話口にて命令を受領した。大村はまず東郭方向への道路偵察の任務を聯隊本部の警備を担当した第一二中隊に与え、代わりに第一〇中隊を聯隊本部（范家荘）に差し向け、警備を交代させた。そして、残りの第九（大西弥大尉）、第一一中隊（村上則重中尉）及び軍直独立軽装甲車第一〇中隊に、北沙河方面における威力偵察の命令を下達した。

部隊の集結、戦闘準備に多少時間を要し、一五日深夜二時頃であろう、歩兵二個中隊、装甲車一個中隊で構成する大規模な偵察部隊（四〇〇人ほどと思われる）を出動させた。大村中佐は自ら指揮をとり、夜道の官道に沿って、障害物を排除しつつ一路南下し、南方七キロ先の北沙河村を目指した。晴れで一三夜の明るい月に照らされ、視界には支障がなかった。北沙河村には敵軍がいるという情報があるため、部隊は軽装甲車を先頭に捜索しながら進み、二時半ころ、まず途中の柳泉村を通過した。ここでの「偵察」行為中、村民の劉老頭、張鳳彦、翟学道の母の三人を殺害し、払暁三時ころ、官道の宿場町である二十里舗に到達した。この村での掃蕩中、さらに村民陳正斌、孫景柱、辛憲田、辛憲瑞の兄、計四人を殺害し、一部の兵士は村の黄家酒店に押し入り、見つけた高粱酒を大量に呑んだと、住民が証言する。

その後、部隊はさらに南下し朝方四時頃、目的地の北沙河村の入り口に辿り着いた。中国側の《第二二集団軍滕県戦役に関する戦闘詳報》によると、前日（一四）滕県方面から四川軍「一二二師三六四旅二営」及び界河の激戦（午後六時前後と思われる）で敗れた一二七師の敗残兵数百人は「持久抵抗」のため北沙河南岸に陣地配備されていた。[18]三六四旅長王志遠の記録でも、一四日北沙河に部隊が配置されたことが確認でき、王自身もこの日八時「北沙河に赴き陣地を視察した」と記している。[19]

村の入り口で官道は防戦車壕によって切断され、上はさらに雑木が積まれ、軽装甲車の前進は不可能となった。ここで敵の襲撃に備える戦闘姿勢で、展開した部隊は村内に入ったが、敵の影を捕捉するに至らなかった。村には守備部隊一人もいない、空っぽの状態だったのである。ここで大村大隊長は、部隊を分け、軽装甲と歩兵一中隊に北沙河対岸の敵陣地に対する威力偵察を命じたと思われる。村内において、戦闘も軍隊もなかったが、第二二集団軍の戦闘詳報には、南岸の北沙河陣地と西方の鉄道線路あたりに戦闘の記録があった。参考に記しておく。

払暁、敵の機械化部隊二千人余り、迂回して我が北沙河陣地を襲撃し、我が一二二師三六四旅の張宣武団はただちに応戦し、決死隊を組織して鉄道両側に潜伏し、手榴弾で敵の戦車五、六両を破壊した。また多くの道路を切断、破壊し敵の侵攻を阻止した。戦車の掩護を失った敵は戦闘力が急減し、我が機銃の猛射を受け、大量に死傷した。ここの抵抗戦で敵は侵攻をとりやめ、砲撃で対応するのみであった。[20]

この「戦闘」について、六三聯隊の戦闘詳報は全く触れていない。したがって、敵による大量殺傷や「戦車」の破壊は一方的狂言と思われるが、河南岸の陣地に対する威力偵察の際、偵察中隊は、守備する張宣武団（七二七団）の一部と小競り合いを起こし、また軽装甲車の行進が道路の破壊によって阻止されたことは、確かなようである。

一方、村内に入った偵察隊の一部（一中隊弱と思われる）は、北沙河村で村民を集め、敵情の聴取、道路にある障害物の撤去、補修に急ごうとするが、どの家も空っぽで、辺り一面、壁に書かれた反日のスローガンが月光に照らされ、兵士たちの敵意を煽った。北沙河村は、四川軍の前線司令部の所在地で、この前日（一四日）、二二集団軍の孫震司令官が臨城から前線視察のため北沙河に立ち寄り、ここで「附近の部隊長、幕僚を招集して作戦方針を指導した」、という。(21)まもなく捜索部隊は村人が潜む数箇所の地下壕を見つけ、銃と手榴弾に怯えて震える村民を外に狩り出し、広場に集めた。壕から出ようとしないもの、夜色に乗じて逃げようとするものは容赦なく殺害された。集められた村民は男子が障害物の撤去、道路の補修に狩り出され、女子には性暴力などが加えられた（証言による）。村内の滞留時間は一時間あまりしかなかったが、この間、女性、子供を含む八三人の村人が犠牲になった。偵察「任務」は朝方六時ころで「完了」し、大村大隊長は部隊を集め、来た官道を逆戻りして聯隊本部のある范家荘に引き上げた。

部隊には通訳らしい通訳が付いておらず、意思疎通できない苛立ち（村民の証言）、隠れて逃げまわる村民の不協力、辺り一面の反日のスローガン、敵前の村落という警戒認識、道路の破壊そして兵士の多量の飲酒のいずれもが、村民の大量殺戮の理由と考えられる。

偵察隊は、七時過ぎ聯隊本部に帰還し、結果を福栄聯隊長に報告した。現地で二時間ほど休憩、待命のあと、〇九二〇出発した。行進の道は、第一二中隊が先遣した東への迂回路で、北沙河を通る南への官道ではなかった。敵前の村で騒ぎを起こし、大部隊がまもなくやってくる錯覚を四川軍に与える意図があったかも知れない。(22)

戦闘詳報の記録によると、三月一五日の天候は「晴、日出午前六時二十二分、月齢十三日」。なお、事件前日〔一四日〕の戦闘において、第三大隊の兵員数は一一八一（一四）（カッコ内は非戦闘員）名で、死者一名、負傷一四名であった。(23)

（4）行進部隊の爪跡――一五日～一八日

一箇所の村で多数の死者を出した北沙河村の例は極端であるが、この種の行為は決して偶然ではないことは、任世淦による追跡調査で分かる。瀬谷支隊の両主力聯隊は、行進中通過の村々に、例外なく民間人殺戮の記録を残しているからである。以下は、滕県作戦の三月一四日から一八日の五日間、第一〇聯隊、第六三聯隊が作戦、行進の方向の村々に残した爪跡の記録である。任の資料は、すべて村落名、被害者実名及び被害状況付きの記録であるが、紙幅の関係で、実名を省き、また、村ごとではなく、一つ上の行政単位である「鎮」ごとにまとめた。

界河鎮（六三聯隊の作戦地域）：界河街史克増（銃殺）を始め、九村計一〇七人（先述した北沙河村の八三人を含む）

龍陽、龍山村：耿継堂（撲殺）を始め計三人

東郭鎮：大坞溝村秦傳祥（斬首）を始め五村計一二人

東沙河鎮：江楼村耿楼（銃殺）を始め二〇村計五二人

滕県東関：賈玉芳一家一二人を始め計八八人

滕県城内、城郊：翟宝（刺殺）を始め計九八人

南沙河鎮：馮村朱錫彦（銃殺）を始め一〇村計一八人

官橋鎮：渠村渠開渓（刺殺）を始め九村計二九人

柴胡店：官路口村劉滋友（刺殺）を始め四村計一一人

臨城県：西倉村張開運（銃殺）を始め一七村計六一人

沙溝鎮：沙溝村楊士宏（刺殺）を始め計五人

他二九人
以上合計殺害五一三（内女一一二）人[24]

このうち、界河、龍陽あたりは、三月一四日の六三聯隊、一〇聯隊の戦場、経過地であり、東郭鎮一円は、一五日両聯隊が前後して通過した東への迂回路沿いに位置し、四川軍との戦闘があった。東沙河鎮の村々は、一六日払暁第一〇聯隊の威力偵察の地域にあり[25]、滕県の東関、城郊は一六―一八日第一〇聯隊の戦場地であった。そして、県南の南沙河鎮は一六日における六三聯隊の主戦場で、官橋鎮、柴胡店、沙溝鎮はいずれも滕県から臨城への道路沿線にある村で、一七日から一八日、両聯隊が前後して通った道であった。

殺害の方法も、「銃殺、斬首、撲殺」と、人ごとに記録されているが、特徴として「刺殺」が圧倒的に多いことである（半分以上）。丸腰の民間人を殺害するときの特徴ではなかろうか。婦女子より男子が多く殺されたのは、戦闘行為の中、敵の便衣隊、スパイの疑いをかけられ処刑されたケースもあったためと思われる。

四　滕県作戦における民間人の被害

（1）戦闘詳報の疑問点

北沙河村事件を起こした第六三聯隊に対して、歩兵第一〇聯隊は、滕県の攻城部隊で、滕県の惨事を引き起こした部隊であった。瀬谷支隊の右縦隊として赤柴聯隊長に指揮され三月一四日、鄒県南西唐村から出発し、石墻鎮を経て、第三、第一大隊が分かれて南下した。途中敵を排除しつつ「正子」（深夜〇時）、界河西八キロの池頭集に聯隊の主力を集結させた。そして休まず深夜界河の方向に進み、一五日払暁四時、界河西方三キロの東曹村に進出した[26]。一五日午前、界河南の房嶺に集結した後、一一時左縦隊の行進路線に沿って東迂回路に入り、東郭（滕県北東一〇キロ）を目指した。この時受けた支隊命令は「正午出発鉄道線東方地区ヲ迂回シ翌十六日東方ヨリ滕県ヲ攻撃スルコト」であった(27)。なお、一四日からの一日目の戦闘において、右縦隊の第一〇聯隊（第二大隊欠）の兵員数は二五五三名で、死者三名、傷一〇名であった(28)。

六三聯隊の後塵を拝して東郭に到達したのは二〇時五〇分、東郭鎮の「大呉溝」（大鄔溝）に至り、瀬谷支隊の作戦命令第一一号を受け、また赤作第八号を下達し、「諸隊ヲ開進ノ配置ニ就カシ」めた(29)。東郭鎮より、第一〇聯隊は南の王廟に向かう六三聯隊の行進ルートから離れ、南西に折り返し、周荘、姜家楼（江楼村）、万荘、小公（宮）山一円で夜を明かし、西方東沙河鎮の方向に威力偵察を展開しながら、滕県東部に接近し、一六日朝、城東に部隊を展開して攻城の態勢を整えた(30)。東沙河鎮の各村における「威力偵察」において、小宮山村の楊際発の伯父（撲殺）、唐村の唐子階（銃殺）以下、二〇村合計五二人の民間人が殺害されたと、任世淦資料が記録している(31)。

二日間にわたる滕県攻防の詳細については改めて論じるが(32)、結果を簡単に紹介すると、攻城は一六日午前から始まり、一七日の深夜落城させ、一八日の正午掃蕩、戦場整理が終了した。戦いにおいて、赤柴聯隊は歩兵二個大隊を中心に計二五八九名の戦闘員を指揮し、守備軍三〇〇〇、高さ一五メートルの城壁に守られた滕県城を攻め落とし、守備軍の大半を死滅させた。これに対し第一〇聯隊側の損失は死者一六名、負傷者合わせて一四六名のみで(33)聯隊史を飾る歴史的大勝利で幕を閉じた(34)。実は、この今に至るまで顕彰され続ける輝かしい勝利の裏には、血なまぐさい敗残兵、負傷兵、民間人殺戮の一面が隠されていた。

以下では、日本軍側の記録史料の分析を、中国側の任世淦調査資料と突き合わせてその実態を探ってみよう。

通説では、滕県城の守軍数は王銘章部隊を中心に三〇〇〇人とされ、殆どは降伏せず「殉国」した、という。第一〇師団の情報記録も、概ねこの数字である。例えば三月一九日作成した『磯情』六九号では、「昨十八日迄ニ調査判明セル敵ノ遺棄死体」は「参謀二、営長一其他二六八八」となっており、捕虜は「団長代理一　少佐参謀一　其他十五」であった。戦利品中の武器は「チェック〔軽機関銃〕八、小銃五六九、自動小銃三〇、マキシムＭＧ〔重機関銃〕九、重迫撃砲三」となっている[35]。

一方、第一〇聯隊の「戦闘詳報第十一号附表」には、鹵獲小銃三八九、自動小銃三四、水冷式機関銃一〇、モーゼル拳銃八、迫撃砲三　チェック一、捕虜二三と記録され[36]、「敵ニ与ヘシ損害ハ遺棄死体ノミニシテモ其数三千百ヲ算スルニ至リ」と[37]。

当時攻城に参加せず、西門外の迎撃を命じられた第二大隊の戦誌も記す。「城内の死体約三〇〇〇体で、こんな戦は始めてである。Ⅱ〔大〕隊正面五〇〇体あった。…城内付近には敵屍累々、我が砲撃にて火災あり、死体の焼けた悪臭鼻向けもならず、城壁に上って見れば、城内の家々はすべて屋根に砲弾で大穴があき、完全な家は一軒もない[38]」。

「遺棄死体」数については『磯情』の二六八八に対し第一〇聯隊戦闘詳報の三一〇〇は、多少の違いはあるが、『磯情』六九号が作成した三月一九日の日付を考えれば、その後に完成した戦闘詳報の方がより正確であろう。

問題は三一〇〇の遺棄死体の数ではない。死者に対する捕虜（二三人）の少なさ、負傷者記録の皆無、及び鹵獲した銃器（計四四五点）との大差にある。ここから三つの虐殺の痕跡が露見する。

一、「遺棄死体」には民間人の被害者は含まれていないか。

二、死者より多いはずの負傷者はどのように「処分」されたか。

三、捕虜を捕らえる、保護する気（命令）はあったか、である。

もし、戦闘における四川軍側の死者数が正確に把握できれば、問題解決の道筋が開けるが、あいにく、四川軍の作戦記録はいたってずさんで信頼度は低い。戦後の口伝情報も錯綜していて誰もがその正体を掴めない。研究書《中国抗日戦争正面戦場作戦記》に、日本軍攻城の時点における城内の守軍数は、「歩兵連十一、迫撃砲連一の約二〇〇〇人余、その他、師、旅本部所属の特務連四約五〇〇名、地元武装の約五〇〇名、合計約三〇〇〇余名」と記している[39]。これが真実で、城外に逃れた一二〇〇名[40]を差し引くと、「遺棄死体」は二〇〇〇前後であろう。

一方、一二二師（滕県守備軍王銘章部）の戦闘詳報では、死者一一一名、不明者四七六名合計五八七名と記録しており、一二四師の戦闘詳報では、死者、不明者は六九四名である[41]。一二四師は一六日以降城内に退避するまで、城外の界河あたりで戦っていた部隊で、その損失数も城外の戦闘と合わせた数である。もしその半数を城内での死者とすれば、滕県防衛戦の軍人死者の合計は一〇〇〇名を超えない（九三四名）。

ほかに第二二集団軍（四一、四五軍管轄）司令官孫震が作成した戦闘詳報では、滕県周辺の戦闘において、集団軍四個師全体の戦死者は「三〇〇〇余」（負傷四〇〇〇）という数字もあるが[42]、戦闘地域が広いため、滕県戦闘における特定はできない。

以上から正確な数字は把握できないが、各史料を総合して判断すれば、滕県戦闘における守備軍の死者はおおよそ一五〇〇から二〇〇〇人程度、と考えられる。

対して日本軍の戦場整理の記録では、滕県戦闘だけの「遺棄死体」は三一〇〇であり、臨城まで、五日間の戦闘全体の「遺棄死体」数は、八六二〇となる[43]。この統計は、味方の死傷統計のような丁寧さはないが、戦場整理で実際数を数えた結果で、大差はないと思われる。

すなわち、滕県の場合、「遺棄死体」三一〇〇から軍人の死亡、不明者数（一五〇〇～二〇〇〇）を差し引くと、少なくとも一〇〇〇以上の「遺棄死体」の正体が摑めない、ということになる。巻き添えになったり、虐殺されたりした民間人が数多く含まれることは間違いない。

戦闘員の「遺棄死体」にも問題が残る。両手を上げ、命乞いした投降兵はなかったか。負傷して抵抗をやめた将兵は含まれていないか。負傷兵を介護する衛生兵、野戦病院の関係者はなかったか。常識では、死者より負傷者、降伏者の数の方が多いはずだが、第一〇聯隊の戦闘詳報には「遺棄死体」以外の記録はない。

以下は、滕県戦闘の場面ではないが、同じ第一〇聯隊第二大隊の兵士の戦後の証言である。

一線で捕虜になるのはむつかしい。お互が命を張ってむきあっているからだ。しかし捕えられても、一線部隊の捕虜は決っして良い待遇を与えられない。これは洋の東西を問わず同じらしい。消耗のはげしい一線部隊では、一兵といえども捕虜の為にさきたくない。後方が求めた捕虜以外は、情報を待っていようといまいと、たいていその場で処分される。特に日本軍には「生きて虜囚の辱を受けず」の言葉が生きている。敵に対しても、捕虜は生きる値なしと見ているのか、兵士に対して、此の言葉を反芻さすためか、殆んど斬首・刺殺の待遇を受ける。不安と諂いの表情を浮べる彼等の歩む道は、常に憐れなものである。(44)

筆者の推測に過ぎないが、落城後の掃蕩中、日本軍は、一、民間人を含めて生存者をすべて敵として屠る。二、負傷兵も投降の意思を示す将兵も容赦なく射殺する。三、将校や、情報提供に利用するなど、有用の者以外捕虜を捕えない、という戦法をとったのではないか。滕県の例からも、南京の虐殺を彷彿とさせる。

以下では、任世淦の調査を戦闘詳報の記録と付き合わせて、「遺棄死体」の意味をもう一度考えてみよう。

任の資料によると、一七日東関の陥落後、外城での掃蕩において、避難する家族、店番をする店員、老若男女に構わず、大量の民間人が殺害され、強姦、輪姦、一家皆殺しの例が多く見られる、という。

落城後の「掃蕩」、「戦場整理」は敗残兵、負傷兵、生きるもののすべてに「とどめを刺す」ことを意味した。当時、日本軍に協力し、県長（知事）まで一年間務めた張某の話によると、落城の当日、教会に避難した彼は、ほかの三二名の「紅卍字会」[45]の関係者とともに「日本軍に協力して街中様子を調査した。到るところに死体が散乱し、生きたものは一人もなかった。屋号の大きい商店ほど、中の死者がおおい。多くは店主の命により店番をした下男、店員のようであり、殆ど銃剣による殺害であった」、と。[46]一方、第一〇聯隊の戦闘詳報に「滕県城内外ニ於テ殆ド殲滅セラレタル敵ハ伏屍塁塁トシテ横ハリ之カ死体ノ始末ニ付テハ幸イ城内ニ設ケラレタル紅卍会ニ依リ比較的敏速ニ処置セラレタリ」とあり、「伏屍塁塁」の事実を認めるものの「殆ど殲滅せられたる敵」だ、としている。[47]

軍人か民間人か、まず任世淦資料にある、滕県東関における掃蕩中の一例を見よう。これは、三月一七日滕県東関が陥落した後、賈玉芳一家（大家族）一二人が日本軍によって惨殺された記録である。

（2）賈玉芳一家の記録

賈玉芳は一九二四年生まれ、現在、滕州市城関鎮安楽街に居住している。二〇一四年六月八月の現地調査で筆者は幸い賈さんとお会いできたが、以下の記録は、二〇〇一年四月一〇日、任世淦の聞き取りによる内容である（図4）。

図4　賈玉芳、91歳
（筆者撮影）

私の家は城の東関の春秋閣に近い霍家坑沿にあり、父は仕立屋で店を持っていた。父母のほか、兄弟姉妹五人。私は長女であの時は十四歳だった。ほかに十、七、五歳の三人の弟がおり、末の妹は三歳未満だった。一家は母方の実家と同居し、外祖父は編み物業を営み、趙編箔と呼ばれた。また銀元という幼名の叔父がおり、母親の実家は家族十人の構成だった。日本軍が滕県に侵攻した際、一家は逃げ遅れて激しい砲火の中、家で身を寄せあっていた。……砲声がやみ、日本兵は東関を制圧し、しらみつぶしに各家に押し入り検問した。まず東隣の任家、魏家が襲われ、男は殺され母と娘は強姦された。魏家の娘は悲鳴を上げ、半死状態で家の庭に逃げこんできたが、見つかりまた連れて行かれた。家に押し入った日本軍はまず母の実家の一家全員を東の間で殺し、年寄りも子供も死に際の叫び声はすさまじかった。

日本兵は母方一家を惨殺してから我が家に押し入り、一四歳の私は奥の間の寝台の下に身を隠し、麦わらの束で顔を隠した。日本兵一人が入ってきた、革靴を履いた足が見えた。…鉢合わせになった父はまず一撃され、バタンと倒れた。日本兵が斧を下げていたのをはっきりと見た。倒れた父は足を曲げ、苦しそうに息を数回荒らげ、動かなくなった。三歳の妹はドアの後ろに隠れようとしたが、引っ張られ顔を斧で叩かれ父のそばに倒れた。…あっという間に二人の弟も惨殺された。今度は、日本兵は腰をかがめ寝台の下を覗きこんだ。私は息を殺して怯えていた。さいわい見つからず、その日本兵は血に染まった斧を下げて別の家にいった。恐怖のあまり尿を漏らし綿入れのズボンはびしょ濡れだった。(48)


賈玉芳家に押し入った日本兵は一人のようであり、使われたのは大工の斧か、ハンマーのような道具で、鋭い刃はなかった。これは、戸破りに使いやすく、人撲殺に血が飛び散らない、と任世淦は言う。事件当時、壕に身を隠し難を逃れた賈の母親はその後、命拾いした賈さんとその末の弟を連れてドイツ天主教会に避難したが、数日も経たないうち、五歳の弟も恐懼と病気で息を引き取った。

こうして賈家の二家族、一七人の家で、母方実家一〇人と賈玉芳家四人合わせて一四人が殺害されたのである。

なお、任世淦資料の記録では、賈玉芳の父は賈栄という名前で、母方実家の被害者の親族関係は賈玉芳の外祖父(編み物業)、外祖母、叔母五人(いずれも未婚、十代と思われる)、叔父(幼名銀元)など、であった。叔父銀元の幼名だけを覚えていたのは、遊び相手だったためであろう。

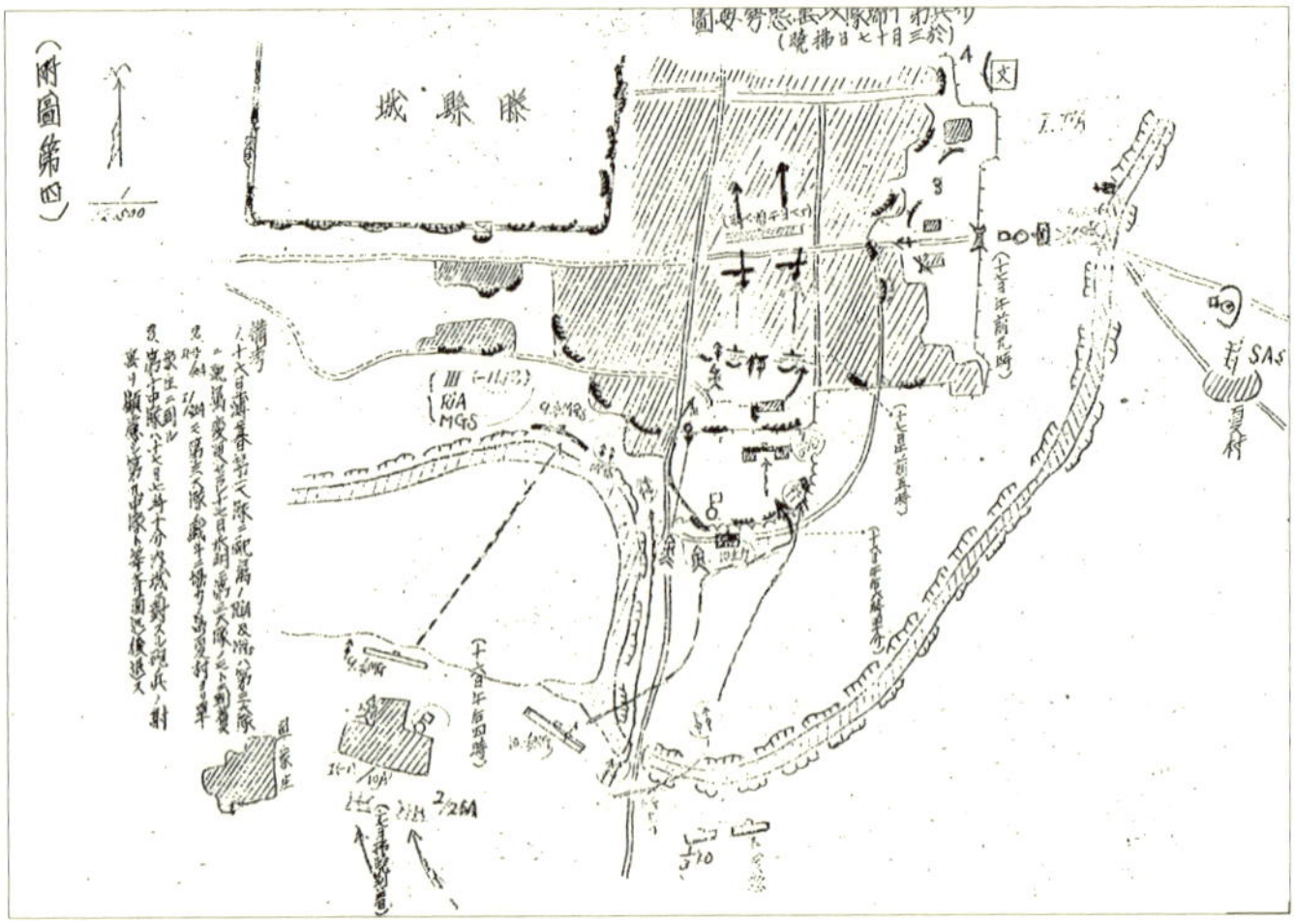

図５　歩兵第十聯隊攻撃態勢要因　　Ref.C11111170400.№1553

（３）第一〇聯隊の東関における戦闘記録

滕県城は約一キロ四方の四角い城郭があり、城壁の東側は住宅密集地が付き出した一重の土壁（外郭）に守られ、この外城の部分は「東関」と呼ばれた。内城は高さ一五メートルの城壁と深さ八メートルの水濠に守られていた（図５）。

第一〇聯隊の攻撃は、一六日昼ころ、野砲兵による突破口作りから始まり、一四時過ぎ第一大隊第三中隊は破壊した外郭東門の一角を占領した。「爾後極力日没迄ニ戦果拡張ニ力メシモ敵ノ抵抗頗ル執拗ニシテ著シク進展セス第一大隊ハ更ニ夜ニ入ルモ攻撃ヲ続行シ諸種ノ手段ヲ竭シテ力行セリ」しが、外城（東関）の制圧に至らなかった[49]。第三大隊も一八時四〇分、南から外郭南門より突入したが、激しい市街戦が繰り広げられ、掃蕩は夜通し行われても進展がなく、翌朝ようやく突入した両大隊の一部が東関内で連絡がとれたという苦戦ぶりである[50]。

この日、第一〇聯隊は予想外の頑強な抵抗を受け、戦闘詳報にこう記された。

十六日朝来勉メテ城内ノ破壊ヲ避ケ滕県占領ノ目的ヲ達成セ

ント努力セシモ敵ノ抵抗意外ニ頑強ニシテ加フルニ市街戦ノ特質ハ益々戦闘ヲ膠着セシメ戦況ノ進展予期ノ如クナラス延テハ敵ヲシテ益々抵抗意識ヲ助長セシムルニ過ギザルコトヲ痛感シ今後ノ戦闘指導ハ断乎トシテ深ク決スル所アリ仮令滕県城ヲ灰燼ニ帰セシムルコトアルモ已ム得ザルヘク……。(51)

消耗の大きい市街戦に苦しめられ、「滕県城を灰燼に帰」す報復意識に燃えていることが窺われる。翌三月一七日、増加された重砲兵により、午前一〇時内城の突破口が完成されたが、東関の掃蕩は完了していないため、突破口への接近すらできなかった。焦りだした赤柴聯隊長は戦闘指導のため午前一一時五〇分、苦戦する第一大隊の現場に到着し、速射砲の後ろで戦闘指導を行ったが、逆に狙い撃ちされ一三時過ぎに負傷した。

敵は銃眼を利用して道路を縦射し、或は側射し、或は手榴弾を投擲して、我が前進を妨げること前日と同じく、大、中隊長は掃蕩に苦心を重ねていた。即ち、配属工兵の爆薬によって土壁を破壊し、大隊砲、速射砲の進路を拓き、一門ずつ敵の至近距離に進めて射撃させ、道路縦射のため敵が家屋内壁に設けている銃眼をぶっ潰そうとした。……敵の抵抗は依然頑強で、午前十時に至っても城外の掃蕩は未だ完了せず、寧ろ敵は逐次城壁外に増加し、その抵抗益々執拗となった。(52)

このように、城外東関での市街戦で攻城部隊は強い抵抗を受け、戦果拡張は捗らなかった。

上記賈玉芳家族の惨殺は、つまり一七日外城（東関）の市街戦の間に起こった事件と考えられる。壁の銃眼を利用した道路封鎖、手榴弾の攻撃で、掃蕩部隊は道路に出られず、爆薬で土壁を破壊しながら、一軒、一軒の家を占領し、進路を開拓していった。四川軍の執拗なる抵抗に対する報復心、戦況がうまくいかない苛立ち、戦友をなくした悲しみ、狙撃、逆襲に対する恐怖は、残虐行為の度合いを助長したと思われる。外城（東関）における掃蕩が完了したのは、一七日午後二時であり、この間、任世淦資料にある名前の分かる民間人の被害者だけで、九一人に上る。主として掃蕩を担当した、赤柴聯隊の第三中隊、第九中隊による犯行であろう。ちなみに、人口流動の激しい滕県の街における聞き取り調査は、決して北沙河のような田舎の村ほど容易ではなく、したがって任によって確認された九一人の実例は、被害者全体の中のごくわずかの部分と思われる。

五　第三国の利権擁護

一般住民、負傷将兵、投降者に対する容赦ない殺害とは反対に、日本軍には、しっかり教育され、固く守られた紀律もあり、それは、英米など第三国の利権に対する不侵害と生命、財産の保護である。

滕県にはドイツの天主教会（城内）とアメリカのプロテスタント長老派教会（城外）の二箇所があり、激戦の中、攻城担当の第一〇聯隊はそれに損害を与えないように砲撃、射撃において最大の注意をはらい、戦闘後も慰問、釈明などを通じて、欧米人に対する至れり尽くせりの心遣いを見せた。その様子は戦闘詳報にも記録されている。

戦闘実行部隊トシテ諸外国ノ権益ヲ擁護スルコトニ就テハ最善ノ努力ヲ払フコト無論ナルモ之カ為戦闘行動ノ掣肘ヲ受クルコト尠ナカラス……滕県城内ニハ独逸人教会アリ北門外ニ米国人教会アリテ各自国ノ国旗ヲ掲揚シアリ後刻判明セシ処ナルモ其家屋内ニハ多数ノ支那人信者ヲ収容シアリタリ聯隊ハ滕県城ノ攻撃ニ方リ之カ危害ヲ加ヘサル如ク最善ノ努力ヲ傾注シ砲撃並攻撃運動ニ就テモ細心ノ注意ヲ払ヒタリ。(53)

こうして、「上司ヨリ特ニ注意セラレアル外国権益擁護」の指示、命令の下で、前線の部隊は「努メテ該地域ニ損害ヲ波及セザランコトニ努力スル」が故に、「活発ナル行動ヲ減殺スル」まで、影響を戦闘に及ぼした。(54)また、戦闘運営のためどうしても避けられない教会の一部の損害に対して善後策に努め、和解、謝罪に努力したのである。

以下は、第一〇聯隊長の「軍司令官、師団長旅団長ニ対スル滕県独逸基督教会ニ関スル報告」である。

三月十八日滕県城内掃蕩直後岡崎少尉ヲシテ城内南門附近ノ独逸天主教教会及ヒ場外北郊ノ亜米利加長老教会ノ被害ヲ視察セシメタル処独逸教会ハ礼拝堂ノ壁、宣教師住宅物置料理場ノ屋根等ニ砲弾痕アリ独逸人宣教師二名ハ健在シアリ米国教会ハ宣教師住宅ノ窓ガラス約百枚破損セルノミニテ他ニハ殆ント被害ナク…依テ直チニ両教会保護ノ処置ヲ講スルト共ニ日本軍ノ真意ヲ説キ非ハ飽クマテ支那側ニアルコトヲ述へ之ヲ反復シテ諄々説明シタル処多少ノ曲折ヲ経タルモ数次会見ノ結果別紙ノ如キ「ステートメント」ヲ発表シ日本軍カ両教会ヲ擁護スル為凡ユル努力ヲ尽シタルコトヲ認メ……

三月二十日独逸教会ニ家屋修理資金トシテ金千円寄付シ……亜米利加教会ニハ見舞金トシテ金百円提供セシモ損害軽微ナルヲ理由トシテ辞退セリ　二十一日両教会ノ避難民ニ押収ノ小麦各五〇俵（時価約五〇〇円）寄付シタルニ深ク我好意ヲ謝シ二十一日午後両教会ノ宣教師聯隊本部ニ来リ小職ニ敬意ヲ表シタリ……　斯クシテ何レモ円満ニ解決シ日独日米国交上ニ将来何等禍根ヲ残サヽルモノト思料ス。(55)

民間人、負傷兵、捕虜への残虐な行為とは裏腹に、欧米人に対する丁寧、慎重、親切な対応ぶりが対照的である。

これは事前の軍中央部からの教育、指導があり、また事後報告の義務も課せられたためであろう。また教会に「寄付」した金、小麦も、民間の店から「押収」した「戦利品」であろう。

六　ジュネーブ条約と軍の体質問題

以上のような戦争における日本軍の残虐行為の多発は、今の中国では、長年の宣伝、教育の影響もあろう、「日本人の民族性」、「武士道」精神に因るとする誤解が多い。対して筆者は、旧日本軍の体質にその根本の原因があると考える。

それは、戦いにおいて捕虜になることは軍人の恥とする教育の結果であり、またそれに起因する、軍上層部のジュネーブ条約など国際法規の軽視であろう。ジュネーブ条約とは、戦時国際法としての傷病者及び捕虜の待遇改善のための国際条約であり、赤十字条約とも呼ぶ。日中戦争前一九二九年の改定で、「傷病者ノ状態改善ニ関スル第三回赤十字条約」と、「俘虜ノ待遇ニ関スル条約」の二条約になったが、軍の反対で、日本政府は後者を批准しなかった。

自らが捕虜にならないのであれば（軍隊教育）、相手の捕虜の扱いの意味も理解できず、この場合、もし厳しい捕虜政策や教育、行政命令がなければ、第一線の部隊は捕虜の殺害、虐待の方に走るのがむしろ自然であろう。[56] まして戦闘行為中であれば、捕虜の増加と管理は物資の補給、任務遂行の面に支障を来すことは、言うまでもない。この現象は特に日本軍による少人数対多人数、しかも圧勝の戦いが続く日中戦争の初期において、なおさら現実問題であろう。

日中戦争前の一九三五年、日本政府がジュネーブ条約中の「俘虜ノ待遇ニ関スル条約」を批准しなかったのは、軍部（海軍）の反対によるものであり、理由はおもに以下の三点であった。

一、帝国軍人ノ観念ヨリスレバ俘虜タルコトハ予期セザルニ反シ外国軍人ノ観念ニ於テハ必シモ然ラズ従テ本条約ハ形式ハ相互的ナルモ実質上ハ我方ノミ義務ヲ負フ片務的ノモノナリ

二、俘虜ニ関スル優遇ノ保証ヲ与フルコトトナルヲ以テ例ヘバ敵軍将士ガ其ノ目的達成後俘虜タルコトヲ期シテ空襲ヲ企図スル場合ニハ航空機ノ行動半径倍大シ帝国トシテ被空襲ノ危険益大トナル等我海軍ノ作戦上不利ヲ招クニ至ル虞アリ

三、第八十六条ノ規定ニ依リ第三国代表ガ立会人ナク俘虜ト会談シ得ル点ハ軍事上支障アリ(57)

いわば、一、日本軍は捕虜にならない観念で教育されたので、相手の俘虜を捕らえるのは「片務的」になる。二、作戦に不利をもたらす。三、軍事機密漏洩のおそれがある、という理屈であった。

俘虜の取り扱いに関して、日露戦争や、第一次世界大戦中の日本軍によるロシア人(松山収容所、一九〇四〜一九〇五)、ドイツ人(板東俘虜収容所(徳島)、一九一七〜一九二〇)捕虜優遇の美談が残されるほど、初期においてかなりの注意が払われていた。日本ははやくも一八八六年にジュネーブ条約に加入し、一九〇六年に改定された「傷病者の状態改善に関する第二回赤十字条約」にも再加盟し、一九〇八(明治四一)年、「陸訓第十号」で陸軍大臣寺内正毅の名義で頒布し、「皇国の品位」を守るため、「今より後も条約の規定せる条項を厳に守らざるべからず」と、条約文の「熟読恪守スベシ」義務を、在郷軍人会も含め軍の全体に通達した。(58)しかし、この姿勢は大規模な侵略戦争が始まった一九三〇年代にはいってから変化が見られた。一九二九年のジュネーブ協定の改正に対して受け入れは消極的となり、結局一九三五年三月七日、中の「戦地軍隊ニ於ケル傷者及病者ノ状態改善ニ関スル条約」(赤十字条約)を批准したが、(59)「俘虜ノ待遇ニ関スル条約」(全九七条)は前述の理由で批准に至らなかった。(60)

この捕虜政策軽視の体制は、すでに批准した「戦地軍隊ニ於ケル傷者及病者ノ状態改善ニ関スル条約」(赤十字条

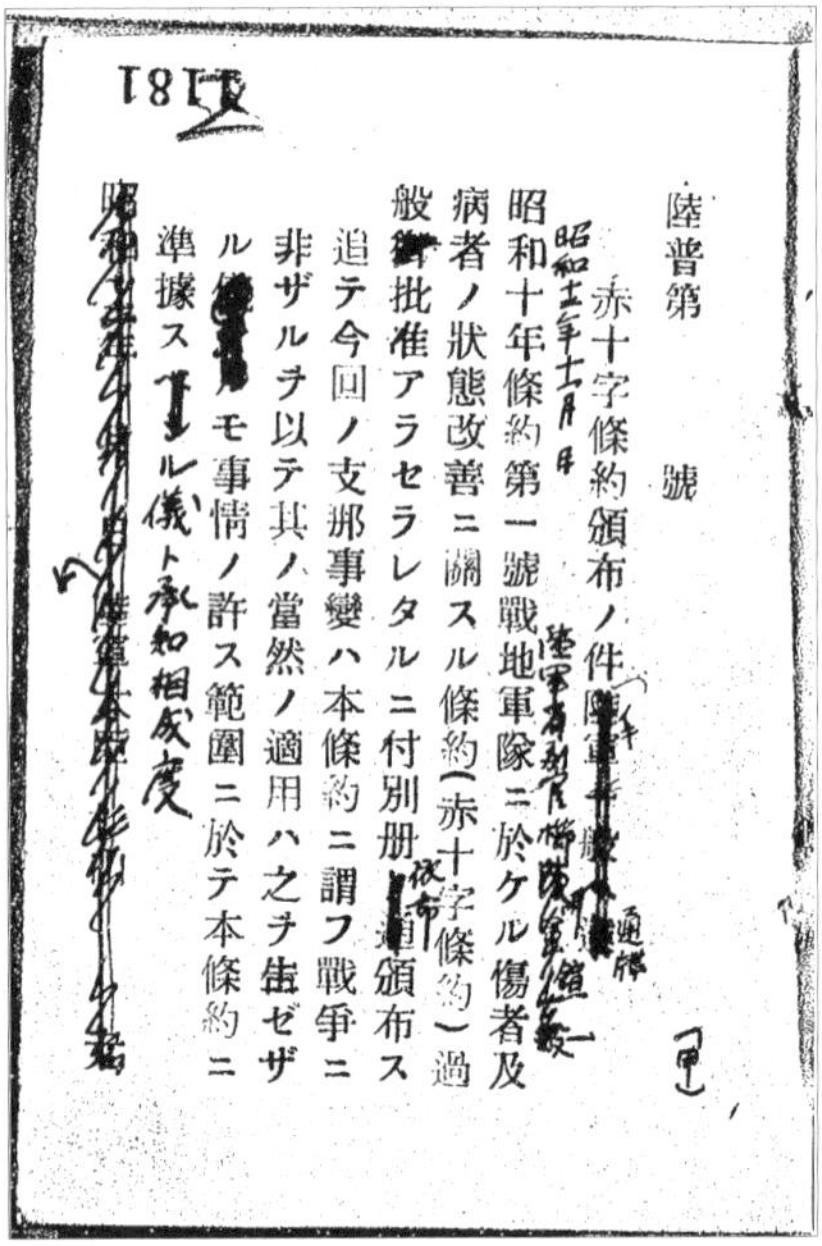
1181
陸普第　號
昭和十二年十一月 日
赤十字條約頒布ノ件陸軍一般へ通牒
昭和十年條約第一號戰地軍隊ニ於ケル傷者及病者ノ狀態改善ニ關スル條約(赤十字條約)過般批准アラセラレタルニ付別冊依命頒布ス
追テ今回ノ支那事變ハ本條約ニ謂フ戰爭ニ非ザルヲ以テ其ノ當然ノ適用ハ之ヲ生ゼザルモ事情ノ許ス範圍ニ於テ本條約ニ準據スル儀ト承知相成度

図６　赤十字条約頒布ノ件陸軍一般へ通牒
Ref.C1001535900.№1181

約）の取り扱いにも悪影響を及ぼしたことは言うまでもない。

　日中戦争（支那事変）に突入してから、二年前に批准頒布した「戦地軍隊ニ於ケル傷者及病者ノ状態改善ニ関スル条約」（中には捕虜に関する条項も含まれている）の履行は現実問題となり、同条約の取り扱いに関して、一九三七（昭和一二）年一一月九日「赤十字条約頒布ノ件陸軍一般へ通牒」（陸普第六七六〇号）という文書が作成された。陸軍省副官櫛淵鎧一の名による陸軍一般への通牒で、一九三五年、赤十字条約の第一条が政府に批准されたことに関する、軍関係者一般への周知のための書類であった。

　冒頭の文書は「昭和十年条約第一号戦地軍隊ニ於ケル傷者及病者ノ状態改善ニ関スル条約（赤十字条約）過般批准アラセラレタルニ付別冊依命頒布ス」で、つづいて「追テ今回ノ支那事変ハ本条約ニ謂フ戦争ニ非ザルヲ以テ其ノ当然ノ適用ハ之ヲ生ゼザルモ事情ノ許ス範囲ニ於テ本条約ニ準拠スル儀ト承知相成度」と解釈した（傍点は引用者より）[61]。

　戦争に突入してから、日本軍は已むを得ずジュネーブ条約に参加した事実を周知させることになるが、「支那事変」は戦争ではないので、守る義務が生じないことを、周知の前提としていた。この文面から、日中戦争における日本軍指導部の体質が窺える。実はこの通知と、防衛庁の史料にあるこの文書作成段階の原稿（ゲラ）と対比すると、さらにいくつかの改悪の痕跡も確認できる。原案（稿）では、陸軍大臣杉山元の名義で発布する通牒であり、審議の段階で、「大臣」の表記が削られ、陸軍「副官」による「依命頒布」に格下げられた。また内容にも、条約を「準拠スベシ」とある原文を、「準拠スル儀ト承知相成度」（準拠することとご承知願いたい）と、義務の表現は削り取られた(62)（図6）。陸軍首脳部にとって、ジュネーブ条約の規定は、戦争ではない「支那事変」において守る義務を生じない、「事情の許す範囲」内の参考に過ぎなかったのである。戦場における日本軍の犯罪の常習は、このような軍体質の土壌で培われたと考えられる。

滕県の戦いでは、一体、民間人、負傷兵何人が殺害されたか、南京事件と同じように、確かな証拠が得られない限り、その数字を明らかにすることは不可能である。本論を通じて筆者が証明したいのは、滕県は決して書き立てられたような勝利の記憶、英雄の史詩だけではなく、「壮烈殉国」「誓死不作俘虜」の英雄談の陰には、南京事件と同じような残虐の図式が、ここにも事実として存在したことである。戦後はすでに七〇年の月日が経ち、当事者の殆どがこの世にいない現在、後世の我々が受け継いでいくべき戦争の記憶は、もはや感情面の怨恨、憎しみではない。不確実な数字や、惨たらしい場面を書き立てるより、旧日本軍の体質面から、こうした虐殺の構造を、確実な、具体的な事例を通じて明らかにすることが、もっとも重要ではなかろうか。

注

（1）現在滕州市、商周以来の古国、春秋戦国時代滕州「三国五邑」（滕、薛、小邾）の一、古称「滕小国」（「滕小国也间於齐楚」『孟子』）、墨子の故郷。

（2）蔣介石は三月三〇日第五戦区司令長官李宗仁への電報に「師長王銘章、任務を完遂して殉国、其英雄なる事績、永遠に記念すべし。此に恤金一万二千元、特別下付、合わせ国家による顕彰と上将の軍階を追贈す。……其事績履歴を史籍に記録し以て英雄を悼み、忠勇を奨励す。中正（蔣介石）、三十日」と表彰し（山東省政協文史資料委員会編《悲壮之役・記一九三八年滕県抗日保衛戦》山東人民出版社、済南：一九九二年、一七八頁）、五月九日武漢で大規模な追悼会を催し、大いにその英雄事績を宣伝した（《新華日報》一九三八年五月九日）。

（3）ある政治運動に際して、愛国主義教育のために行った統計。指示を受けて行政側が行い、数字、残虐さの追究が特徴。

（4）「北沙河村殉難郷胞名録」（任世淦資料『血色的記憶』私家版、五七―八頁）。

（5）王延標一家の遭難について、一九八四年八月三〇日滕正文による聞き取り調査のデータもある。人名、殺害の方法、場面の記載に違いが見られるが、場所、被害者の数と家族関係は一致する。この聞き取りの中、親戚の王徳香の反抗は報復のきっかけとなったと記している（「北沙河惨案」前掲《悲壮之役・記一九三八年滕県抗日保衛戦》一六七頁）。

（6）「家族は皆殺され、私だけ生き延びた」、二〇〇〇年四月任世淦による調査（任世淦資料『血色的記憶』五六頁）。

（7）「戦闘前に於ける彼我形勢の概要」ＪＡＣＡＲ（アジア歴史資料センター）Ref.C11111252300. 歩兵第六十三聯隊 台児庄攻略戦闘詳報（防衛省防衛研究所）№652（以下はＪＡＣＡＲ（アジア歴史資料センター）Ref. 番号、№と省略。なお番号はすべて資料の通し番号である）。

（8）「瀬支作命第四号」ＪＡＣＡＲ（アジア歴史資料センター）Ref.C11111252300.№674.

（9）ＪＡＣＡＲ（アジア歴史資料センター）Ref.C11111252300.№675.

（10）《第二十二集団軍関于滕県戦闘詳報》によると、相手は四川軍四五軍一二五師の主力である（前掲《悲壮之役・記一九三八年滕県抗日保衛戦》八頁、一〇頁）。

（11）「香城、三十里舗附近の攻撃」ＪＡＣＡＲ（アジア歴史資料センター）Ref.C11111252400.№697.

（12）「香城、三十里舗附近の攻撃」ＪＡＣＡＲ（アジア歴史資料センター）Ref.C11111252400.№704. の地図を参照。

（13）北沙河の敵情について、第一〇聯隊詳報「滕県附近敵情要図於三月十日」（ＪＡＣＡＲ（アジア歴史資料センター）Ref.C11111169900. №1410.）及び『磯情五五号』「北沙河附近敵陣地偵察要図」（ＪＡＣＡＲ（アジア歴史資料センター）Ref.C11111034500. №885.）を参照。この情報によると、滕県守備する敵兵力数は七～八万と推定され、北沙河はその最前線に位置し、河南岸には陣地が数キロに亘って縦横に展開していた。地元の密偵による誇大の情報と思われる。

(14) 『歩兵第六十三聯隊史』同刊行委員会、一九七四年、三四七頁。

(15) 「香城、三十里舗附近の攻撃」ＪＡＣＡＲ（アジア歴史資料センター）Ref.C11111252400.№699.

(16) 「滕縣南方地区ニ向フ機動及南沙河附近ノ攻撃」ＪＡＣＡＲ（アジア歴史資料センター）Ref.C11111252500.№711.

(17) ＪＡＣＡＲ（アジア歴史資料センター）Ref.C11111252500.№712–713.

(18) 《第二十二集団軍関于滕県戦闘詳報》、前掲《悲壮之役・記一九三八年滕県抗日保衛戦》一一頁。なお、この戦闘詳報の記述は非常にずさんで、誇張があり、敵軍兵力三万、野砲百余、ないはずの戦車、飛行機の記録、敵に与えた二〇〇〇名死傷数など、今までの「滕県防衛戦」の神話を作った資料でもある。参考程度にしか使えないことを先に示しておく。

(19) 《第一二二師関于滕県戦役的戦闘詳報》、前掲《悲壮之役・記一九三八年滕県抗日保衛戦》二一頁。

(20) 《第二十二集団軍関于滕県戦闘詳報》一二頁。なお、《第一二二師関于滕県戦役的戦闘詳報》にも同じ記述がある（前掲《悲壮之役・記一九三八年滕県抗日保衛戦》二二頁）。

(21) 前掲《悲壮之役・記一九三八年滕県抗日保衛戦》四九頁。

(22) 「滕縣南方地区ニ向フ機動及南沙河附近ノ攻撃」『歩兵第六三聯隊　台児庄攻略戦闘詳報』ＪＡＣＡＲ（アジア歴史資料センター）Ref.C11111252500.№716–7.

(23) 「香城、三十里舗附近ノ攻撃」ＪＡＣＡＲ（アジア歴史資料センター）Ref.C11111252400.№705.

(24) 任世淦資料『郷胞祭・滕県巻』、被害者リストを参照。

(25) ＪＡＣＡＲ（アジア歴史資料センター）Ref.C11111170200.№1452–1454.

(26) 「界河西方地区戦闘詳報」ＪＡＣＡＲ（アジア歴史資料センター）Ref. C11111169900.№1429–1430.

(27) ＪＡＣＡＲ（アジア歴史資料センター）Ref. C11111169900.№1436.

(28) ＪＡＣＡＲ（アジア歴史資料センター）Ref. C11111169900.№1444.

(29) ＪＡＣＡＲ（アジア歴史資料センター）Ref.C11111170200.№1451.

(30)「歩兵第十聯隊開進配置要図」を参照。JACAR（アジア歴史資料センター）Ref.C11111170400.№1551.

(31) 任世淦資料『郷胞祭・滕県巻』、被害者リストより。

(32) 姜克實「日本軍の史料から見る滕県作戦の実記録」『文化共生学研究』岡山大学大学院社会文化科学研究科、二〇一五年三月。

(33)「戦闘詳報第十一号附表」JACAR（アジア歴史資料センター）Ref.C11111170700.№1584.

(34) 今日の岡山市総合グランドの東側に、第一〇聯隊の功績を顕彰するための、当時の聯隊長赤柴八重蔵の筆による「英霊顕彰碑」（昭和四二年建）が立っており、碑文には「…済南、滕県の要衝を攻陥し、台児荘附近の大激戦を経て…」の文字が刻まれていた。

(35)「第十師団情報記録」JACAR（アジア歴史資料センター）Ref.C11111034600.№955-6

(36)「戦闘詳報第十一号附表」JACAR（アジア歴史資料センター）Ref.C11111170700.№1586.

(37) JACAR（アジア歴史資料センター）Ref.C11111170200.№1499.

(38) この「戦誌」は第一級史料ではなく、戦後「当時の隊長、将校、下士官、兵の従軍手帳並びに個人の記憶を追跡した資料」なので、参考に挙げておいた（『白い星』央巧友の会、一九七三年、非売品、一六五頁）。

(39)「滕県地区的戦闘」郭汝瑰、黄玉章《中国抗日戦争正面戦場作戦記》江蘇人民出版社、南京、二〇〇二年、三二四頁。

(40) 前掲姜克實「日本軍の史料から見る滕県作戦の実記録」参照。

(41) 前掲《悲壮之役・記一九三八年滕県抗日保衛戦》二六頁、三五頁。

(42) 前掲《悲壮之役・記一九三八年滕県抗日保衛戦》一八頁。

(43)「滕縣臨城附近瀬谷支隊戦闘経過要図」（第十師団情報記録、磯情第七十三号、JACAR（アジア歴史資料センター）Ref.C11111034700）。「戦場遺棄死体」は一四〜一八日の間の数である。内訳は、界河の戦闘一四〇〇名、滕縣南沙河附近の戦闘四六四〇名（含滕縣攻城戦三一〇〇名）、南沙河臨城間の追撃戦闘二五八〇名。

(44)「捕らえられた敵兵」『白い星』央巧友の会、一九七三年、非売品、三〇八頁。

(45) 本部を済南におく民間の宗教組織で、慈善、社会事業を中心に活動。

(46) 羅広海「滕県淪陥的片断回憶」前掲《悲壮之役・記一九三八年滕県抗日保衛戦》一六三頁。
(47) JACAR(アジア歴史資料センター)Ref.C11111170200.No.1489.
(48)「日本兵は斧で我が家十四人を惨殺した」(任世淦資料『血色的記憶』一一九頁)。
(49)「歩兵第十聯隊戦闘詳報第十一号」JACAR(アジア歴史資料センター)Ref.C11111170200.No.1468.
(50) JACAR(アジア歴史資料センター)Ref.C11111170200.No.1470.
(51) JACAR(アジア歴史資料センター)Ref.C11111170200.No.1472.
(52)『歩兵第十聯隊史』同刊行会、一九七四年、五一六頁。
(53)「歩兵第十聯隊戦闘詳報第十一号」JACAR(アジア歴史資料センター)Ref.C11111170200.No.1500–1501.
(54) JACAR(アジア歴史資料センター)Ref.C11111170200.No.1472.
(55) JACAR(アジア歴史資料センター)Ref.C11111170600.No.1573,1574.
(56) 日露戦争、第一次世界大戦中、日本軍によるロシア、ドイツ人捕虜の優遇には、捕虜の数の少なさ、「文明国」に対する意識面での劣等感の要素も考えられるが、主な理由はやはり、捕虜政策、軍紀教育の結果だと思われる。
(57)「俘虜条約ニ対スル意見」JACAR(アジア歴史資料センター)Ref.B04122508600.No.338–339.
(58)「赤十字条約(戦地軍隊ニ於ケル傷者及病者ノ状態改善ニ関スル条約)解釈」JACAR(アジア歴史資料センター)Ref.C01001962100.No.2. No.6
(59)「御署名原本・昭和十年・条約第一号・戦地軍隊ニ於ケル傷者及病者ノ状態改善ニ関スル「ジュネーヴ」条約」Ref.A03022010600.
(60) 立川京一「日本の捕虜取扱いの背景と方針」『戦争史研究国際フォーラム報告書』第六回、防衛省、二〇〇八年三月、七四頁。
(61) JACAR(アジア歴史資料センター)Ref.C01005048800.No.454.
(62)「赤十字条約(戦地軍隊ニ於ケル傷者及病者ノ状態改善ニ関スル条約)頒布ノ件」JACAR(アジア歴史資料センター)Ref.C01001535900.No.1181.

太平洋戦争期の流行歌・「ジャズ」の取締り

――音楽統制の限界――

金子　龍司

はじめに

本稿は、太平洋戦争期のうち、主として一九四一年一二月～四四年七月における流行歌や「ジャズ」の取締りに注目し、当時どのような音楽のどのような消費のされ方が問題視され、どの程度その取締りに実効性があったのかを考察する。考察対象を四四年七月で句切る理由は、同月成立した小磯国昭内閣が言論暢達政策を志向し、以後、次第に娯楽統制も緩和されていくため、同月が一つの画期と考えられるためである。

すでに別稿で指摘したとおり、従来の戦時期日本における音楽に関する研究は、音楽の作り手、担い手、批評家、当局の役人等の作品や言説を主たる史料として使用してきたため、メディアの受け手については特定の作品やイベント等に対する反響といった限定的な範囲でしか触れられてきていない。そのため、音楽の消費の実態については十分な考察がなされているとは言い難い状況である(1)。したがって太平洋戦争期の音楽界を扱った先行研究も、専ら情報局や内務省、警視庁、大政翼賛会、日本音楽文化協会等による統制と動員の強化を指摘し、それを以て音楽に対する圧迫が強化されたと訴えている(2)。とりわけ「軽音楽、特にジャズは徹底した弾圧を受けてはいた」とされている(3)。確かに、政策レベルで見れば、上記各主体によって「ジャズ」を始めとした米英「敵性音楽」に対して演奏禁止を始めとした様々な措置が講じられ、音楽の統制が試みられたのは事実である。しかし、その実効性については、右記のとおり音楽の消費の実態が未だ本格的な考察の対象となっていないため、十分明らかになっていない。

こうした観点から特筆すべき先行研究として、高岡裕之とテイラー・アトキンズの研究があげられる。高岡は、敗戦直後の演劇に関する論考の中で、戦時中の「旅廻り」劇団・演芸団や軍隊への慰問団の活動に言及し、当時の取締りがこれらの団体まで行き届かなかったことから、これらの団体が股旅物、女剣戟、甘い歌謡曲、浪曲等の「非国策的大衆文化」を戦後にかけて存続させる基盤となっていたことを指摘した(4)。また、アトキンズは、日本のジャズ史の研究において、当時の新聞の投書や都市部で活躍していたプロの演奏家の回想をもとに、当局の「ジャズ」取締りは「ジャズ」を耳にした市民からの苦情を受けてから場当り的（haphazard）に行われることが多く、取締りの実効性は演奏家の自粛や社会的な非難の存在によって担保されていたと論じた(5)。しかし、これら二研究はあくまでも演劇や「ジャズ」を主題とする研究であることから、分析対象となっている音楽ジャンルや実践の空間・内容等が限定的であった。例えば都市における流行歌の消費や、地方における「ジャズ」の消費の実態については検討されていない。

さらに併せて考えられなければならないのは、そもそも当時音楽が人々にとってどのような存在であったか、という問題である。本稿の課題は、よりひろい文脈でとらえれば、戦時日本における消費や娯楽の問題に連なる。この問題に関しては、すでに複数の米国の研究者によって検討がなされており、一九二〇年代に大衆消費社会が到来した日本において、戦時下にあっても映画、観光、百貨店等における消費が旺盛だったことが明らかになっている(6)。中でもアンドルー・ゴードンは、戦時下の「ジャズ」、パーマネント、野球観戦や贅沢品等の消費に着目し、政府による禁止の呼び掛けにもかかわらず、物質的な欠乏と配給が妨げない限り人々はこれらを追求し続けたとしている。また、その理由として、「西洋起源の流行や好みや趣味はあまりに深く根付いていた」ことをあげている。(7)

しかし、本稿は逆に、音楽が当時の人々に根付いていなかったからこそ「無理解」に取り締まられたこともあれば、根付いていなかったからこそ取り締まられるべき消費が放置されたこともあったことを明らかにする。端的に言って、一部の専門家を除けば当時音楽はどうでもいい存在であり、これは興行の取締りにあたる警官でさえ同様だった。しかも本文で述べるとおり、音楽は文学や映画等他のメディアと比較して「曖昧」で「捉えにくい」メディアであり、同時代のナチス・ドイツやスターリニズム下ソ連においてもその統制は技術的に困難な課題だった。ましてや西洋音楽の歴史が浅い日本において、音楽に対する知識も関心もない警官が取締りに当る困難さは想像に難くない。

こうした問題意識から、本稿は流行歌、「ジャズ」、「軽音楽」等、当時人々に浸透し取締対象となっていた音楽全般に注目する。そのうえで、これらが人々にとってどのような存在であり、どのような消費が問題視されたかといった観点から、演奏者、演奏曲目、問題視された所為動作、取締り等についてできる限り具体的に明らかにする。その際、特に実演に注目する。その理由は、第一に研究史上の要因として、音楽を伝えるメディアのうち、この時期のラジオやレコードの統制に言及した研究の蓄積はあるものの、実演の統制については本格的な分析対象となっていないこと、(8)第二に研究対象に関わる要因として、太平洋戦争期における「敵性音楽」の議論において、必ず身振り手振り等の演奏態度が問題視されること、による。史料としては、新聞記事や雑誌記事、さらに回想録を使用する。

なお、論述に先立ち、「軽音楽」「ジャズ」という言葉について補足しておく。当時「軽音楽」とは、流行歌よりも程度が高いものの、西洋クラシック音楽には届かない中間的な音楽を指す言葉であった。したがって指示される音楽は広範囲に及び、歌謡曲、ハワイアンをはじめ、ヨハン・シュトラウスのワルツ等の「通俗名曲」や『浜辺の歌』等の日本歌曲までもが含まれた。[9]そしてこの中核に位置していたのが「ジャズ」であった。

しかし、「ジャズ」という言葉もまた多義的であった。レコード検閲を管轄していた内務省警保局は、一九四一年に内部向け資料『出版警察報』で「ジャズ音楽取締上の見解」を発表したが、本「見解」中では具体的にはタンゴ、ルンバ等のダンス音楽やブルース、シャンソン、スイングに言及し、これら「ジャズ音楽」の中でも「徒らに狂躁を感ずるものであつたり、淫靡な感じがあつたり、或は陰鬱感があつて頽廃とか退嬰とかを感ぜしめるもの」が従来非難の的であったと整理している。[10]しかし、論者の中には、国民歌謡『隣組』や『戦ひ抜かう大東亜戦』等、日本放送協会や大政翼賛会が制定した楽曲でさえもそれを「ジャズ」（＝浮薄）として批判する者があった。[11]したがって当時、専門的にはともかく一般的には、楽曲の形式如何を問わず、「狂躁」、「淫靡」、「陰鬱」、浮薄等の感覚を与える音楽が「ジャズ」と呼ばれていたと解釈する方が実態に即していると思われる。太平洋戦争下において「ジャズ」とは多分にネガティブな意味を持つ言葉であった。

以下では、当時の西洋音楽をめぐる状況について簡単に確認した後、太平洋戦争下における音楽統制の実態について考察していきたい。

一　太平洋戦争勃発時点における一般市民の音楽——流行歌、「軽音楽」、「ジャズ」

一九二〇年代後半以降太平洋戦争勃発までの間に、一般市民には娯楽のための音楽として流行歌、「軽音楽」、「ジャズ」が浸透していた。しかしこれらはいずれも識者を中心として迎合性や欧米模倣が批判の的であり、時代が降るとともに統制の強化や範囲の拡大が企図されるようになっていた。本章では、議論の前提として、別稿をもとにこれらを簡単に概観したい。[12]

一九二〇年代後半、日本では産業化・都市化が進展し、アメリカ化を基調とした大衆消費社会が出現した。同時期にレコードやラジオといった聴覚メディアも発展し、『東京行進曲』（一九二九年発売）を始めとしたレコード流行歌が人気を博すようになった。しかし、識者から見れば流行歌は紛れもなく「大衆」の歌であり、[13]営利主義的で彼らに迎合しているとされた性格が誕生以来批判され続けていた。一方、ラジオ放送を管轄する日本放送協会は、啓蒙的見地から流行歌よりも西洋クラシック音楽の放送に重きを置いていた。しかし、聴取者は圧倒的に「浪花節」「落語」「講談」等の語り物を好み、「洋楽」の人気は低かった。

また、音楽は当時警察による統制の対象でもあった。すなわち内務省警保局が一九三四年の改正出版法に基づく事前検閲によってレコードの取締りを行っていたほか、各府県警がそれぞれ興行等取締規則を独自に定めて実演の取締りに当っていた。[14]興行とは、「映画・演劇・演芸、又は観物を、料金を得て公衆の観覧、又は聴聞に供する行為」であったから、プロの歌手の舞台公演のみならず、古川ロッパ一座や榎本健一一座を始めとする大衆劇団や旅芸人に至るまでこの定義にあてはまる場合には統制の対象になった。

しかし、日中戦争は右記の状況に変化をもたらした。内務省警保局は、戦争の勃発とそれに続く国民精神総動員運動を契機としてレコード検閲の基準を強化したが、これによって流行歌を歌えなくなった大衆は、流行歌よりも程度が高いとされた音楽――具体的には、淡谷のり子の『別れのブルース』『雨のブルース』や、高峰三枝子の『宵待草』等の「軽音楽」を好むようになったからである。

しかも「軽音楽」の人気は時局の進展とともに高まっていった。一九四一年には評論家の野川香文が「ラジオに、音盤に、映画館のアトラクションに、演奏会に、軽音楽こそまさに黄金時代を現出しつゝある」と書いた。[15]しかし本稿の関心上、特に注目したいのは、この過程において右記「アトラクション」と呼ばれた映画館の添え物興行がかつてないほど人気を博し、流行歌や「ジャズ」「軽音楽」を所為動作を含めて全国に拡散させたことである。

当時の映画興行は、一回当り複数本の映画作品を上映し、これにアトラクションが付随するのが普通だった。[16] アトラクションの内容は、流行歌手や「軽音楽」団の実演、「スタアの御挨拶的な演芸」、漫才、奇術、鉄棒体操にまで及び、所要は二十分から三十分程度であった。[17] このアトラクションは、日中戦争の開戦後、一九三七年七月に外国為替管理法に基づいて大蔵省から実施された洋画の輸入制限と、映画興行時間が三八年二月および四〇年九月に段階的に二時間半まで制限されたことを背景として、長編劇映画を思うように上映できなくなった映画館が興行収入の維持のための穴埋めとして力を入れるようになったものだった。[18] よって『音楽世界』一九四一年八月号の「編輯後記」は、「外画の輸入統制とフィルムの飢饉から上映時間の短縮となり、斯くしてアトラクション上演は全国的な流行となった」と述べている。このアトラクション人気を象徴するのが、同年の紀元節の日に日本劇場でのアトラクション「歌ふ李香蘭」見たさに観客が殺到し、警官隊の出動を招いて新聞がこれを銃後の不祥事として報じた「日劇七回り半事件」である。[19]

しかし、こうして「軽音楽」の人気が高まって人々の耳目に接する機会が増大すると、批判もまた増大する。人気が出始めた当初、「軽音楽」は芸術的でまともな音楽として取り扱われ、特に『別れのブルース』のヒットは、大衆の音楽的レベルの向上を示すものとして音楽関係者に歓迎されたくらいであった。[20] しかし、戦時下において日本主義的な主張が影響力を持つようになると、「軽音楽」「ジャズ」についても「日本的」か否かといった見地から批判が加えられるようになった。

ここで注意が必要なのは、この時点で批判の対象となっていたのは『別れのブルース』のように「ジャズ」と目された楽曲ばかりでなく、モーツァルトの『アイネ・クライネ・ナハトムジーク』をサックスで吹いたり、『佐渡おけさ』『木曽節』『軍艦行進曲』等にシンコペーションを利かせた編曲をしたりといった「ジャズ調」のアレンジも含まれていたことである。[21] アレンジや雰囲気は、どの曲が「ジャズ」かといった問題と並んで「ジャズ」をめぐる大きな問題であり続けた（以下本稿で「ジャズ」と表記する際は、「ジャズ調」にアレンジされた演奏も含むものとする）。

内務省警保局はこうした動向を受け、四一年七月に「世上、ジャズ音楽に対し兎角の論評があるのに鑑み、この際取締当局としても何等か見解を有する必要があると思ふ」との立場から、前述の「ジャズ音楽取締上の見解」を発表した。ここにおいて同局は、「全面的に之を否定せず、極力不健康な要素を取り除かしめて容認すべき」と条件付きの「容認」論を展開した。具体的に警保局の下部組織である警視庁においては、「〔アトラクションの〕軽音楽のうちには野性的本能的なものが多いので、これらを日本的なものにする」とする方針を取っており[22]、「余りに演奏曲目が欧米調に走つたり歌手のヂエスチユアに廃頽的なもの」を取り締まっていた[23]。実際に当時から「ジャズ」の歌い手として人気があり、戦後ブギの女王として一世を風靡する笠置シヅ子は、四〇年七月の段階で警視庁に単独で招致されて「何を歌つても私が歌ふと欧米くさくなる」と注意されたことを告白している[24]。また、アトラクションについては情報局も問題視しており、四一年六月に「映画館に於けるアトラクションは健全なる映画の向上を阻害する」として「取締指導」に乗り出していた[25]。

このように、太平洋戦争勃発時点において、一般市民には流行歌や「軽音楽」「ジャズ」が浸透していたが、その迎合性や欧米模倣はすでに批判の的であり、当局も統制強化や範囲の拡大を企図していた。

二　太平洋戦争期の流行歌・「ジャズ」の消費と取締りの実態

一九四一年一二月八日に太平洋戦争が始まると、同三〇日に情報局は「今後日本人は純音楽、軽音楽を問はず敵国人の作品演奏を行はせない」との「根本方針」を発表した[26]。以後、四四年七月の東條内閣総辞職までの間は、開戦前から引き続いて音楽への統制が強化されていく過程として捉えられる。しかし、現実問題としてその実効性は疑わしいものだった。例えば東京では、後述のとおり警視庁によって灰田勝彦や桜井潔といった「軽音楽」の演奏者が出演停止を食らったり、楽団の編成替えが強制されたりする等、一定程度の取締りは確実に行われていた。しかし、地方では事情が異なった。評論家の美奈恵弘詞の次の指摘は重要である。「取締りの目は一流の楽団だけにしか届かない。粛正は名ある楽団だけで行はれ、…二流三流となると取締りが行届かず、地方まわりする楽団は各府県によつて手心が多少づつ異るため、巧に取締りから逃れてゐるものが多い[27]」。したがって本章では、開戦による音楽取締方針の変化と連続性を確認した後、主として一九四四年七月までの間、実際にどのように流行歌や「ジャズ」が消費され取り締まられたのかを、都市部と地方とに分けて考察する。

（一）開戦による取締方針の変化

日米開戦後の一九四一年一二月二四日、『読売新聞』は、東京音楽学校や日本放送協会が『蛍の光』の合唱や放送を見合わせると報じた。同曲がスコットランド民謡だったためである[28]。しかし、これについて情報局の奥村喜和男次長は反対の意を表し、コメント中で次のように述べた。「〝蛍の光〟を追放するよりはまづ日本人が作つたものでもあの低劣なジャズソング、流行歌、尻ふりダンスなどを自粛して貰ひたい[29]」。このコメントに当局としての当時の問題意識が集約されていると言ってよい。当局の優先順位としては、米英の楽曲を徹底的に一掃することよりも、流行歌や「ジャズ」を一掃することに重きが置かれていたのである。

実際にレコード界においては、関係官庁との懇談により、四二年二月以降の「洋楽盤は全部枢軸一色」とすることに加え、新譜・既発売を問わず「敵国音楽及び浮薄な流行歌、ジャズ、軽音楽等」を発売禁止とする方向になった[30]。これを受け、『旅の夜風』『支那の夜』等映画主題歌として制作され大ヒットした流行歌や、『別れのブルース』『雨のブルース』等「ジャズ」と目されていた楽曲は、いずれもレコードの製造中止ないしはその候補となった[31]。

また、実演についても、当局が初めて「ジャズ」を禁止することを明言する。警視庁で興行統制に携わっていた寺澤高信は、四二年二月一三日に「軽音楽」団体の代表者を招集した席上において、「現在当方としては「原則としてジャズは止めて貰ふ」ことになつて居る。ジャズはアメリカニズムを端的に濃厚に代表したものであり、日本精神とは根本的に相容れないものであるから此の機会に一掃したい」と述べた。[32][33] また、別の機会には、「軽音楽団」は「過去の流行歌のやうなもの、非常に感傷的な恋愛至上主義的な歌曲」を清算すべきである、と述べている。[34]

ただし、重ねて注意が必要なのは、曲目だけが取締りの対象ではなかったことである。右記の席上で寺澤は、「「曲目の編成」が良くても「演奏の方法」「服装」等が煽情的享楽的のものには注意して貰ひたい」とし、具体的に「例へば太鼓をふざけて叩いたりベースをくる〳〵廻したりする」ことや、「ブルース・ルンバ・ボレロ等ハワイ音楽殊にヨーデル式の歌ひ方等は原則として止めて貰ひたい」と述べた。[35] こうした問題意識は、山田耕筰、野村光一、山根銀二といった音楽界の第一人者たちにも共有されたものだった。[36]

しかし、開戦後、最も大きな動きがあったのはアトラクションであった。開戦前の一九四一年夏から情報局の主導によって準備されていた映画臨戦態勢の整備に伴い、四二年二月一日以降、一部例外を残して全国の映画専門館から閉め出されたからである。[37] 前章で触れたとおり、情報局はアトラクションを問題視して取締りに乗り出していたから、この全廃も既定路線上に位置づけられよう。

このように、開戦後約半年の間に、音楽は演奏曲目、演奏態度といったソフトの面と、アトラクションといったハードの面で大きな制約を受けることとなった。しかし、これらは開戦を機として全く新しい政策が展開されたというよりも、開戦前からの方針を強化徹底させたという方が妥当であった。それでは、こうした方針に対し、実際にはどのように音楽が消費されていたのだろうか。

（二）都市における流行歌・「ジャズ」の消費と取締り

開戦後、戦局は日本軍に有利なペースで進み、一九四二年二月までにマニラ、香港、シンガポール等が次々に陥落した。しかし、六月のミッドウェー海戦の敗北以降は次第に戦況が悪化し、四三年四月には連合艦隊司令長官山本五十六が戦死、五月にアッツ島が玉砕、四四年二月にはケゼリン・ルオット島の玉砕が報じられた。さらに七月にはサイパンが陥落し、日本本土は恒常的に空襲の危険にさらされるようになる。

一方内政面においては、東條内閣が開戦以来言論弾圧政策を布き続け、特に四三年以降には軍部批判に対する弾圧を強めていった(38)。また、横文字の看板の撤去や「ビクター」「コロムビア」等英語表記の企業名の改名等に見られる反米キャンペーンは、後述の情報局と内務省による「米英音楽作品蓄音機レコード一覧表」（以下「一覧表」と略記）発表と相俟って四三年以降に本格的な盛りあがりを見せ、四四年後半には「鬼畜米英」のスローガンが新聞に登場するようになる(39)。

しかしそれにもかかわらず、流行歌や「ジャズ」は消費され続けた。東京において開戦後も流行歌や「ジャズ」が引き続き消費されていたことは、以下で紹介するとおり当時の雑誌記事や新聞紙上に掲載された投書から明らかである(40)。こうした都市部の「軽音楽」を伴う興行の観客層は若者が中心で、四三年頃には「産業戦士が漸次増加」していたほか(41)、学生層への悪影響も心配されていた(42)。しかし、当然のことながら、これらはあからさまに「ジャズ大会」等と銘打って上演されていたわけではなく、何らかの弥縫策が取られるのが常であった。

その一つの例としてあげられるのが反面教師的な演出である。四二年二月、軽演劇団ムーラン・ルージュは、その三三〇回公演において、三人の歌手が『無常の夢』『愛して頂戴』『だつて嫌よ』等の流行歌を「殊更頽廃的に、或は十分蠱惑的に歌」い、その後に「あゝ、実に慄然たるものがあるではありませんか、これがつい昨日までの娯楽の姿でした」といった意味のアナウンスを流したという。(43) また、四三年三月のある「国民劇」は、「敵米英撃滅」を題目としてあげながら、「「敵にはかうした手もあるから気をつけろ」といふ便乗的なつけ台詞」の下、「怪しげな装ひを凝らして、煽情的な洋舞が前後四時間の舞台を塗りつぶし」、「廃頽的なハワイ音楽をやると、観客席には拍手さへ起つた」という。(44)

また、「題名を時局的に（例へば『南の風』などと云ふ風に）変へ、作曲者の名を削除して（誰々編曲と自分の名を入れて）ハワイ音楽やブルースを其のまま」上演する手口もあった。(45) これ以外にも「某大劇場」で「敵性音楽」たる「ルンバ」の歌曲が終演時に全員で歌われたと指摘している投書があるほか、(46) レコード店ではスーザ作曲の行進曲『星条旗よ永遠なれ』『ワシントンの陣営』『カミング・スルー・ジョージア』が平気で売られていた。(47)

ただし曲目に関する指摘は一九四三年夏以降次第に少なくなっていき、代って編曲や雰囲気ないしは演奏態度が大きく問題視されるようになる。この背景として考えられるのは、同年一月に情報局と内務省が「一覧表」を発表したことである。このリストは、およそ一千の「敵性」レコードとその曲目を掲載し、接客業組合、興行館、飲食店組合等を通じて全国の関係先に配布され、該当レコードの再生と該当曲目の実演が禁止された。(48) しかも罰則として、公衆に聞こえる程に該当レコードを再生した者に対しては治安警察法に基づく科料や拘留処分がなされると報じられたから、(49) 該当曲目の演奏がこの頃徐々に控えられていったとしても不思議ではない。

編曲や雰囲気ないし演奏態度については、まず東京新聞が一九四三年九月に「出直せ！軽音楽」との三回シリーズの特集記事の一回を使い、コントラバスをグルグル回すことを始めとする演奏態度について問題提起した。(50) 投書においては、同月に「某歌手と其楽団」のラジオ放送に対して「体裁は一応軍歌めいてはをるが、醸し出される気分は全く頽廃的なものであり、就中その中における男女の合唱は、あやしくもニグロの挽歌を想起せしめる如きもの」と批判するものが見られた。(51) さらに、同年一二月号の演劇雑誌『演劇界』掲載の座談会では、警視庁の寺澤や菅原太郎、菊田一夫らの演劇の専門家が「軽音楽団」の「見世物的演奏態度」に苦言を呈し、特に三根耕一（＝ディック・ミネ）の楽団は「アメリカのニグロのジャズ演奏法をそのまま映画か何かで見てやって居る」として「言語道断」との評価が下された。

このとき寺澤は、「軽音楽団」が例え『愛国行進曲』を演奏しても「劇場の雰囲気がガラッと変つてしま」い「かへつて冒瀆になるだけ」。楽器を制限しても「バイオリン一丁で何でも出来るから、やめさせるより方法がない」、と述べていたが、実際に同時期に「軽音楽団」の出演停止措置に及んでいる。一九四三年一月、警視庁は新宿第一劇場の「軽音楽大会」に出演中だった「桜井潔とその楽団」と「灰田勝彦と南の楽団」を出演停止としたのである。同時に「軽音楽大会」自体に対しても今後断固禁止するとの方針を示し、これらは警視庁による「軽音楽」取締りの[第一着手]として報じられた。

さらに翌四四年二月末、政府によって「決戦非常措置要綱」が発表されると、警視庁は興行演目と楽器編成に一層の制限を加えた。これにより演奏態度等の取締強化を企図したものと考えられる。具体的には四月一三日に「興行刷新要綱」を発表して少女歌劇およびショウ形式の興行を禁止し、同時に「頹廃的な物」の一掃を図ったほか、都下「軽音楽団」に編成替えを指示し、スチールギター、ウクレレ、バンジョーといった楽器類や、収容人員二千人以下の劇場におけるマイクロホンの使用を禁止した。さらに、日本音楽文化協会に同様の対応を慫慂し、同協会は傘下会員に対して「ジャズバンド型編成」や「ハワイアンバンド型編成」の廃止、弱音器の使用禁止、サックスの使用制限、「軽佻」な演奏方法の禁止、独奏の際の起立演奏の禁止等を通達するとともに、「軽音楽団」の資格審査を行った。この資格審査において、実際に解散させられた楽団もあった。

こうした諸措置の成果については、堀内敬三が「今度編成替へを完了した軽音楽団の試奏を聴いて私も満足」「軽音楽団は立ち直る」と述べていることや、観客側からも「ジャズまがひの軽演芸のやうなものも検閲の強化によって漸く姿を没したやうにみえる」との投書があったことから、[60] 一定程度目的を達し得たと思われる。しかしその反面、右記諸措置を以てしてもなお取り締まりきれない実践もあった。一九四四年一一月に、美奈恵弘詞は次のように指摘している。「現在」の「軽音楽の演出演奏」として、未だに「ドラム手が指先で撥をクル〱まわしたり、ダブルベースがチョコチョコ前へ走り出して気狂ひじみた演奏法を見せたり、間奏中唄ひ手が、客の方を見てニヤ〱笑って見せたり、楽器を弾き乍ら楽士が歌姫と顔を見合はせてうす笑ひをやつたり、アナウンサーがアナウンスメントを漫才もどきでやつたり」するものがある、と。[61]

（三）地方における流行歌・「ジャズ」の消費と取締り

しかし、都市における興行と同等もしくはそれ以上に当時問題視されていたのが、「旅廻り」「ドサ廻り」と呼ばれた地方巡業劇団・演芸団や楽団による実演であった。巡業劇団とは、警視庁の定義によれば、「概ね十二、三名から二十名程度の人員で組織され東京を中心として年中地方巡業を専門としてゐるもの」であったが、[62] 一説には「全国千七百三十の職業演劇演芸団の九割である千六百位の演劇演芸団は巡業によつて広く地方大衆の面に大きく働きかけてゐるものと考へなければならない」とされており、[63] 地方に対して大きな影響力を持つとされていた。また、観客層は「悉く工場、鉱山や農村、漁村の勤労大衆」からなるとされていた。[64] これら巡業劇団や楽団の興行においては流行歌や「ジャズ」が盛んに使われており、例えば四二年に但馬地方に巡業した漫才は、上演の冒頭で「皇軍の戦果を讃へ、往時の流行歌を作り替へた替唄を歌」っている。[65] そしてこうした実践は、次に見るとおり地方へそれらが浸透する要因となっていた。

一九四三年一月、厚生音楽の第一人者であった音楽家の清水脩は、次のように述べている。「一年に一度か二度、東京からいはゆる軽音楽団が当地〔＝北海道〕へ巡業し、名前は軽音楽であるが、昔にかはらぬジャズ流行歌を、例の通り煽情的な歌ひぶり、身振りで、喝采を求めかういふ楽団が巡業したあとでは必らず人々の口にする歌は、一挙にして顛落」する。しかも、当地の一工場の「数人よりなる軽音楽団」が「ジャズ風の音楽を演奏」するようになり、観客の「女の子」が「赤いハンカチをのぞかせ、身体をくねらせながらこの楽団を伴奏に流行歌を歌」う事態になっている、と。(66)演奏曲目のみならず演奏態度までが伝播していたことがわかる。

さらに、演劇評論家の園池公功は、同年に、地方の「素人の演劇大会」は「未だに女の子のセイラーパンツに鳥打帽のレヴュウまがいや、アキレタボーイズの模倣、いかがはしい流行歌のハンラン」であり、(67)「工場の演芸大会」は「歌謡曲のハンラン」で、「アメリカ化された流行歌が、工場や農村のすみずみにまで行き渡つてしまつた」としていた。(68)

こうした巡業劇団や楽団の活躍は、一九四三～四四年にかけて多数報じられており、演奏曲目や演奏態度が繰り返し問題視されていた。(69)先行研究においては当時「産業戦士の工場慰問の場合は、検閲と監督がなかった」と言われているけれども、以下の例からは、それ以外の場面においても問題視される実践が繰り返されていたことが明らかである。

まず曲目については、淡谷のり子や東海林太郎は「産業戦士」向けの「慰安公演」で、(70)取締り対象であったはずの『別れのブルース』や「やくざもの」の流行歌である『赤城の子守唄』を歌っている。地方の慰問では「ハワイの流行歌」が演奏されているとの指摘もあった。(71)

演奏態度に関しては、「或る重要工場」に訪れた「某劇団の慰問演芸」に対し、「歌謡曲に出て来た女、背中が半分出た裾のない透けて見えるやうな服と、頭にはやはり大きなリボン…歌手は大得意で時局離れの歌を唱つた。楽士連中また推して知るべし」との投書があった。(72)また、毎日新聞門司支局の事業部長は、「近来、何々楽団と銘打つた演奏団体が相当数次々と巡回して来るが非常にまだジャズ式の歌唱法濃厚で、たゞ通り一遍の軍歌を歌つてゐるのは甚だ面白くない」と述べていたし、(73)静岡地方在住の投書者は、巡業劇団「若水一郎一座」が「俗悪低級」であったことに腹を立て、「地方の検閲の網を潜り○○劇団とその楽団、曰く何々と恐らく都会では一顧だにされない不健全娯楽の標本が大手を振つて近頃夥しく地方へ流れ込んでくる」と憤激していた。(74)

こうした状況を前にして、内務省および各都道府県警は、一九四四年の決戦非常措置実施前後から巡業劇団の本格的な統制に動き出した。まず、検閲基準の全国的な統一である。前述のとおり、従来の興行取締りは各都道府県警がそれぞれ興行等取締規則を制定し、それぞれの責任において行っていた。これらの規則においては、興行者は予め興行地の都道府県警から脚本の事前検閲を受けることが求められており、地方巡業の場合には、興行先の全ての都道府県警の検閲を受けることが必要であった。しかし、検閲基準は都道府県警によってまちまちであった。(75)

これに対し内務省は、各都道府県の興行等取締規則を一元化させて二月に内務省令として「興行取締規則」を公布のうえ四月に施行した。改正規則中、脚本事前検閲の規定は第二八条に設けられ、都道府県をまたいで巡業する劇団や楽団に対しては、新たに内務大臣の脚本事前検閲が必須となった。(76)これによって検閲基準は少なくとも規則上は全国で統一された。

また、各都道府県警による巡業劇団に対する取締りもこの頃強化された。まず、警視庁は、四月に情報局、日本俳優協会とともに「都下の寄席や近郊の小演芸場を廻る群小劇団」の調査に乗り出し、全二〜三〇劇団のうち、七劇団を「自発的に」解散させた。(77)

また、鳥取県警は、七月三日付で警察部長名で各警察署長宛に「地方巡廻ノ演劇、演芸団」に関する注意喚起の通達を出したうえで、実際に巡業劇団の取締りに及んだ。この通達は、「演芸就中漫才、舞踊、歌謡、歌劇等ニアリテハ…敵性音楽、舞踊ヲ為ス等敵性文化ノ模倣ト認メラル、ガ如キ軽佻不健全ナル内容ノモノヲ上演セルモノ尠カラザル実情」とし、地方興行で「敵性文化」が未だ実践され続けている実態を指摘したうえで、「指導取締ニ遺漏ナキヲ期セラルベシ」とするものだった。

一週間後の七月一〇日、早速市内で上演中だった大阪からの巡業劇団「美膳会演芸団」が取り締まられ、上演内容を改めさせられた。理由は演目に「反時局的ノモノ及皇軍ノ威信ヲ冒瀆スルモノ」があるためとされ、具体的な問題点として、①「舞踊」の「容装所作等煽情的」であり、かつ伴奏として「敵性音楽」の『青空』を演奏していたこと、②「寸劇　陣中髭比べ」で女性が無許可で陸軍の軍服を着て草履ばきだったこと、③「舞踊　麦ト兵隊」で出演者がパンツ一枚で軍服の上着のみ着用していたこと、が指摘された(78)。

さらに兵庫県警も、同年一二月に劇団「なでしこ」を結成して当地を巡業していた映画女優の宮城千賀子に対し、男装の禁止を申し渡したほか、神戸八千代劇場に出演中の白菊劇団に対して「「歌ふ狸御殿」を俗悪低調な演出により上演」したことを理由に「即時解散」を命じた(79)。

ただし、こうした巡業劇団に対する取締強化がどの程度地方における流行歌や「ジャズ」の消費の抑制につながったかは、史料の不足もあってはっきりはわからない。しかし、ここで参照したいのが、同時期の「厚生運動」の動向である。高岡裕之によれば、戦時下において大日本産業報国会の主導により「勤労戦士」向けの文化運動が全国的に行われており、太平洋戦争開戦当初の時期は知識人主導で流行歌等の大衆文化排撃の試みがなされていた。しかし、戦局の悪化や勤労者側からの反発に伴って一九四三年半ばから浪曲、漫才、歌謡曲等の娯楽を第一義とする慰問興行が隆盛するとともに、素人演芸会における流行歌手等の物真似芸の「大衆的拡大」が見られたという(80)。こうした状況を踏まえると、実際に取り締まられた実践は、あくまでも部分的なものに過ぎなかったのではないか。

したがって、都市と地方とを問わず流行歌や「ジャズ」の消費は戦時下途絶えることがなかったと考えることができる。もちろん「一覧表」による特定の楽曲の演奏禁止は都市部を中心にある程度浸透していたと思われるけれども、演奏態度については取締強化にもかかわらず効果は限定的だったし、そもそも地方においては禁止楽曲の演奏すらまかり通っていた。この背景としては、演奏者や観客の意識の問題のみならず、次章で見るように実際に取締りに当る警官の音楽に対する知識や関心の程度も問われてしかるべきであろう。また、決戦非常措置下、方針上は取締りが最も厳格になった頃にもこうした消費が続いていた事実は、日本における音楽統制の限界を示しているとも言えよう。

三　取締りの限界――無知無関心が支えた流行歌・「ジャズ」の消費

それでは、なぜ戦時下に流行歌や「ジャズ」の消費が継続して可能だったのだろうか。言い換えると、なぜ取締りは不徹底に終ったのだろうか。本稿冒頭で述べたとおり、この問題は従来「西洋起源の流行や好みや趣味はあまりに深く根付いていた」ゆえ統制が挫折した、と捉えられてきた。(81)確かに、流行歌や「ジャズ」の浸透が消費継続の前提条件であることには間違いない。しかし、以下ではこれとは異なった視角から要因として考えられる事柄を四つあげ、それぞれ吟味したい。

第一に、これらに代る娯楽のための歌の不在である。そもそも当時の一般市民は、開戦後も私生活において戦前の流行歌を継続して消費していた。例えば一九四二年一〇月の『大阪毎日新聞』に掲載された投書は、『湖畔の宿』『別れ船』『燦めく星座』といった「昭和十五年に発売されたこれ等の低調歌謡が一層時局緊迫せる今日において異常なる流行を来してゐる」とレポートしている。(82)さらに四四年六月に『朝日新聞』に掲載された投書は、「私の村の若者達は今もつて「泣くな、よし〳〵寝んねしな」を愛唱し、「あはれ十九の春や春」とどなりまくる」と嘆いている。(83)前者は『赤城の子守歌』、後者は『十九の春』で、それぞれ三四年、三六年に発表された流行歌である。

もっとも、官庁や放送局等の公的機関も、こうした流行歌の放縦を見過ごしていたわけではなく、これに代る楽曲として『愛国行進曲』『海ゆかば』等の「国民歌」を制定し普及に躍起となっていた。例えば一九三七年に情報局が公募制定した『愛国行進曲』は、政府の肝いりで猛烈な普及キャンペーンが張られた結果、実際に相当程度の普及を見た(84)。また、日本放送協会が同年の国民精神総動員強調週間に際して信時潔に作曲を委嘱して制作した『海ゆかば』は、大政翼賛会が提唱し、日本音楽文化協会が協力して四二年に実現した第一回国民皆唱運動で「必唱歌曲」として選定され全国的な普及が図られたほか(85)、翼賛会が同年末に「国民の歌」として指定し、隣組の常会以上の規模の会合での歌唱が奨励された(86)。

しかし、前者は一九三九年になると「あれだけの宣伝にもかゝはらず、今は儀礼的な場合の他、あまり歌ふ人を見ない」と言われる状況だったし(87)、後者についても歌うと「憂愁」のあまり湿っぽくなるとか、壮行歌としては不適といった意見が投書で寄せられたりしていた(88)。要はいくらこの類の楽曲が式典や儀礼用として一般市民に普及したところで、少なくとも人々の娯楽にはなり得なかったのである。したがって市民は往年の流行歌や「ジャズ」、さもなければ交戦国をただ卑しめるだけの「長屋の喧嘩の悪口雑言」と変らない「低調下等」な「間に合せの歌」を消費し続け、投書者たちの眉をひそめさせ続けた(89)。戦争が末期になればなるほど、新聞の投書欄には「真の国民歌」を求める投書が繰り返し掲載されるようになるが(90)、それにはこうした背景があったのである。

第二に、より根本的な要因として、音楽に対する一般的な無知や無関心があげられる。むろん、こうした無知や無関心は、音楽に対する「無理解」な取締りの原因にもなり得た。例えば、竹内音楽事務所の竹内友三郎は、一九四三年に、ある地方の警察当局は「軽音楽」と「純音楽」の区別がつかないため、「味噌も糞も一緒にして、とにかく音楽はいかん。それで公会堂の使用を禁止する」、と嘆いていた(91)。また、四五年に『朝日新聞』に掲載された投書によると、ある青年が村の慰楽のために東京からレコード二〇〇枚を茨城北部へ持ち込もうとしたところ、「農村の巡査」の「詰問」に遭い、「「それは何だ」「はいレコードです」といふが早いか、二百枚のレコードは無残にも滅茶滅茶に大地に叩きつけられた」という。[92]

しかし、同時にこうした無知や無関心は、取り締まられるべき音楽の消費の放置にも結びついていた。例えば音楽評論家の堀内敬三は、「世間は敵国の音楽に対して寛容であるが、それは音楽についての知識が乏しいからだ。フォスターもスーザもどこの作曲家だか知らないし、ジャズとはどんなものかさへも余りはつきりわからないからだ」と言っていた。[93] これは取締りの衝に当る現場の警官や放送局の職員も同様で、ピアニストの和田肇は一九四四年一一月に、現在でも地方の慰問では「ハワイの流行歌」が横行しており、しかも演奏者も「取締る当事者」もそれがハワイの流行歌であることをわかっていない、と嘆いていた。[94] 同様に、英語教師・外務省顧問として来日していたジョン・モリスも、「ジャズ」の取締りが始まっても当時の警察はデューク・エリントンとモーツァルトの違いも分らなかった、と回想している。[95] さらに『別れのブルース』の作曲者服部良一は、日本放送協会の「監督官」に対し、「禁止曲目の筆頭格」であった『タイガー・ラッグ』を「マライの虎狩りの音楽」と誤魔化すことで同曲の放送にこぎ着けたという。[96]

もっとも、このように述べると、ともすれば議論は日本における西洋音楽の歴史の浅さが人々の無知無関心につながっており、それゆえに戦時下も「ジャズ」や流行歌の消費が放置されたとの平板な日本特殊論に陥りがちである。もちろん、当時の人々の無知無関心を表していると考えられる事象のうち、「洋楽排撃論」のように西洋音楽を丸ごと否定するような言動は少なくとも欧米諸国には見られない現象であったと考えられる。[97]

しかし第三の要因として併せて考えなければならないのは、音楽そのものが持つメディアとしての特性であり、それゆえの取締りの難しさである。これについては当時も和田肇が、「ジャズ音楽の取締といふことは非常にむづかしいと思ふ。どの程度までがジャズで、どの程度までがジャズでないか。例へばピアノで音を出しても、ぱつと耳に入つて響いて消えちやふといふ、不思議な時間的な芸術であるために、ほかの芸術、書いた文学とか劇とは違ふ」と述べていた[98]。しかし近年の英語圏の研究は、ナチス・ドイツやスターリニズム期ソ連においても同様の困難に直面していたことを明らかにしている。

例えば革命ロシアとスターリニズムソ連期の音楽界の研究において、ネルソンやトモフはそれぞれ議論の前提として音楽を映画や文学等他のメディアと比較して本質的に「抽象的／曖昧」(abstract) なものとして捉え、専門知識がなければ評価が難しい存在であったとしている。それゆえ例えば作曲家たちの職能団体 (The Composers' Union) は必要以上の干渉を免れ、創作活動に当って相当の裁量の余地が与えられていたという[99]。また、ナチス・ドイツの音楽界の研究においてもポッターが音楽を「捉えにくい」(elusive) 存在として捉え、宣伝相のゲッペルスでさえも音楽自体の評価には踏み込めなかったとしている。彼女によれば確かにナチスは「頽廃音楽展」といった国家的なキャンペーンを行ったものの、その実、「良い音楽」と「悪い音楽」の区別を個々の作品に内在する観点から提示することはできず、ユダヤ的か否か、アメリカ的か否か等の外在的な観点から両者を区別していた。結果、例えば十二音技法の祖である作曲家シェーンベルクがユダヤ性ゆえに攻撃された後も、他の作曲家による十二音技法を使った作品が公然と演奏される等[100]、少なくとも音楽学的な観点からは政策は一貫性を欠いていた。

もちろん、右記研究は二国の政策レベルに関する分析であり、本稿とは関心や視角が異なる。しかし、当時において日本よりも西洋音楽の先進国であると理解されていたドイツの首脳陣にさえも音楽統制上右記のような試行錯誤があったとするならば、日本の現場の警官が音楽を取り締まる際の困難についても音楽自体の持つ特性が作用していたと考えても差支えないのではないか。要するに、音楽そのものが難解で取り締まりにくいメディアであるうえに、日本においては西洋音楽の歴史が浅かったことが、人々の無知無関心や適切な取締りの困難に結びつき、ひいては音楽丸ごとの拒絶や、流行歌や「ジャズ」の消費の放置につながっていたと考えられるのである。

ただし、一つ注意が必要なのは、実際に興行場に臨監して取締りを行う所轄の警官と、警視庁の寺澤を始めとした都道府県警の本部や内務省警保局の担当者レベルの間には、その関心の度合に大きなギャップがあったと考えられることである。確かに寺澤たちは種々の取締方針を打ち出して「軽音楽」統制の強化を試みたが、その実「保護政策」を志向し、軍部や日本主義団体からの取締強化を望む圧力に対する「緩衝地帯」ともなっていた。これが取締りが不徹底に終った第四の要因である。

具体的に述べると、第一章で述べたとおり、内務省警保局は一九四一年に「ジャズ取締上の見解」を出し、「ジャズ」の条件付き「容認」論の立場を明らかにした。しかしこれは一面において「洋楽排撃論」から特定の音楽を保護することを狙ったものであった(101)。また、寺澤は戦後こう言っている。「軽音楽ボクメツ論者は、むしろ楽壇以外の日本主義各団体で、私たちは間にはさまつて実は辛かつた。でわれわれは緩衝地帯となつて軽音楽の延命策に努力した結果、いろいろの転換を命令した。あんまり世論がウルサイので灰田と笠置は廃業してもらいたかつた(102)」。さらにこのようなスタンスは、同僚の氏田勝恵にも見られる。彼は戦後のインタビューで「われわれとしては新劇に対する、ある意味で保護政策的なフィーリングは充分にあった、お互いにそんな人間が集まっていたのですから(103)」、と述べている。

もちろんこうした「元」検閲官たちの戦後の発言については、自身の言動に対する釈明に過ぎないと断ずる向きもあろう。実際、情報局の文化政策の担当者の中には、「軽音楽撲滅論者」を自任する者も存在した(104)。しかし、軍の圧力が彼らにかかっていたとの指摘は、脚本家の阿木翁助や演劇評論家の向井爽也も行っているし(105)、終戦直後には、戦中の「大衆演劇」について「思想的には軍国主義に歪めながらも若い検閲官の演劇青年的情熱によって辛くも演劇としての最後の線を保ち得た」との指摘がある(106)。したがって、省庁レベルの理解ある(と自任していた)担当者たちがどこまで自身のイニシアティブで「軽音楽」を取り締まろうとしていたかは一考を要する問題なのであって、「世論」や軍や日本主義団体が彼らを動かし、本意ならざる取締りをなさしめていた部分もあったのではないか。こうした事情は映画検閲についても同様で、「太平洋戦争期」には内務省の「自主制」が失われ、「検閲官よりも憲兵司令部から検閲に立合う軍曹、曹長たちに主導権が移った」という。(107)

以上の要因が絡まり合い、戦時中にも流行歌や「ジャズ」が消費され続けることが可能であったと思われる。したがって、確かに流行歌や「ジャズ」の浸透の程度を消費継続の前提と指摘することはできるけれども、統制が挫折した理由としては、これ以外にそもそも統制可能な体制が日本に構築されていなかったことを併せて考える必要があるだろう。

おわりに

本稿は、太平洋戦争下における流行歌や「ジャズ」の消費と取締りの実態について考察した。開戦前の段階において、これらは一般市民の間に娯楽のための音楽として浸透していたものの、その迎合性や欧米模倣はすでに識者たちの批判の的であり、内務省や情報局によって取締りの強化が期せられていた。この路線は開戦を機に強化され、情報局は『蛍の光』等を含めた米英楽曲の徹底的な閉め出しよりも、流行歌や「ジャズ」の閉め出しを望んでいた。

しかし、それにもかかわらず流行歌や「ジャズ」は消費され続けた。確かに、一九四四年までの間に、内務省と情報局による「一覧表」の作成・発表や、決戦非常措置実施に伴う警視庁の取締強化、内務省による興行取締規則の一元化等、政策レベルにおいては統制強化の試みが幾度となくなされており、これらは一定の消費の抑制につながった。しかし、結局のところ実演に対する取締りは現場の警官の裁量に委ねられる部分が大きく、場当り的であったことから、非常措置下においても流行歌や「ジャズ」が消費されていると指摘する投書が絶えることはなかった。このように最も統制が厳しい時期においてさえ当局が「ジャズ」や流行歌の消費を取り締まりきれなかったことには、日本における音楽統制の限界が示されていると言えよう。

また、この要因としては、①これらに代る娯楽のための歌の不在、②一般的な無知・無関心による消費の放置や取締りの不能、③音楽のメディアとしての特性に基づく取締りの困難さ、④省庁レベルの担当者の保護政策的なスタンス、をあげた。ここからは、総じて日本では音楽統制の可能な体制がそもそも構築されていなかったことを窺い知ることができた。

この中で改めて注目しておきたいのは②および③である。従来の研究において音楽統制の問題については、音楽の消費の実態や人々の音楽観を十分考慮に入れて検討されてきたとは言い難い状況であった。しかし本稿で触れたとおり、音楽に対する市民一般の無知無関心は無理解な弾圧の要因となることもあれば、それにもかかわらず取締りの不徹底と消費の放置の要因となることもあった。

これと好対照を示しているのが映画統制である。当時映画界に対しては、唯一の文化立法と言える「映画法」が施行されていた。しかし、斯界において繰り返し問題視されていたのは、内務省や情報局等官庁の担当者が「映画ファン」に過ぎることと、それゆえの過干渉であった(108)。例えば大映専務だった永田雅一は、一九四二年に内務省の検閲官が「行政的」検閲にとどまらず「文学的」に検閲をして「技術面」にこだわっていることについて、「批評家であつては困る」と苦言を呈していた(109)。また、中島健蔵らの評論家たちは、「若い役人が興味を持ちすぎてゐる結果」、映画の制作時に関係各官庁から脚本へ過剰に朱入れがなされ、それが「重要な映画にいいものができない、大きな隘路」につながっている、としていた(110)。

したがって、各メディアに対する一般的な興味や関心の有無は、それらに対する統制の程度や成果に大きな影響を及ぼしていたと考えられる。それゆえ、今後音楽を含めたメディア統制の歴史を精緻に検証していくためには、各メディアの特性も踏まえつつ、人々が当該メディアをどのようなものと捉えていたかといった点を考慮しながら考察を進めていく必要があるだろう。

最後に、今後の展望を述べたい。本稿では、決戦非常措置に基づき娯楽統制が最も厳格であった一九四四年の七月までを取り扱った。しかし、同月に東條内閣がサイパン島失陥の責任を取って総辞職し、小磯国昭内閣が成立すると、それまで強化の一途を辿っていた娯楽統制は次第に緩和されていく。即ち小磯内閣は、空襲の増加等により市民生活が崩壊していく中で、士気高揚のために従来の言論弾圧政策を改め、言論暢達を方針としたが、これに伴い娯楽の積極的活用を意図する。具体的には同内閣の情報局総裁だった緒方竹虎が同年一〇月の閣議後に「映画、演芸等の国民が真に心から楽しんで明日の戦力増強に役立つやうな娯楽を適当に与ふることをも考慮する」と記者に対して統制の緩和を明言し(111)、翌四五年二月に大衆喜劇におけるアチャラカや恋愛描写が解禁されるとともに(112)、三月には内務省から各都道府県警に対してアトラクション、マイク使用、「扮装態度」に関わる制限の撤廃や、街頭演奏等による音楽の積極的な活用の指示が行われる(113)。

これら諸措置は、度重なる空襲による市民の戦意喪失や、窃盗・強姦の増加等に見られるモラルの荒廃、疎開による人口流出といった問題に直面した当局が、従来のスタンスを放棄して長年禁止していた事柄を解禁し、逆に奨励する方針へと大胆に転換した点において、単なる統制の緩和に留まらない画期的な側面が含まれていたと考えられる。詳細については別稿を期したい。

注

(1) 拙稿「日中戦争期の『洋楽排撃論』に対する日本放送協会・内務省の動向」(『日本史研究』六二八、二〇一四年)、同「『民意』による検閲―『あゝそれなのに』から見る流行歌統制の実態」(『日本歴史』七一四、二〇一四年)。以下、前者を「拙稿A」、後者を「拙稿B」と略記。

（2） 戸ノ下達也「音楽のアジア・太平洋戦争」（『年報日本現代史』一六、二〇一一年）、古茂田信男ほか『日本流行歌史』（社会思想社、一九七〇年）、倉田喜弘『日本レコード文化史』（東京書籍、一九七九年）等。

（3） 戸ノ下達也『音楽を動員せよ―統制と娯楽の十五年戦争』（青弓社、二〇〇八年）一五五頁。

（4） 高岡裕之「敗戦直後の文化状況と文化運動」（『年報日本現代史』二、一九九六年）。

（5） E. Taylor Atkins. 2001. *Blue Nippon: Authenticating Jazz in Japan*. Durham: Duke UP: pp. 147 and 160.

（6） ケネス・ルオフ『紀元二千六百年　消費と観光のナショナリズム』（朝日新聞出版、二〇一〇年）、Miriam Silverberg. 2007. *Erotic Grotesque Nonsense: The Mass Culture of Japanese Modern Times*. Asia Pacific Modern. University of California Press.

（7） アンドルー・ゴードン「消費、生活、娯楽の貫戦史」（倉沢愛子ほか編『岩波講座アジア・太平洋戦争6　日常生活の中の総力戦』岩波書店、二〇〇六年）。

（8） ラジオについては、竹山昭子『史料が語る太平洋戦争下の放送』（世界思想社、二〇〇五年）、同『太平洋戦争下その時ラジオは』（朝日新聞出版、二〇一三年）、前掲戸ノ下『音楽を動員せよ』等。レコードについては、前掲倉田『日本レコード文化史』、Hiromu Nagahara. 2011. *Unpopular Music: The Politics of Mass Culture in Modern Japan*, PhD thesis: Harvard University. 等。

（9） 編輯部「音楽知識掌篇　軽音楽と純音楽」（『音楽知識』一九四四年八月号）。

（10） 「ジャズ音楽取締上の見解」（『出版警察報』一九四一年七月号）。

（11） 「読者の放送」（『東京日日新聞』一九四〇年八月一〇日朝刊五面）、『投書日報』（一九四二年五月一日～二日付、NHK放送博物館蔵）。

（12） 以下本章の内容は、特に断らない限り前掲拙稿AおよびBに基づく。

（13） 評論家の杉山平助は、流行歌は「酒屋の小僧」「芸者」「女給」「タクシー運転手」などの「比較的に知識レベルの低いもの」の歌うものと位置づけていた（「現代流行歌論（二）流行歌の本質　万人の心を打つ感傷性」《『東京朝日新聞』一九三三年六月一二日朝刊九面》）。

(14)「興行等取締規則　一問一答」(『演劇界』一九四四年三月号)。
(15)野川香文「世界の大衆に通じる言葉　軽音楽の進路」(『東京日日新聞』一九四一年七月一七日夕刊三面)。
(16)『映画旬報』一九四二年二月一一日号の「興行概説」は、「実演のない番組編成は洋画二系の日比谷劇場ぐらひのもので、実演はたいていのこやでやつてゐる」と評している。
(17)双葉十三郎「アトラクション概観」(『映画旬報』一九四二年二月一日号)。なお、各映画館で実施されたアトラクションの内容や評価については、同誌一九四一年四月一日号から掲載が開始された「アトラクション」欄に詳しい。
(18)「時代の寵児　アトラクションの内幕を披露する」(『朝日新聞』一九三八年三月二六日朝刊四面)、加藤厚子『総動員体制と映画』(新曜社、二〇〇三年)四九―五二および七七―七八頁。
(19)日劇七回り半事件については、鷲谷花「李香蘭、日劇に現る―歌ふ大東亜共栄圏」(四方田犬彦編『李香蘭と東アジア』東京大学出版会、二〇〇一年)。
(20)「レコード・アラベスク」(『音楽世界』一九三八年七月号)。
(21)深井史郎「批評家の立場から」(『読売新聞』一九四一年六月八日朝刊五面)、前掲双葉「アトラクション概観」。
(22)「アトラクション取締り方針　日本的性格のものにして存続　当局より業者に協力を求める」(『都新聞』一九四一年一一月一〇日朝刊四面)。
(23)「映画館稼ぎの軽音楽団　雨後の筍・続々増加」(『国民新聞』一九四一年三月一三日朝刊三面)。
(24)「希望スタア訪問　第五回」(『スクリーン　アンド　ステージ』一九四六年一一月一二日一面)、「〝君の歌は刺戟的だ〟笠置シズ子注意さる」(『都新聞』一九四〇年七月二八日朝刊六面)。
(25)「アトラクション氾濫に情報局が取締指導　時局下興行の浄化を期す」(『映画旬報』一九四一年六月一一日号)。
(26)「米英音楽閉め出し　喧騒米系ジャズ一掃」(『中外商業新報』一九四一年一二月三一日朝刊三面)。
(27)美奈恵弘詞「決戦下の軽音楽」(『音楽知識』一九四四年一一月号)。
(28)「さよなら〝蛍の光〟」(『読売新聞』一九四一年一二月二四日朝刊三面)。
(29)「〝蛍の光〟追放待つた　本末転倒は慎め＝情報局次長談」(『読売新聞』一九四一年一二月二五日朝刊三面)。

(30)「音盤も粛正」(『国民新聞』一九四一年一二月一四日朝刊三面)。
(31)「音盤界の新発足と廃盤」(『都新聞』一九四二年一月三日朝刊三面)。
(32)寺澤高信については、小平麻衣子「誰が演劇の敵なのか―警視庁保安部保安課興行係―寺沢高信を軸として」(紅野謙介・高榮蘭ほか編『検閲の帝国―文化の統制と再生産』新曜社、二〇一四年)を参照。
(33)「軽音楽の方向　アトラクションを中心とした軽音楽の再検討　軽音楽推進委員会を組織」(『音楽文化新聞』一九四二年二月二〇日四面)。
(34)寺澤高信「音楽家の自覚と実践―特に音楽公演について―」(『音楽之友』一九四二年二月号)。
(35)前掲「軽音楽の方向　アトラクションを中心とした軽音楽の再検討」。
(36)「軽音楽論(座談会)」(『音楽公論』一九四二年六月号)。
(37)映画臨戦態勢とは、生フィルム不足に伴い、一九四一年夏に情報局の提案から始まった映画事業再編成のことで、同局主導のもと、製作会社の集約と配給会社の一元化が実施された。このとき設立された配給会社である社団法人映画配給社は、全国の映画館の番組編成権を掌握し、「娯楽の『公正配給』」という見地から全国の映画館の紅白の二系統への分割や、番線設定の振り直し等の改革を行い、アトラクションについては一九四二年二月一日以降、「定員一五〇〇名以上ニシテ実演ノ併演ヲ通例トスル映画興行場」、「実演劇場ヲ有セザル地域ニアル映画興行場」、「其ノ他本社ニ於テ必要ト認ムル場合」を除いて全廃の方針が取られた(加藤前掲書一一三頁、および『映画年鑑』《一九四三年、五三七―五三八頁》参照)。
(38)四三年以降は、戦局悪化を憂え政府や軍部を鼓舞する内容の論説でさえも政府や軍部への批判と捉えられ、発禁や執筆者の懲罰的な召集がなされる程となった。著名なものに、中野正剛の「戦時宰相論」の発禁事件(一九四三年元旦の『朝日新聞』掲載)、一九四四年二月二三日付『毎日新聞』の戦局解説記事執筆者への懲罰召集事件がある。これについて、古川隆久『ポツダム宣言と軍国日本』(吉川弘文館、二〇一二年)一三〇頁を参照。
(39)吉田裕『アジア・太平洋戦争　シリーズ日本近現代史⑥』(岩波書店、二〇〇七年)一七三―四頁。
(40)「鉄箒」(『朝日新聞』一九四二年一〇月四日夕刊一面)。

(41)「出直せ！軽音楽（一）」（『東京新聞』一九四三年九月四日朝刊四面）。
(42) 座談会「大衆演劇を語る」（『演劇界』一九四三年一二月号）。
(43) 高園正一郎「大衆演劇見てある記」（『東宝』一九四二年三月号）。
(44)「鉄箒」（『朝日新聞』一九四三年三月三一日夕刊二面）。
(45) 堀内敬三「楽友近時」（『音楽之友』一九四三年一月号）。
(46)「軽音楽の問題」（『東京新聞』一九四三年五月一六日朝刊四面）。
(47)「鉄箒」（『朝日新聞』一九四二年四月一四日夕刊二面）。
(48)「米英音楽に追放令」（『朝日新聞』一九四三年一月一四日朝刊三面）、「〝ダイナ〟等千余種のレコードを禁止」（『東京新聞』一九四三年一月一四日朝刊五面）、「米英音楽の追放」（『週報』三二八、一九四三年一月）。
(49)「大東亜より米英音楽追放」（『国民の音楽』一九四三年四月号）。
(50)「出直せ！軽音楽（二）」（『東京新聞』一九四三年九月五日朝刊四面）。
(51)「鉄箒」（『朝日新聞』一九四三年九月二四日夕刊一面）。
(52) 前掲座談会「大衆演劇を語る」。
(53)「軽音楽大会に断」（『東京新聞』一九四三年一一月三〇日朝刊四面）。
(54) 決戦非常措置要綱は、戦況の悪化を受けて各分野の一層の引き締めを狙ったもので、娯楽面に関しては「高級享楽の停止」が謳われ、これにより歌舞伎座を始め全国五大都市の一九劇場の閉鎖や、空襲対策として都市部の劇場と映画館の間引き等が行われた（「高級興行歓楽場の閉鎖」《『週報』三八五、一九四四年三月八日》）。
(55)「劇壇時事」（『日本演劇』一九四四年一二月号）。
(56)「軽音楽に警告　マイク使用禁止」（『東京新聞』一九四四年四月一二日朝刊四面）。
(57)「音楽記録」（『音楽文化』一九四四年四月号、六月号）。
(58)『東京新聞』によると、「ナツカシミンヨウ」という楽団が解散させられたという。なお、前出の灰田勝彦と桜井潔の楽団はそれぞれ合格している（「篩はれる軽音楽団　皆お行儀のい、審査場風景」《『東京新聞』一九四四年六月一〇日朝刊四面》)。
(59) 堀内敬三「楽壇戦響」(『音楽文化』一九四四年六月号)。
(60)「観客の声」(『演劇界』一九四四年五月号)。
(61) 前掲美奈恵「決戦下の軽音楽」。
(62)「巡業劇団の統制」(『都新聞』一九四二年四月二一日朝刊五面)。
(63) 鈴木十郎「巡業劇団の今後」(『演劇界』一九四四年一月号)。
(64) 村崎敏郎「地方劇団の活動と現況」(『演劇年鑑』一九四七年)。
(65)「声」(『朝日新聞』大阪版、一九四二年三月二八日夕刊二面)。
(66) 清水脩「厚生部面に於ける音楽—特に歌謡曲について—」(『国民の音楽』一九四三年一月号)。
(67) 園池公功「娯楽に就て」(『東京新聞』一九四三年八月二九日朝刊四面)。
(68) 園池公功「工場演劇の途」(『毎日新聞』大阪版、一九四三年三月三〇日朝刊四面)。
(69) 前掲高岡「敗戦直後の文化状況と文化運動」。
(70)「軽音楽展望」(『国民の音楽』一九四三年一月号)、東海林太郎「感激の握手」(『音楽知識』一九四四年一月号)。なお「やくざもの」は、「非常時局の家庭に、一定の職もなく博打を打つて全国をうろ〳〵と歩き廻つた人間を歌つたレコードが入りこむことは風教上面白くない」として禁止になっていた(「非常時円盤風景」《『サンデー毎日』第一七年四八号、一九三八年一〇月》)。
(71)「敵米鬼音楽の正体」(『音楽知識』一九四四年一一月号)。
(72)「声」(『朝日新聞』大阪版、一九四四年六月七日朝刊二面)。
(73) 清瀬保二「福岡班から」(『日本音楽文化協会会報』一一、一九四三年、六面)。
(74)「常会」(『東京新聞』一九四四年四月八日朝刊四面)。
(75) このあたりの事情については、情報局情報官であった宮澤縦一の証言を参照(秋山邦晴『昭和の作曲家たち』《みすず書房、二〇〇三年、三三六頁~七頁》)。

(76) 本興行取締規則については、『日本演劇』一九四四年一二月号に全文が掲載されている。
(77) 「巡業劇団整備　配給委員会設立」（『東京新聞』一九四四年四月一六日朝刊四面）。
(78) 「演芸取締ニ関スル件」（JACAR《アジア歴史資料センター》Ref.A06030036000、『鳥取県興行関係通知文綴』《国立公文書館》）。
(79) 「芸能手帖」（『東京新聞』一九四四年一二月一一日朝刊二面）。
(80) 高岡裕之「大日本産業報国会と『勤労文化』—中央本部の活動を中心に」（『年報日本現代史』七、二〇〇一年）。
(81) 前掲ゴードン「消費、生活、娯楽の貫戦史」。
(82) 「振鈴」（『大阪毎日新聞』一九四二年一〇月八日朝刊二面）、
(83) 「鉄箒」（『朝日新聞』一九四四年六月一一日朝刊二面）。
(84) 古川隆久「京極高鋭の思想と行動」（『軍事史学』四四巻二号、二〇〇八年）。
(85) 国民皆唱運動とは、大政翼賛会が提唱し、日本音楽文化協会等が協力のうえ、一九四三年に二回にかけて全国規模で行われた歌唱指導を中心とした運動。声楽家一～二名と伴奏者一名が一班として組織され、各県へ派遣された（戸ノ下達也『国民歌を唱和した時代—昭和の大衆歌謡』《吉川弘文館、二〇一〇年》一七三—六頁）。
(86) 同右、一六〇頁。
(87) 深井史郎「音楽時評」（『改造』一九三九年五月号）。
(88) 「建設」（『毎日新聞』一九四四年一〇月一〇日および同一五日朝刊二面）。
(89) 同右、一九四五年二月一三日および同二二日朝刊二面。
(90) 同右、一九四四年六月三日朝刊二面、「声」（『朝日新聞』大阪版、一九四五年一月五日朝刊二面）、「鉄箒」（『朝日新聞』一九四五年三月二七日および五月四日朝刊二面）等。
(91) 座談会「音楽会企画と聴衆」（『音楽之友』一九四三年六月号）。
(92) 「鉄箒」（『朝日新聞』一九四五年五月一日朝刊二面）。
(93) 堀内敬三「楽友時事」（『音楽之友』一九四二年五月号）。

(94) 前掲「敵米鬼音楽の正体」。
(95) 小田部雄次解説、鈴木理恵子訳『ジョン・モリスの戦中ニッポン滞在記』（小学館、一九九七年）二三七頁。
(96) 服部良一『ぼくの音楽人生』（日本文芸社、一九九三年）一九九—二〇〇頁。
(97) 「洋楽排撃論」については、前掲拙稿A。
(98) 前掲「敵米鬼音楽の正体」。
(99) Amy Nelson. 2004. *Music for the Revolution: Musicians and Power in Early Soviet Russia*. The Pennsylvania State University Press; and Kiril Tomoff. 2006. *Creative Union: The Professional Organization of Soviet Composers, 1939–1953*. Cornell Univ Pr.
(100) Pamela M. Potter. 2007. "Music in the third Reich: The complex task of "Germanization", in Jonathan Huener and Francis R. Nicosia, eds., *The Arts in Nazi Germany*. Berghahn Books.
(101) 前掲拙稿A。
(102) 「軽音楽のうらおもて　消息通の座談会（3）」（『スクリーン　アンド　ステージ』一九四七年三月四日三面）。
(103) 「戦前・戦中の検閲制度について聞く」（『悲劇喜劇』一九七三年一一月号）。
(104) 情報局芸能課千賀彰の発言（「演劇観衆をめぐる座談会」《『演劇界』一九四三年一二月号》）。
(105) 阿木翁助「検閲の人たち」（『悲劇喜劇』一九七二年八月号）、向井爽也『にっぽん民衆演劇史』（日本放送出版協会、一九七七年）二九一頁。
(106) 小崎政房「浅草から叫ぶ」（『スクリーン　アンド　ステージ』一九四六年五月二〇日二面）。
(107) 鳥羽幸信「検閲時代」（『キネマ旬報別冊　日本映画作品大鑑7』一九六一年七月二五日）。
(108) 友田純一郎「大谷博氏との対談（承前）」（『映画旬報』一九四一年三月一一日号）。
(109) 「座談会　映画行政」（『映画旬報』一九四二年五月一一日号）。
(110) 「座談会　日本映画の隘路打開」（『映画評論』一九四四年一〇、一一月合併号）。
(111) 「純真なる目的の国民運動は放任　緒方情報局総裁の談」（『読売報知』一九四四年一〇月七日朝刊一面）。なお、東條内閣退陣後の娯楽に対する統制の緩和に関しては、古川隆久『戦時下の日本映画』（吉川弘文館、二〇〇三年）二〇四―二〇七頁を参照。

（112）「芸能手帖」（『東京新聞』一九四五年二月四日二面）、『古川ロッパ昭和日記　戦中編』（晶文社、一九八七年）一九四五年二月七日条、二月一三日条、清水金一「明朗敢闘」（『日本演劇』一九四五年五月号）。

（113）「映画館の添へ物復活」（『東京新聞』一九四五年三月二八日二面、大阪府立中央図書館蔵）、「興行等取締ニ関スル件」（前掲『鳥取県興行関係通知文綴』）。

原稿募集

『年報日本現代史』第21号（二〇一六年五月刊行予定）の原稿を募集します。

応募資格は問いません。

内容は日本現代史にかかわる論文で、四〇〇字七〇枚以内（図表・注を含む）。

応募者は一一月三〇日までに完成原稿をお送りください。編集委員による審査を行い、その後に結果をお知らせします。なお、審査の結果、研究ノートとして採用する場合もあります。

ワープロ原稿は、原則としてA4判、四〇字×四〇行を一枚とし、プリントアウトした原稿を一部とCDなどを左記までお送りください。

採否にかかわらず、原稿は返却しません。ご了承ください。

原稿送り先

〒171-0021　東京都豊島区西池袋2-36-11
株式会社　現代史料出版内
「年報日本現代史」編集委員会

『年報日本現代史』執筆規定

1．原稿の種類　論文・研究ノート、及び編集委員が特に執筆を依頼したもの。

2．原稿枚数　論文四〇〇字七〇枚程度、研究ノート四〇〇字五〇枚程度、その他は編集委員の依頼による。

3．原稿提出　原稿は、完全原稿を提出する。ワープロ原稿は、A4判、四〇字×四〇行を一枚とし、プリントアウトしたもの一部とCDなどを提出する。
注は全体での通し番号とし、文末に一括する。
図版・写真などを転載する場合は、執筆者が許可を得ることとする。

4．論文審査　編集委員による審査を行い、場合によっては、訂正・加筆を求めることがある。

5．校正について　執筆者校正は原則として二回までとする。

編集後記

▼本誌は、今号をもって二〇号となる。「年報」のプランは、私がオーストラリアのメルボルン大学の客員研究員のときに、時間があったので、日本現代史研究の発展のために、いろいろ計画を立てたうちの一つである。そして、各分野の第一線にいる知友とも相談し、編集委員を主体に発刊することにした。編集委員会の基礎に学会はない。創刊号は一九九五年のまさに「戦後五〇年」の年に発刊した。本誌が二〇号を重ねたことに感慨は深い。

はじめは一〇年続ければ上出来と思っていたが、倍にまでなった。当初の編集委員は二〇年たって、それなりに年をとったので、若手の編集委員を補充した。現代史は学際的分野の研究者からなりたっているので、さまざまな視点からの研究からなっており、現代史研究のうえでも本誌は学界からも認知されるようになった。今後も継続するつもりなので、若手研究者の研究をふくめて、意欲的な論稿を掲載することを望んでいる。

（粟屋憲太郎）

▼『年報日本現代史』は一九九五年に、編集委員の粟屋憲太郎を中心に日本現代史研究会を基礎にして生まれた。今回の第二〇号までには山あり谷ありだったが、やがて『年報』は学界で一定の位置を占めるようになり、若手の研究者を中心とした投稿も増え、今回も二本の投稿論文が掲載されている。

このうち金子龍司「太平洋戦争期の流行歌・「ジャズ」の取締り」は、高岡裕之などの先行研究を踏まえ副題の「音楽統制の限界」を論じたものである。ここでは、実演においては当局の「軽音楽」「ジャズ」の取締りが貫徹しなかった実態を、新聞資料などによって実証している。本稿によれば当時非難の的だった「ジャズ」とは、英米系の曲目だけでなく「ジャズ調」にアレンジされた演奏を含み、ドラムの叩き方など演奏態度・歌い方を主たる要素としていた。ここには、音楽というジャンルが持つ独自の魅力や統制のし難くさに関する問題提起がある。そしてその提起が地道な資料発掘に支えられたものである点を、評価したい。

（赤澤史朗）

▼「戦後七〇周年」の今年、安倍首相は安倍首相談話を発表しようとしている。しかし、この談話が、どのようなものになるのか、率直に言って大きな危惧を抱かざるを得ない。事前の論議では、「未来志向」が強調されているが、そもそも、「未来志向」は、被害者の側から発せられることはあっても、加害者の側から発する言葉ではないだろう。また、二〇世紀の歴史の中に、日本の戦争を位置付けることが強調されているが、日本の戦争を歴史の中で相対化しようとしているようにも聞こえる。

こうしたなか、戦争史の研究は着実に進展しつつある。本号掲載の姜克實論文は、戦闘詳報など、日本側の史料を丹念に分析しつつ、それに中国側の「戦争の記憶」を重ね合わせることによって、埋もれた戦争犯罪の発掘に取組んだ意欲的研究である。日中両国で、こうした研究がいっそうの発展をみせることに期待したい。

（吉田裕）

戦後システムの転形
年報・日本現代史　第20号　2015

2015年５月25日　第１刷発行

編　者　「年報日本現代史」編集委員会

発行者　赤川博昭
宮本文明

発行所　株式会社 現代史料出版
〒171－0021　東京都豊島区西池袋2-36-11　TEL(03)3590-5038　FAX(03)3590-5039
発　売　東出版株式会社

Printed in Japan　印刷・製本　亜細亜印刷
落丁本・乱丁本はお取替えいたします
ISBN978-4-87785-310-5

「年報日本現代史」バックナンバー

創刊号　戦後五〇年の史的検証　本体価格二、九一三円

第2号　現代史と民主主義　本体価格三、一〇七円

第3号　総力戦・ファシズムと現代史　（品切）

第4号　アジアの激変と戦後日本　本体価格三、二〇〇円

第5号　講和問題とアジア　本体価格三、二〇〇円

第6号　「軍事の論理」の史的検証　本体価格三、二〇〇円

第7号　戦時下の宣伝と文化　本体価格三、二〇〇円

Ⅰ　戦後体制と国民化／有山輝雄　Ⅱ　大日本産業報国会と「勤労文化」／高岡裕之　Ⅲ　「国家宣伝技術者」の誕生／井上祐子　Ⅳ　電波に乗った歌声／戸ノ下達也　Ⅴ　大東亜教育論とは何か／佐藤広美　Ⅵ　戦時期朝鮮における「文化」問題／宮本正明　Ⅶ　戦時下の農村保健運動／下西陽子　◆現代史の扉（木坂順一郎）

第8号　戦後日本の民衆意識と知識人　本体価格三、二〇〇円

Ⅰ　「戦争体験」と平和運動／赤澤史朗　Ⅱ　大牟羅良と「岩手の保健」／北河賢三　Ⅲ　山本茂実と地域「葦会」／大串潤児　Ⅳ　戦後知識人と平和運動の出発／黒川みどり　Ⅴ　開高健とヴェトナム戦争／矢崎彰　Ⅵ　戦後初期沖縄における自治の希求と屈折／鳥山淳　◆現代史の扉（犬丸義一）

第9号　象徴天皇制と現代史　本体価格三、二〇〇円

【座談会】日本近現代史のなかの昭和天皇／中村政則・高橋紘・安田浩　Ⅰ　再軍備と統帥権問題／冨永望　Ⅱ　明仁皇太子の教育に関する一考察／瀬畑源　Ⅲ　「新生日本」の出発と皇太子外遊／河西秀哉　【小特集】1　歴史史料と情報公開法／佐藤宏治　2　情報公開法の不服審査／瀬畑源　◆現代史の扉（升味準之輔）

第10号「帝国」と植民地—「大日本帝国」崩壊六〇年—　本体価格三、六〇〇円

◆「帝国」論への提言　1　「帝国のはざま」から考える／駒込武　2　帝国後史への痛覚／戸邉秀明　3　帝国論によせて／岡部牧夫　◆特集論文　Ⅰ　「帝国」と「独立」／河西晃祐　Ⅱ　「移民」から「拓士」へ／大久保由理　Ⅲ　引揚者援護事業の推移／木村健二　Ⅳ　満州開拓地跡を訪ねて考える／森武麿　◆現代史の扉（大森とく子）

第11号　歴史としての日本国憲法　本体価格三、六〇〇円

Ⅰ　中曽根康弘からみた戦後の改憲史／渡辺治　Ⅱ　沖縄と「平和」憲法についての断章／明田川融　Ⅲ　戦後社会主義勢力と象徴天皇制／冨永望　Ⅳ　日本国憲法成立の世界史的・民衆的文脈／河上暁弘　◆現代史の扉（中村政則）

第12号　現代歴史学とナショナリズム　本体価格三、六〇〇円

Ⅰ　近衛新体制期における自由主義批判の展開／源川真希　Ⅱ　「皇国史観」考／昆野伸幸　Ⅲ　敗戦後の皇居／河西秀哉　Ⅳ　一九五〇年代の反基地闘争とナショナリズム／松田圭介　Ⅴ　戦争の記憶とナショナリズム／吉田俊　Ⅵ　宗教右翼と現代日本のナショナリズム／上杉聰　◆現代史の扉（由井正臣）

第13号　戦後体制の形成—一九五〇年代の歴史像再考—　本体価格三、六〇〇円

Ⅰ　自由党型政治の定着／中北浩爾　Ⅱ　地方政治における戦後体制の成立／功刀俊洋　Ⅲ　一九五〇年代における経済自立と開発／浅井良夫　Ⅳ　一九五〇年代の農業諸制度と政府—農民関係／岩本純明　Ⅴ　鳩山政権期の日米関係とジュネーブ会談／吉次公介　【小特集】連合国戦争犯罪政策の再検討／林博史　手紙の中の「東京裁判」／川島高峰　◆現代史の扉（原朗）

第14号　高度成長の史的検証　本体価格三、六〇〇円

Ⅰ　自衛隊における〝戦前〟と〝戦後〟／植村秀樹　Ⅱ　一九六〇～七〇年代における日本社会党の党組織と江田三郎／岡田一郎　Ⅲ　社会開発の挫折とその背景／菊池信輝　Ⅳ　日本の大気汚染問題の推移と教訓／傳喆・寺西俊一　Ⅴ　東京オリンピックと高度成長の時代／石坂友司　◆現代史の扉（暉峻衆三）

第15号　六〇年安保改定とは何だったのか　本体価格三、二〇〇円

Ⅰ　「核密約」と日米安保体制／菅英輝　Ⅱ　戦後米国の情報戦と六〇年安保／加藤哲郎　Ⅲ　ゆれる運動主体と空前の大闘争／道場親信　Ⅳ　日米安保条約改定と沖縄／滝本匠　Ⅴ　被爆地からみた「六〇年安保」／大島香織　◆現代史の扉（暉峻衆三）

第16号　検証　アジア・太平洋戦争　本体価格三、二〇〇円

Ⅰ　日本外務省の対外戦略の競合とその帰結　一九三三～一九三八／武田知己　Ⅱ　日独伊三国同盟をめぐる蔣介石の多角外交／鹿錫俊　Ⅲ　海軍の対米開戦決意／手嶋泰伸　Ⅳ　戦争と財閥／春日豊　Ⅴ　音楽のアジア・太平洋戦争／戸ノ下達也　◆現代史の扉（粟屋憲太郎）

第17号　軍隊と地域　本体価格三、二〇〇円

Ⅰ　日本陸軍の典範令に見る秋季演習／中野良　Ⅱ　軍隊の「災害出動」制度の展開／吉田律人　Ⅲ　軍港都市呉における海軍受容／林美和　Ⅳ　〝基地の街〟岩国の戦後史／池田慎太郎　Ⅴ　一九五〇年代沖縄における「基地経済」と「自立経済」の相剋／櫻澤誠　Ⅵ　米軍基地売買春と地域／平井和子　◆現代史の扉（笠原十九司）

第18号　戦後地域女性史再考　本体価格三、二〇〇円

Ⅰ　〈はじめの一歩〉のために—山代巴の課題意識／牧原憲夫　Ⅱ　戦後農村女性の生活と生活記録／北河賢三　Ⅲ　米軍統治下沖縄における性産業と女性たち／小野沢あかね　Ⅳ　戦後思想史における森崎和江／小林瑞乃　Ⅴ　戦後農村における地域婦人会活動の軌跡／高木重治　Ⅵ　戦後女性史研究の動向と課題／早川紀代　◆現代史の扉（永原和子）

第19号　ビキニ事件の現代史　本体価格三、二〇〇円

Ⅰ　第五福竜丸事件と日米関係／黒崎輝　Ⅱ　第五福竜丸事件の政治経済学／山本義彦　Ⅲ　ビキニ事件六〇年、今ふりかえる一九五三～五四年／丸浜江里子　Ⅳ　「ビキニ事件」と安保改定／中西哲也　Ⅴ　第五福竜丸事件からビキニ事件へ／山本昭宏　Ⅵ　放射能汚染からの地域再生／中原聖乃